JN074253

価値創造経営

企業事例から学ぶ 8つのポイント

野村総合研究所
青嶋 稔【著】
Minoru Aoshima

中央経済社

はじめに

　失われた30年，デフレから脱却できない日本経済など，日本経済は成長から遠ざかっている。こうした状況を見るに，日本企業は，持っている実力を発揮できていないことに大きな問題意識を抱くようになった。それは日本企業の経営者がPL中心の経営をしており，バランスシート，つまり貸借対照表にフォーカスし，資産回転率を高め，持っている資産の価値を高め，企業価値を高める経営をしていないという問題意識に至るようになった。日本には天然資源が乏しく，人材が最大の資源といいながら，日本企業は，十分に従業員の質的転換を図ってきただろうか？　自社の存在意義を問い直し，社員の求心力を高める努力を十分にしているのだろうか？　ビジョンを描き，目指すべき方向性から今何をすべきかを十分に考え，戦略立案しているのだろうか？　事業環境に合わせ，将来に備えて事業の入れ替えを十分にしているのだろうか？　事業の質的転換，業務の生産性向上にツールとしてのデジタルを生かし，事業価値，業務生産性を高めているのだろうか？　異なる多様な意見を取り入れ，ダイバーシティを高めることで，変化対応力を高めているだろうか？　また，将来のリスク棚卸を行い，リスクに対して事前に備えられているだろうか？　透明性のある経営を常に目指し，ガバナンスを高めているだろうか？　これらの問を行ううちに，本書を書こうという思いになった。

　楽観的な私にとって，これはとてつもないノビシロといえる。日本企業にはとてつもなく，成長ポテンシャルがある。売上，原価，営業利益という損益計算書の指標のみを見ていた経営から，バランスシートを見て，総資産回転率，ROIC，キャッシュ・フローを考え経営をするという視点を持つだけで，資産回転率は大きく高まるはずである。

　実際，本書で事例として取り上げる企業の多くは，こうした活動により企業

価値を高めている。

　いつも出版のサポートをいただいている奥田真史さんはじめ中央経済社の皆様に感謝の意を表したく思います。また，本書を執筆するにあたり，日ごろからお付き合いのある多くの経営者の方にその経験を共有いただいた。各章にご協力いただいた企業の皆様の社名等は記述させていただいているが，心より感謝申し上げたいと思う。

2022年6月

野村総合研究所　フェロー

青嶋　稔

目　次

第1章

経営理念からパーパス経営への進化

第4章
生産性向上のための人材流動性の向上

第5章

PL 中心の経営からの脱却

第6章

デジタル対応力の弱さ

第 **7** 章

事業再編の仕組み

第**8**章

ガバナンスとリスクマネジメントの強化

なぜ日本企業の企業価値は高まらないのか？

① 日本企業の企業価値が高まらない原因の考察

1 米国企業に比較して低い日本企業の時価総額

　日本企業の企業価値は欧米企業のそれと比較すると非常に低い状況にある。

　例えば，日本企業の時価総額ランキング（2022年5月13日）を見ると，1位はトヨタ自動車で，33.8兆円，2位はソニーの14兆円，3位は日本電信電話の13.7兆円と続く。

　これに対して，アメリカ企業の時価総額を見ると，1位はAppleで2.307兆ドル（日本円では297.1兆円），2位のマイクロソフトが1.9兆ドルである。

　つまり上位の時価総額で比較しても約10倍の開きがある。このような状況は一体どこから生じているのだろうか。

　その理由について，いくつかの切り口から考える。

　まず，経営者の知識と技能の問題がある。次に企業理念の問題がある。企業として何を目指すかということを，創業時の理念だけでなく，どのような社会的課題を解決したいのかといった企業の存在意義に昇華して検討し，さらにそれを投資家や消費者，従業員にわかりやすく伝えられていないのではないか。

　また，同質性に基づく意思決定やすり合わせ型のモノづくりといった日本企業が持っている強みは，社会環境の変化に適合できないものとなっている可能性がある。市場はよりグローバルになり，デジタル化が進む中，日本企業の強みはむしろ弱みとなっている可能性すらある。品質を中心としたモノづくりで大きな成功を収めてきた日本企業は，過去の市場環境に適合していた終身雇用や年功序列などの仕組みを否定できない経路依存性の問題に苦しんでいる。そして，こうした仕組みは人材流動化の難しさに関する問題にもつながっている。

　一方，日本企業の経営者は損益計算書（PL）を中心に思考する傾向が強い。これは資産効率が上がらないという問題点があり，その結果，活用されていない資産の見直しが図られない，キャッシュ・フローなどの運転資本の効率が悪いといった問題につながっている。

　加えて，日本企業は現場力の強さゆえ生産現場に依存してしまうため，デジタル技術への対応が弱いという問題点がある。間接業務などにおいても標準化

を非常に苦手としており，その結果，デジタル化が遅れてしまったり，カスタマイズが多く非効率で投資効果が悪いデジタル化となってしまったりすることも多い。

　日本企業における企業価値に関する問題点は，事業ポートフォリオの入れ替えの弱さにもある。終身雇用を前提としていると，事業の撤退や入れ替えを進めにくい。その結果，成長性が高くない業界に多くの日本企業が団子状態でひしめいているような状況になってしまっている。

　最後に，海外投資家から頻繁に指摘を受けることとして，日本企業のガバナンスの弱さがある。これには，経営における重要な意思決定の透明性や経営者の選定だけでなく，解雇におけるガバナンスの弱さも含まれている。

2　日本企業における企業価値低下の要因

　前節で，日本企業の企業価値が欧米企業に比較してなかなか高まらない理由を列挙してみたが，これらを①経営理念の形骸化，②変化対応力の弱さ，③フォワードキャスティングから生じる戦略性の乏しさ，④人材流動性に乏しい企業と社会の仕組み，⑤PL 中心の経営，⑥デジタル対応の弱さ，⑦新陳代謝の乏しさ，⑧ガバナンスの弱さ（経営者の育成と解任）の8点に整理して，それぞれについて詳述する。

(1)　経営理念浸透の形骸化

　日本企業には経営理念を重んじている企業が多いが，実際のところ企業内にどれほど浸透しているのだろうか。経営理念とは，創業者もしくは経営者が企業の経営や活動に関する基本的な考え方を示したものである。それは価値観であり存在意義を示す。日本企業において大事にされてきたものであるが，企業価値向上のためになぜ経営理念が大事なのか。それには複数の理由が存在する。

　まず，VUCA（Volatility, Uncertainty, Complexity, Ambiguity）といわれる市場環境の変化の先読みが難しい時代には，経営者は明確な意思決定基準を持たなければならないからである。意思決定において非常に難しい局面に遭遇した際，何を基準としているのかが明確であることは企業の意思決定力の大きな基盤となる。

　2つ目の理由として，昨今着目されている ESG 投資がある。ESG 投資は各地域で大きな成長を見せている。こうした観点から，多くの社会的課題に直面する中，企業は何のために存在しているのか，どのような価値を実現するために社会に存在しているのかをあらためて世の中に明確に示す必要に迫られている。企業内に浸透させてきた経営理念も，今一度，自社の存在意義を含めて見直す必要が生じている。

　3つ目の理由として，従業員のエンゲージメントにも経営理念の浸透は大きな影響を与えている。とりわけミレニアム世代においては，どのような社会的課題を解決するために事業を行っているのかが，その企業で働くモチベーションと強く結びついている。

　その際，日本企業が掲げてきた企業理念が形骸化してしまってはいないだろうか。グローバル経営を推進して非日本人社員が増えているにもかかわらず，伝え方や浸透度は十分だろうか。ESG 投資などの観点から自らの存在意義を見直し，これまで大事にしてきた理念に立ち返り，自らの存在意義を再定義で

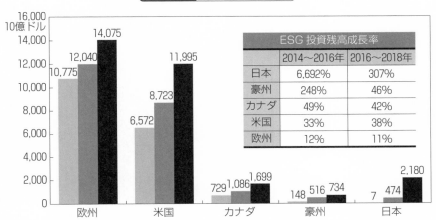

図表序-1　ESG 投資額の成長

（出所）　The Global Sustainable Investment Alliance "Global Sustainable Investment Review 2016"，"Global Sustainable Investment Review 2018" をもとに三菱 UFJ リサーチ＆コンサルティング作成
https://www.businessinsider.jp/post-221156

きているだろうか。また，それらを従業員に浸透させることで従業員のエンゲージメントを高めているだろうか。今こそこのような観点から見直すことが必要となっている。

⑵　変化対応力の弱さ

　日本企業は経路依存性が強く，過去の歴史が将来をも決めると考える傾向がある。過去の成功体験に強く縛られるあまり，自らを変える力が非常に弱い。経営環境が非常に早いサイクルで変化している昨今，経路依存性の強さは環境対応力の低さをもたらす。そういった性質や傾向は，市場環境が大きく変化しない状況においては非常に大きな強みとなり，同質性はむしろ迅速な意思決定につながる。ところが VUCA といわれる時代には，市場環境の変化が激しく，求められる知識や経験は多様になっている。

　自動車業界では，CASE（Connected, Autonomous, Shared & Service, Electric）に代表されるように，業界構造が100年に一度といわれる変革期を迎えている。電力業界，重電業界では，電力が発電所から送配電で供給される中央集権的な仕組みから，再生可能エネルギー，EV など多様な電力供給源が現れることで，分散電源へと大きく流れが変わっている。そして SDGs の高まりから人権問題が経営上の大きな課題となり，性別や人種といった面で多様性のある意思決定が求められている。

　こうした状況において，日本企業のような同質性に基づく意思決定では多くのことに対応できなくなっている。従業員のほとんどが新卒からの生え抜きという企業もいまだ多く，役員のほとんどもまた生え抜きの日本人男性という構成で行われる経営会議では，さまざまな知識・経験が求められる意思決定を行うことはできない。

　特に日本の製造業で見られるのが，モノづくりの成功体験に対する思い入れである。ハードウエアはもはや箱でしかなくなっており，ネットワークにつながることではじめて意味を持つ。ソフトウエアはクラウドから常時更新され，製品出荷時のハードウエアの性能はすぐに陳腐化してしまう。ネットワークやコンテンツ，サービスと組み合わせてはじめて価値が出るものであり，その価値は顧客の利用状態に応じて日々進化し，よりよい顧客体験を提供することが

求められている。ところが日本の製造業は，いまだスタンドアローン時代の製品の品質での成功体験から抜け出すことができないのである。そこが日本企業の限界を招いている。

(3)　フォワードキャスティングから生じる戦略性の乏しさ

　日本企業は競争領域を定める際，他社の模倣になりやすいという問題点がいまだに残っており，同じ領域に数多くの企業が存在するという状況に陥りやすい。市場の成長が停滞しても，同じ領域に多くの日本企業がとどまってしまうのである。

　複合機事業を例にとると，リコー，キヤノン，富士フイルムホールディングス（富士ゼロックスは2021年4月に富士フイルムビジネスイノベーションと社名変更），コニカミノルタ，東芝テック，京セラドキュメントソリューションズ，そしてプリンターベースでの複合機にはブラザー，セイコーエプソンが存在している。複合機，プリンター市場はかねてからのペーパーレス化の流れで減少トレンドにあったが，19年末，中国・武漢ではじめて確認された新型コロナウイルスは瞬く間に世界に広がり，世界中でロックダウン，日本では緊急事態宣言が発出された。

　これにより，オフィスワーカーの出勤機会は著しく減少し，複合機の使用機会が減少している。在宅勤務の機会が増え，会議はWeb会議となり，情報伝達，会議資料はファイル共有され，Web会議での画面投影が中心となっている。かねてより進展している電子化の流れは，コロナ禍でさらに加速してしまった。こうしたトレンドは不可逆的であり，電子化は一層進展していく。

　カメラ業界でも同様のことがいえる。カメラ業界は，キヤノン，ソニーグループ，ニコン，富士フイルム，パナソニック，リコーなど，日本企業が独占している。カシオ計算機は，18年5月に民生用カメラの生産を終了した。また，オリンパスは20年6月末にデジタルカメラを中心とする映像事業を分社化して，日本産業パートナーズ（JIP）に売却することを発表した。それでもまだ多くの日本企業がデジタルカメラの製造に携わっている。

　市場は日本企業で独占されているものの，市場規模は縮小の一途である。日本企業はこのような縮小している市場に多くがとどまる傾向にある。ここには，

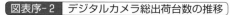

図表序-2　デジタルカメラ総出荷台数の推移

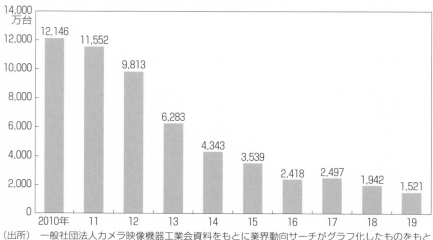

（出所）　一般社団法人カメラ映像機器工業会資料をもとに業界動向サーチがグラフ化したものをもと
に作成
https://gyokai-search.com/3-camera.html

積み上げ方式で戦略を策定しているため，市場環境が変化してもフィールドを
大きく変更することができないという，日本企業の特徴がよく表れている。
　それによって残存者利益を大きく獲得できるケースもあるが，残存者利益を
勝ち取れるのはシェアが首位か2位の企業までであろう。スマートフォンの登
場で，デジタルカメラ市場が急速に縮小することはかねてより予測されていた。
そのため，事業からの撤退や他社との統合を進めるべきであったが，日本企業
における再編統合の流れはいまだ十分ではないだろう。

(4)　人材流動性に乏しい企業と社会の仕組み

　さらに日本企業が弱いのは人材の流動性である。日本社会や日本企業には人
材を流動化させる仕組みが乏しい。終身雇用制度は高度経済成長の時代には強
みとなっていた。従業員を長期的な視点で育成することができるからである。
ところが，経済成長が停滞している現在にあっては，終身雇用制度はデメリッ
トのほうが大きくなっている。
　例えば，企業内における個人の役割は職務定義書などで明確に定められてい

ない。どのような業務内容やスキルが求められているのかが定義されていないため，従業員のスキルは環境変化に合わせて教育されることも少ない。デジタル化されている現在にあっては，データ解析など，求められる技能はかつてと大きく変化している。求められる技能を定義し，従業員の技能を向上させなければならないが，メンバーシップ型雇用では個人の役割まで明確にされておらず，スキルアップが十分に行われてこなかった。また，必要な技能を持つ人材を採用しようとしても，終身雇用制度があるため従業員の入れ替えも難しい。

そのため，組織として必要なスキルを獲得できないままである。このことが企業価値を向上させるボトルネックとなっている。

⑸　PL 中心の経営

日本企業が企業価値を向上させるボトルネックとなっているのは，PL 中心の経営である。日本企業の経営者は PL 指標を中心に経営することが多く，売上，粗利益，営業利益，経常利益を中心に管理する。もちろん，投下資本利益率（ROIC）を用いて投下資本や総資産利益率（ROA）などにより総資産も指標として管理しているが，経営管理の中心は PL である。これでは，すでに企業が所有している資産を見直すことが少なくなる。

その具体的な事象として表れているのは日本企業の PBR（株価純資産倍率）注である。

東証一部上場企業2,181社（2021年 4 月 9 日時点）中，PBR が 1 を割っている企業は977社，44.8％が該当する。PBR が 1 の状態は株価と解散価値が同じ水準であるといえるため，企業活動を継続するより資産を売却して解散したほうがいい企業が，東証一部上場企業で半数近くを占めているということである。

日本企業の多くは資産を与えられたものと考えており，その資産からいかにリターンを出すかという発想が乏しい。資産の処分もあまり行わないため，資産回転率が非常に悪い経営をしていることがわかる。

（注）　Price Book-value Ratio の略。株価が 1 株当たり純資産（BPS：Book-value Per Share）の何倍まで買われているか，すなわち 1 株当たり純資産の何倍の値段がついているかを示している。

(6)　デジタル対応の弱さ

　次に日本企業の企業価値が上がらない理由として，デジタル対応の弱さが挙げられる。

　具体的には，①標準策定の弱さ，②IT 部門のスキル不足，③事業のビジョンを構想できる人材の不足，④事業と IT をつなぐ人材の不足，の 4 点である。

①　標準策定の弱さ

　日本企業は現場の工夫やすり合わせ力など，かつて現場の力に依存したオペレーションの強みが現在もそのまま経営の強みとなっている。しかしこのモデルはもはや限界にきているのではないか。標準を策定する力が弱いため，日本企業のグローバルオペレーションはガバナンスが利かないのである。

　経理業務には，国際財務報告基準（IFRS）や米国会計基準（US-GAAP）といった決算における標準があるため問題にはならないが，例えば，人事はどうだろうか。人事業務には，タレント管理，グレーディングなどグローバルで横断的に取り組むべき業務があるが，日本本社の人事部は日本人の人事だけしか行っていないケースも多い。海外進出に伴い，業務の標準領域，標準業務を定めることが求められており，経営者が求める姿と人事部の現状には大きなギャップが存在している。

　標準化ができない IT はカスタマイズが多くなり，効率性に極めて乏しいものとなってしまうため，業務標準の策定力強化は喫緊の課題となっている。

②　IT 部門のスキル不足

　前述と関連する話ではあるが，日本企業の IT 部門には，ビジネス要件を定義し，システムを開発できる人材が圧倒的に不足している。情報システム部門は IT の企画を推進するものの，業務標準を策定する機能が弱いことと同時に，業務部門との間に入って情報システムを構築するスキルが不足している。その結果，システム構築は外部の IT ベンダーが行うという構図になり，企業内の情報システム部門は外部 IT ベンダーの開発業務の進捗管理をするということも多い。

　また，グループ内に情報システム会社を保有している場合も同様，開発を行っているのは外部ITベンダーで，情報システム部門はその進捗管理というケースが多い。これでは多階層構造となるだけで，コスト高の要因となってしまう。

　昨今は，SAPの保守期限切れもあり，基幹システムの刷新プロジェクトが多く，IT人材は圧倒的に不足している状況にある。日本企業もIT人材の獲得に苦慮しているのが現状だ。

③　事業のビジョンを構想できる人材の不足

　業務のデジタル化については，業務標準を策定できることが必要であるとすでに述べた。

　デジタル化は業務の標準化・デジタル化にとどまらず，ビジネスモデル変革とそれをITでサポートすることまでがセットとなっている。ここで問題となるのは，実現したいビジネスモデルを構想できる人材がいなくては，デジタル化の議論は始まらないということである。

　筆者の周辺で，デジタル技術を最大限に用いてビジネスモデル変革を推進している企業にコマツがある。同社には四家千佳史執行役員というビジョナリーなリーダーがおり，建設現場でビジョンの策定を行っている。

④　事業とITをつなぐ人材の不足

　さらに日本企業に不足しているのは，事業とITをつなぐ人材である。ITを活用してビジネスモデルを大きく変革するには，事業を理解し，ITとつなげられる人材が必要だ。

　同じ人材がビジョンを策定し，それを情報技術の実装までリードできれば理想的なのだが，現実的にそのような人材はなかなか存在しない。そこで求められるのが，情報システムと事業をつなげられる人材である。

　事業担当の人材に情報システムの基礎的な知識を学ばせることにより，ビジネスモデルの変革とITを用いてどのように変革を推進するかについて検討を進める。もしくは情報システム部門に各事業部の担当者を配置し，事業と伴走しながら，実現したいビジネスモデルにITで実装する方法を検討していくと

いう手段もある。しかしながら、今の日本にはいずれの人材も圧倒的に不足しているのが現状である。

(7)　新陳代謝の乏しさ

　日本企業が抱える問題に、事業の新陳代謝の乏しさがある。例えば前述した複合機事業においては、すり合わせ技術が多く求められるため、もともと光学メーカーだった企業が多く参入しており、日本企業が圧倒的に強い。光学メーカーはカメラ技術、レンズ技術、イメージング技術などを保有しており、すり合わせ要素に強みを持っている。

　ところが日本企業は、既存事業の延長線上で事業計画を立てるため、市場構造の変化や将来を見越して事業ポートフォリオを大きく転換するということをしてこなかった。日本企業に必要なのは、事業の新陳代謝である。

　メガトレンドを把握し、既存事業であっても10年単位などの長期スパンでビジョンを策定する。コア事業とすることが難しければ、単独での事業成長を目指すのではなく、他社との連携などを進めるべきであろう。

　ソニーグループは現在、純利益1兆円を超す優良企業となったが、その間には、事業の新陳代謝を行っている。パソコンのVAIO事業や電池の事業を売却し、自社の強みが最大限に活かせるゲーム事業や半導体事業などに軸足を大きく移した。あるいは金融事業は65％の持分を100％にすることで、100％子会社化している。このような再編を進めることで、新陳代謝を起こしていかなければならない。

(8)　ガバナンスの弱さ

　2014年2月に機関投資家と投資先企業の対話を促すことを目的として、「日本版スチュワードシップ・コード（以下、SSコード）」が策定され、15年3月には、企業の組織や行動に関する準則として「コーポレートガバナンス・コード（以下、CGコード）」が設けられた。2つのコードが作られたことで、企業と機関投資家との対話を活性化しようとする動きが強さを増している。対話の活性化によって目指されているのは、企業価値の中長期的な向上である。

　日本企業は、経営における意思決定の透明性に課題があるといわれてきた。

この状況を打破するため，社外取締役の比率を向上させてきた。20年10月末に日本取引所グループが発表している資料によると，３分の１以上の独立社外取締役を選任する上場企業は日経インデックス400銘柄中，74.2％にまで上昇している。

社外取締役を選任する企業は増加傾向にあり，その意味では経営の透明性は向上しているといえる。しかしながら，社外取締役選任などガバナンスの整備だけでは不十分であろう。なぜならば，15年に発覚した東芝の不正会計問題に見られるようにガバナンスは体制面だけでは向上しないからである。東芝は，03年に委員会設置会社という運営体制に移行した。指名委員会，報酬委員会，監査委員会といった委員会を設置して，各委員会が過半の社外取締役で運営されていた。ガバナンスは体制面だけで向上するものではなく，運用が伴わなければならない。日本企業に必要なのは，ガバナンスにおける運用面での改善である。

さらに重要なガバナンスの論点として，トップの選任と解任がある。多くの企業では，経営トップの選任は現 CEO の専権事項となっている。CEO は会社のことをよく理解し，経営トップの候補者を評価できる立場であることから自然なことではあるが，適切な人材を選定するプロセスを経てきたかどうかについて，第三者の目からガバナンスを利かせなければならないだろう。日本の経営者は生え抜きで，プロの経営者としての経験があまりない状態で務めるというケースも多い。経営者の経営に関する知識や経験や技能が海外企業に比べて弱いともいわれている。これは経営者の育成と選定のプロセスに大きな問題があるといえよう。

解任についても同様である。日本企業では CEO を解任できないことが多い。東芝の不正会計問題の際も，経営陣が引責辞任に問われるまで経営者を交代することができなかった。日産自動車については，19年４月，臨時株主総会を開き，カルロス・ゴーン氏を解任するまで，ゴーン氏を会長職から解任できなかった。

日本企業は，経営者の選任においてもその解任においてもガバナンスが弱い。もちろん，委員会設置会社などの形式をとり，指名報酬委員会により第三者の監督の下で経営陣の選定・解任を行うといったガバナンス改革は多くの日本企

業で行われている。一方で，東芝の事例に見られるように，優れたガバナンスを持ちながら仕組みとして回らなかったことは，日本企業のガバナンスに形式よりも中身の問題点が多いと考えられる。

図表序-3　2名以上の独立社外取締役を選任する上場会社（旧市場第一部）の比率推移

（前年比−0.5%）

（出所）　日本取引所グループ Web サイトより作成
https://www.jpx.co.jp/listing/others/ind-executive/index.html

図表序-4　3分の1以上の独立社外取締役を選任する上場会社（旧市場第一部）の比率推移

（前年比＋18.6%）

（出所）　日本取引所グループ Web サイトより作成
https://www.jpx.co.jp/equities/listing/ind-executive/01.html

仮に優れた CEO を選定しても，腐敗もしくは墜落するリスクは常にある。そのため，取締役会が選任・解任を主導するなど，取締役会の機能が問われている。経営トップは企業の戦略を左右している。会社法では，経営トップを含む取締役の選解任は取締役会が行うのがルールであるが，実際の運用においては，経営トップの交代は現時点での CEO によって行われているため，業績が低迷しても CEO の交代が起きない。選任のプロセスに透明性が欠けていることが，日本企業の問題点となっている。

この状況は，海外投資家から日本企業の経営が透明性不足と指摘されるところであり，経営トップの選任・解任における透明性の確保は，今後，日本企業の価値を高める非常に重要なポイントである。

２　本書における企業価値向上に向けた考察の方向性

日本企業が抱えている企業価値向上における課題に対して，①経営理念からパーパス経営への進化，②変化対応力を高めるレジリエンス経営，③ビジョンとバックキャスティングによる戦略策定と実行力，④人材流動化のための可視化と流通市場の構築，⑤BS にフォーカスした経営へのシフト，⑥デジタルに対応する組織能力の構築，⑦事業再編の仕組み，⑧ガバナンス強化（形式ではない真のガバナンス），という 8 点について述べたい。

1　経営理念からパーパス経営への進化

日本企業の多くは経営理念を重視した経営を推進しているが，経営理念を企業全体に浸透させることは難しい。特に歴史が古い企業では，ずっと大事にされてきてはいるものの，壁に貼られた標語として形骸化してしまっている場合も少なくない。そもそも経営理念とは，企業としての経営や活動に関する基本的な考え方，価値観を表明し，自らの存在意義を示すものであるのだが，企業理念が形骸化してしまっては，従業員は自らの存在意義を感じながら事業活動を行うことが難しくなる。

ESG 投資に対する意識が高まる中，ミレニアム世代などを中心に社会的課題の解決による社会貢献という意識も高まっている。従業員 1 人ひとりが行う

日々の事業活動との結びつきを実感することが，企業理念の浸透とそれに伴う従業員のエンゲージメントを高めていくために不可欠となる。

　そこで必要となるのがパーパス（Purpose）経営である。パーパス経営とは自らの存在意義を表現することである。

　パーパスは，自社の戦略の一貫性を保つためにも非常に重要である。自社の存在意義を示すことで，組織としての一体感を醸成できる。また，従業員は，自分たちの仕事がどのような価値に結び付いているのかを感じられることによりエンゲージメントレベルを高められ，ひいては，企業の継続的な発展につなげることができる。

　昨今のESG投資への意識の高まりから，企業はSDGsで唱える解決すべき社会的課題から，自社の存在意義，戦略を再構築する動きが多く見られる。そのため，パーパス経営には自社が組織としてどのような価値をもたらすのか，どのような社会的課題を解決するのかといった社会的意義を含んでいる必要がある。MVV（Mission, Vision, Value）を定義している企業も多い。ミッション（Mission）は自社が何者でありたいのか，つまり，自社の存在意義と極めて近いが，パーパスは，業界内でのポジショニングを表すのではなく，社会的課題の解決や自社の存在意義にフォーカスし，より自発的に自らの存在意義を定義する必要がある。

2　変化対応力を高めるレジリエンス経営

　コロナ禍に見られるように市場環境の変化は非常に激しくなっており，変化への対応力をいかに高めるかが重要になっている。

　変化対応力を高めるレジリエンス経営を実施するには，①ダイバーシティ経営の推進，②BCMの構築，が重要である。

(1)　ダイバーシティ経営の推進

　日本企業の変化対応力が弱い理由の1つに，前述した経路依存性が挙げられる。経路依存性とは，過去の経緯や歴史に縛られる現象のことである。高度経済成長期，日本企業は製品の品質や独特な経営の仕組みによって大きな成功を遂げた。

　日本企業は，米国の統計学者 W・エドワーズ・デミングから品質管理を学び，小集団活動による品質の向上，あるいは終身雇用や企業内労働組合，年功序列といった独自の慣行により事業を成長させてきた。これは品質の高い製品をリーズナブルな価格で生産するという目指すべきビジネスモデルが明確であった時期には最適化され，よく機能した。

　しかしながら，こういった日本企業の慣行は徐々に時代にそぐわなくなっていった。欧米の先進企業を追いかけることから，先頭に立って新たな価値を創出していくことが求められるようになったからである。製造業であれば，製品だけではなく顧客起点の考え方で，顧客がその製品をどう運用するかまで含めて価値を創出しなければならなくなったのである。こうした状況においても，日本企業はこの状況変化に対応した経営の仕組みに変えられないでいる。過去の成功体験によるしがらみもあり，いまだに日本的な慣行を抜本的に変えることができていない。

　また，日本人中心に行ってきた意思決定の仕組みは，日本人男性を中心とした経営陣であれば非常にうまく機能した。「日本人の男性社会」という単一性を前提とした，「あうん」の呼吸で成り立つ仕組みであったからである。

　ところが今や，売上の半分以上が海外市場という企業が多くなり，事業に占める国内市場の比率は下がる一方で，明らかに現状の仕組みは機能しなくなっている。従業員は性別，人種，国籍，新卒・中途とさまざまな意味合いから多様性が求められている。消費者の価値観も同様に多様化している中，さまざまな人種，性別，年代を対象に事業を行うには企業もさまざまな価値観を理解しておかなくてはならない。

　新型コロナウイルスのようなパンデミックが起きると世の中の価値観は激変するが，発生した現象に対する見方が単一的だと，消費者の価値観の変化についていくことができない。ましてや，価値観の変化を先取りすることは難しい。

　価値観はますます多様化する傾向にある。LGBT といった性的少数者も今や大きな市場を形成するなど，これまでよりもその多様性は広がっている。それを日本人，生え抜き中心，男性といった単一の価値観しか持たない経営陣でマネジメントすること自体に無理がある。

(2)　BCMS の構築

　また，BCP（事業継続計画：Business Continuity Plan）という観点からも
レジリエンス経営が求められている。これは，変化が起きた際の対応を BCP
としてあらかじめ定めておくということである。変化が起きてからあたふたす
るのではなく，いかに平時から備えておくかということであり，そのために
BCM（事業継続管理：Business Continuity Management）が必要となる。企
業が事業を継続するために，BCP の構築から導入・見直しを継続的に行いつ
つ，包括的かつ統合的に事業継続のためのマネジメントを推進することが求め
られる。

　2011年，東日本大震災が発生した際には多くの日本企業が BCP を構築した。
ところが，平時がある程度の期間続くと構築したこと自体で満足してしまい，
有事が発生した際，うまく機能しないということもある。例えば，内容が古く，
もしくは過去につくった BCP が，いざ実行に移そうとしてもうまく機能しな
いことも多い。そのためには，常に BCP を見直して実現可能な状態にしておき，
包括的かつ統合的に事業継続のマネジメントを推進できる BCM を構築しなけ
ればならない。そういった BCM にかかわる活動が経営の仕組みの中で確実に
実施され，効果的・効率的に運用されるよう，方針策定や内部監査や企業とし
てのマネジメントレビューを行う BCMS（事業継続マネジメントシステム）
を構築しておきたい。

③　ビジョンとバックキャスティングによる 戦略策定と実行力

　日本企業は，販売チャネルや保有技術など自社のリソースベースでの戦略策
定に強みがある。その一方で，戦略は自社が現在のリソースででき得る範囲内
のもので策定されている。

　未来が現在の延長線上にあり，かつ，市場規模が右肩上がりで拡大していく
ことを前提とするのであれば，この戦略は非常によく機能する。ところが現在
は，市場環境がめまぐるしく変化しており，未来の市場環境を現在の延長線上

で描くことは難しい。

例えば，現在の市場環境を基に自社のリソースベースで策定した日本企業の戦略では，ESG投資の高まりによってカーボンフリー社会への動きが一段と速まっている時代の変化に対して，対応は後手になりがちである。そこで，将来どのような変化が考えられるかについてのシナリオを想定しておく。長期のトレンドとして，今後10～20年間でどのような社会的課題が発生し，それに対して自社がどのような対応をしていくかというシナリオを立てて戦略を策定するのである。

④　人材流動化のための可視化と流通市場の構築

日本企業の慣行は，メンバーシップ型，職能型，終身，年功序列の雇用であるため，企業内の人材の流動化が行われにくい。こうした状況が雇用のミスマッチを社会全体で生み出している部分もあるだろう。

日本では，大企業が多くの優秀な学生を新卒で一括採用している。そのため，大企業には優秀な人材が豊富に入社する一方，さまざまな機能疲労を起こしている。例えば一括採用は景気に大きく左右されるため，景気が良い年は大量採用をして景気が悪くなると採用を絞る。バブル期に大量の人材が採用されたが，彼らは大卒だとすでに50代を迎える。その後，2000年をピークとした就職氷河期には新卒の採用は大幅に絞られている。結果として，企業の人員構成分布は50代以上が多いワイングラス状になり，苦しい状態である。

企業内には人材が余っているという状況があるが，かたやデータサイエンティストなどの今企業に求められる人材は圧倒的に足りないという状況がある。量的には余剰が発生しているにもかかわらず質的には圧倒的に足りていない。このような状況は，企業の活動地域がグローバル化している中，日本のみで発生している。海外拠点では，人事は日本のガバナンス傘下に入っていないことが多い。この特殊な慣行から，日本企業の本社人事は海外拠点の人事にガバナンスを掛けられていない。日本本社は日本のみを見ており，海外拠点はそれぞれの拠点でルールを作成・遂行するという形になっているのである。

こうした状況は，一企業としても日本社会としても限界に達していることを

端的に表しているともいえる。

　そのため，大きな変革を行う必要があるものの，日本企業は従業員のスキルセットが可視化されていないという初歩的な問題に直面している。メンバーシップ型雇用ではチームで業務を進めるため，1人ひとりのスキルは明確には把握されていない。業務進行はチームワークを前提とし，従業員は新卒を前提とし，専門的な能力よりも総合的な能力を優先する。つまり，日本企業は圧倒的にジェネラリストが多い。これに対しては，複線型人事などで専門家を養成するなどの試みも行われてきたが，日本企業ではライン職が重んじられ，専門性を持った人材はラインに上がれなかった人材という固定概念がある。

　専門性を持った人材が育たないのは，人材の流動が弱いからである。いかにこのマーケットを形成するかが非常に重要になる。マーケットにおける専門性を定義し，流動化させないと，日本企業の人材の専門性は進まない。

　海外では，専門性の定義が一般的なマーケットでの汎用的定義となっており，人材は市場価値を持ち，マーケットで流動していく。

　現在のように大企業が人材を抱えてしまう問題，また，マーケットの変化に応じたスキルを持つ人材を時代に合わせて育てられないのは，企業内，そして社会における人材流動性の乏しさに起因している。

　そこで必要なのは，まず企業内でどのような人材が求められているのかを定義づけることである。独立行政法人情報処理推進機構が情報処理システムの人材定義をしているように，さまざまな専門領域で人材の定義をしていくことである。これは個々の企業で行うことは難しく，汎用的な定義の設定が求められる。社内人材のスキル把握を進め，そしてそれを汎用性のある形で社会全体における雇用のミスマッチ解消の仕組みにしていく必要がある。

　自動車関連製造業A社は，従業員のスキルを可視化し，社内で求められている職種，スキル要件を明確にした上で，人材派遣会社に人材育成を依頼している。育成する人材をまずは社内で配置転換し，育成期間の後，業務にうまく適合できない場合はアウトプレースメント，つまり社外での仕事をあっせんしている。このような取組みを社会全体で推進していかないと雇用のミスマッチは解消しない。

　また，日本企業は年功序列で，長く勤めた人材が多くの退職金を受けられる

という慣行も，流動性を阻害している。確定拠出型年金への移行をさらに進め，従業員の流動性を高めていくことが必要だろう。

5 BS にフォーカスした経営へのシフト

　日本企業では，経営者になってはじめて経営を経験するということも少なくない。プロの経営者が職業として確立している欧米諸国と異なり，日本の経営者は生え抜きの社員から選定され，社内の事業部門もしくは機能のトップが社長になるというケースが多い。そのため，バランスシート（BS：貸借対照表）に対して経験知をあまり持っていない。

　事業部門トップとしての事業管理は PL 指標中心に管理され，BS にはなじみが薄いことが多い。オムロンなどのように ROIC での管理を行い，Equity（投下資本）を事業ごとに決定し，BS も含めた管理を行っている企業もある。しかしながら，事業部門での指標管理は各事業の共有資産などがあり，BS は分けられていないことも多いため，BS 指標を交えて管理できている企業はまだ一部にすぎない。こういった背景から，日本企業の経営者は BS になじみが薄いのである。

　キャッシュ・フローに基づく指標にもなじみが薄い。キャッシュ・コンバージョン・サイクルをいかに上げるかという議論も，経営としては非常に大事であるが，なかなか進まないのはそうしたことが背景にある。売上債権の滞留，在庫，仕掛品などの滞留が原因でキャッシュの回転が非常に悪い企業もある。

　また，PL は棚卸資産を繰り延べることで原価を小さくすることができ，結果として売上総利益は増大するが，BS 上では資産が膨らむため，運転資産の回転が悪い，棚卸資産の現金化が遅れている，ということが正直に表れてしまう。

　企業は BS 上にある資産を活用し，運転資産を回転させ，設備などの固定資産を有効に稼働させて，いかに高い利益を生み出すかということが大事になる。仮に有効に活用されていない資産があれば売却するなど，資産を最適化するという考え方が必要だ。日本企業の経営者にはこうした発想が圧倒的に弱いため，滞留する売掛金などの運転資本も多く，稼働が十分ではない設備や，活用され

ていない固定資産など，BS に圧倒的に無駄が多いのである。企業経営の観点をより BS 指標に向け，資産効率を上げる経営を目指したい。

⑥　デジタルに対応する組織能力の構築

　DX（デジタルトランスフォーメーション）という言葉が昨今，世の中でも常日頃からいわれるようになった。一方，デジタル化自体が目的となってしまっている現状は，デジタル化の遅れを象徴しているともいえよう。それでは本来の目的を見失ってしまう。そもそも，デジタル化は目的ではなく手段なのである。

　ではなぜ目的化してしまうのだろうか。「業務効率化」と「付加価値型事業への転換」という 2 つの観点から述べたい。

　まず，業務効率化という観点であるが，前述したように日本企業は標準化ができない。デジタル化に対応するにはまず，業務を標準化する力が求められる。日本企業は，現場の作業をそのままシステム化するため，カスタマイズが多く，新規開発効率が悪く，システムの保守作業に多くの要員を取られる傾向にある。また，情報システム部門は各業務部門と議論し，どのような業務にしていくべきか，あるべき姿（To-Be）を定めなければならない。

　その To-Be は，パッケージアプリケーションで定められているものをひな型として，なるべく標準的な業務の形に合わせ，カスタマイズを減らしていく。特に顧客にとって差別化となっている領域に絞り，まず基幹システムの外側で迅速にシステムを構築し，それから基幹システムと連携する方法を検討するなど，現状の業務を標準化し，差別化領域についてはなるべくコストをかけず，かつ迅速にシステム化できる方法を考えなければならない。

　次に，付加価値型事業への転換という観点であるが，ビジネスモデルの転換に際して，顧客のどのような価値を実現したいのかという点にフォーカスし，それを実装する情報システムを構築するための要件定義を行わなければならない。こういったことを推進するには，事業が目指す提供価値やビジネスモデルを定義づけることに加え，実現に向けてどのように IT を駆使するか，いい換えると事業と IT をどのようにつなげるかを考えることが必要となる。ビジョ

ンを明確に映し出せるリーダーと，それを IT につなげられる組織能力が不可
欠なのである。

7 事業再編の仕組み

　日本企業の価値が上がらない理由に，不採算事業の整理の遅れが挙げられる。
事業を市場の成長や財務健全性で見た場合，市場は成長していないが財務健全
性が高い事業であれば，残存者利益を徹底的に獲得していくという位置づけが
考えられる。市場が成長しなくても財務健全性が高い事業であれば，投資を最
低限にし，シェアを徹底的に高めて利益の獲得を目指せばいいのである。こう
して獲得する利益は，今後，成長させたい事業に投入していくことができるだ
ろう。

　こうした事業ポートフォリオの見直しには，市場成長が乏しく財務健全性も
悪い事業について，よりフォーカスした議論が必要である。成長しない市場で
利益も上げられない事業については，整理しなければならない。

　当事者にとっては一見むごいことのように感じるが，投資もできないお荷物
のままであるより，その事業を本業として取り組んでいる企業に事業を切り出
したほうがいい。

　前述した複合機市場では，成長しない市場に多くのメーカーが乱立している。
特に A3 サイズ対応の複合機は市場の縮小も激しい。

　日本企業は，市場の変化に合わせた事業の入れ替えをあまり行ってこなかっ
たため，成長が見込めない市場に多くのメーカーが乱立してしまうのである。
カメラ市場も同様である。複合機もかつては成長市場であった。

　2000年以降，デジタル化され，情報化が進み，プリント量は増大したが，今
は逆に情報量は増大したものの情報の流通が電子ベースになり，プリントする
という需要が大幅に減少した。加えて新型コロナウイルスの影響で，減少傾向
は決定的なものとなった。こうした状況において，日本企業はいよいよもって
意思決定をしなければならなくなっている。

8　ガバナンス強化（形式ではない真のガバナンス）

　日本企業のガバナンスには，かねてより脆弱性が指摘されてきた。経営者を選定するプロセスもそうであるが，経営者を退任させるプロセスにおいてもガバナンスに多くの問題がある。

　ガバナンス強化のためによく考えられるのは，委員会設置会社もしくは監査役会設置会社などへの移行である。しかしながら，これも万能とはいえないだろう。

　東芝は2003年に委員会設置会社に移行するなど，ガバナンスの優等生といわれていた。委員会設置会社は，監査委員，報酬委員，指名委員の3つの委員会で構成され，監査役は置かず，監査委員が取締役として社内のガバナンスを監視する。経営者もCEOが指名するのではなく，社外の委員も入って客観性と透明性を持った意思決定を行う仕組みとなっている。

　形式的には透明性が高い仕組みであるが，東芝の不正会計問題はガバナンスが形式だけでは解決しないことを示している。ではどのようにしたらよいのだろうか。もちろん，社外取締役の人選は第一に重要になるため，企業の意見に対して異なる意見を述べ，意思決定に客観性を持たせることができる人材が必要となる。決して仲良しクラブになることなく，客観性と専門性を保持するのである。

　仮に素晴らしい人材を選んだとしても，取締役会でどのような意見がいえるかということとは話が別である。その点，社外人材は，事業についての知識が社内取締役より少ないため，どのような反対意見があったのかなど，議論の経緯を知ることがポイントになってくる。そうでなければ，いかに専門性が高い人材を社外取締役に選んでも意見すること自体がなかなか難しいものである。

　経営に大きな影響を与える重要な決定事項について，取締役会で十分な議論が行えること，またその協議において，社外取締役も含めて活発な意見を交わすことで，多面的な検討を経て公明な意思決定ができなければならない。そのためには，異なる意見も出せるように，議題に関する社内のこれまでの経緯や決定事項だけでなく，その過程で出た反対意見も詳細に伝えておくことが望ま

しい。それによって社外取締役も意見がいいやすい土壌ができる。

　社内の取締役の人選も非常に重要だ。

　CEOと異なる意見を発することができる人材が取締役に選任されている必要がある。日本企業には，社内取締役にこのような人材が少ないという一面があることも事実である。

　生え抜きの人材のみが取締役となっている状態では，CEOと異なる意見を言明するハードルは極めて高いものとなってしまう。社内取締役についても，生え抜きにとどまらず中途で入社した人材や女性，外国人など，多様な人材を抜擢していくことが求められる。

第1章

経営理念から
パーパス経営への進化

1 パーパス経営が必要となっている背景

　日本企業はこれまで，経営理念を大事にした経営を進めてきた。しかしながら，時代の変化や企業の成長に伴う事業領域の変化，グローバル化に伴い，経営理念をグローバルで伝承，浸透することが日々難しくなってきている。経営理念を単なる「壁に掲げた標語」としないためにも，社員の行動に活かせる形で浸透させなければならない。こうした状況で注目されている考え方がパーパスである。

　パーパスとは企業の存在意義のことであり，パーパスを重視した「パーパス経営」が求められている。パーパス経営は，「企業の存在価値を再定義し，明確に表現すると同時に，実践する」経営である。前述のとおり，日本企業は経営理念を大事にしてきたが，従業員1人ひとりの行動にまでは結びついていないことも多い。そのため，自らの存在意義を再定義し，日々の事業活動に浸透させるパーパス経営が何より求められているのである。

　パーパス経営は，欧米で大きな広がりを見せている。理由として，1980年代から95年までに生まれたいわゆるミレニアル世代が社会の中核となり，旧来の価値観が大きく変化してきていることが挙げられる。米国ではフェイスブックCEOのザッカーバーグ氏に代表されるように，この世代の経営者も多く輩出されている。ミレニアル世代は社会貢献意識が高く，仕事を選ぶ際にそのような価値観に合致した企業を選ぶ傾向が強まっている。また購買者の立場になった際も，社会的課題の解決を推進する企業を選定する傾向にある。

　一方，2015年に国連総会で採択されたSDGs（持続可能な開発目標）に対する貢献について，企業への期待は高まっている。むしろ，SDGsへの貢献は企業の市場への入場券ともいえるかもしれない。欧州の大企業には，取引先を選定する際，SDGsへの取組みをその取引条件としているところも多い。

　そこで，パーパス経営への取組みがますます重要となってくるのである。

　パーパス経営が求められている背景として，①市場環境変化の高まり，②地球環境の変化，③消費者の変化，④従業員の変化，⑤経営理念の浸透不足，の5点が挙げられる。

1　市場環境変化の高まり

　VUCA（Volatility, Uncertainty, Complexity, Ambiguity）という言葉に象徴されるように，市場環境の不確実性は高まり，その変化は激しくなってきている。将来を予測することは極めて難しくなっており，経営者は現在の延長線上に未来を描けないため，新たな経営の支柱となるものが求められている。

　その1つが長期思考の経営である。これまでは3年サイクルの中期経営計画で回っていた企業が「10年後にどのような会社になるべきか」というような，より長期的なスパンで考えるようになってきている。この長期思考は自社のビジョンを示すということであり，市場が変化しても変わることのない，目指すべき姿を構想しなければならなくなっている。

　また，先進国では市場が成熟し，製品による差別化は難しくなっている。市場の成熟により，製品ではなく企業の経営姿勢そのものが消費者にとっての選定基準となってきているということである。よって，企業は何のために存在しているのか，何のために事業を営んでいるのかを再定義する必要性に迫られているのである。

2　地球環境の変化

　地球の環境は温暖化の進行により危機的状況にある。これは業種や規模を問わず，すべての企業が直面している課題である。そこで経営者に求められているのは，企業として地球の環境をどのように守っていくかという課題に対するプライオリティを大きく引き上げることである。そして，企業活動を従来の「企業の社会的責任」という観点だけでなく，より事業と一体となって進めることが求められている。すべての企業にサステナビリティ経営が求められるに伴い，それを推進するために社会的課題の解決と自社の事業を一体のものとして考えなければならなくなっている。

　多くの企業は自社の戦略をSDGs起点で考えるようになってきている。長期ビジョンの構想や中期経営計画の策定に際して，市場環境に対しての認識を，環境問題や社会的課題を基に考えることが求められている。このように企業経営におけるサステナビリティは，もはや戦略策定の基盤ともなっている。

3　消費者の変化

　消費者は以前にも増してサステナブルな事業を展開し，社会的課題を解決し
ているブランドを選定するようになっている。これは，ミレニアル世代に顕著
に見られる傾向である。ミレニアル世代はサステナビリティに対する関心が高
く，オーガニック食品を購入し，人権に対する関心も極めて高い。デジタルネ
イティブであり，デジタル技術を使いこなすミレニアル世代は明確な意見を
持っており，政治への関心も高く，ネットメディアなどを通じて，盛んに自ら
の意思を表明する。

　米国ではこの世代の発信による影響力が高まっている。前述したザッカー
バーグ氏など多くの経営者がこの世代に属し，リベラル主義を強めることと
なっている。また，企業が長期的な視点で経営をしているかについての関心が
高く，企業の姿勢やブランドを見て選定し，ネットメディアを通じて発信する
ことで，消費者としての影響力を増している。

　さらに，1996～2012年生まれのいわゆる Z 世代は，よりテックネイティブ
な世代である。メディア企業の Awesomeness 社と調査会社の Trendera 社が
行った調査によると，Z 世代では自分たちの世代を示す適格な言葉として，「流
動的なアイデンティティを持つグローバル市民」「既存のルールにとらわれな
い人々」といった言葉を当てている。テックネイティブであるため，SNS や
テクノロジーに敏感であり，またそこからの影響を受けやすい。ミレニアル世
代と比較してもさらに，社会問題について仲間と意見交換する傾向が強いこと
がわかっている。

　フランスに本社を持つネット広告配信会社大手の Criteo 社が行った Z 世代
についての調査レポートによると，Z 世代の半数以上が Snapchat や Insta-
gram，Facebook を 1 日に複数回利用しており，動画コンテンツも週に23時間
以上利用している。Z 世代はこのように常に世の中の新しい情報を吸収してい
るのだ。

　現在の消費の中心となっているこういった世代の人々に対して，企業はその
姿勢やビジョン，あるいはそれらを具体的に商品やブランドの価値にどのよう
に落とし込めているのかを常に示していかなければならない。

4　従業員の変化

　パーパス経営が広まっているのは，企業で働く個人が，その働く意義や社会貢献に大きな価値を見いだしているからである。特にミレニアル世代の経営者は，社会貢献を重視するという価値観を有していることが各種統計に表れている。

　ミレニアル世代の人材はSDGsに対する関心が高く，その度合いは富裕層ほど高いといわれている。前述のザッカーバーグ氏はミレニアル世代を代表する経営者であるが，2017年5月のハーバード大学卒業式で，ミレニアル世代の人々にとって大切な課題は，誰もが人生の中で自らの存在意義を持てる世界を創り出すことだと演説した。企業は営利目的だけでは存在できない。ゴーイングコンサーンとして企業がサステナブルな存在であるためには，SDGsに代表される社会的課題を解決することにより，社会に対する存在意義を明確に示さなければならない。そうでなければ，これから幹部となっていくミレニアル世代やさらに若い人材を集めることはできないからである。

5　経営理念の浸透不足

　経営理念は，創業者や経営者が示す企業経営における基本的な考え方，価値観である。

　そしてそれは企業の存在意義ともいえる。しかし多くの企業において，その経営理念が浸透しているとはいえない状態にある。その理由として，①普遍的表現による形骸化，②時代の変化との不一致，③背景が伝えられていない，といったことが挙げられる。

(1)　普遍的表現による形骸化

　経営理念はとかく抽象的な言葉になりがちだ。普遍的な表現であるため，従業員にとっては自分の毎日の仕事と結びつけて考えることが難しいことも多い。特に歴史が古い会社においては，昔から大事にされているものの，「壁に掲げられた標語」のようになってしまっている場合も少なくない。

　経営理念は，企業としての経営や活動に関する基本的な考え方や価値観を示

すものであり，その企業の存在意義を示している。企業理念が形骸化してしまうと，従業員は自らの存在意義に疑問を持ち，事業活動を行うことが難しくなりかねない。こうした経営理念の形骸化は多くの企業で問題視されている。

(2)　時代の変化との不一致

　時代が大きく変化すると，世代によって考え方や価値観は大きく異なってくる。そのギャップを無視して精神論を強要しても，若い世代には理解ができず浸透もさせられない。

　経営理念で掲げている考え方に従業員が古さを感じてしまったら，浸透を図ることは難しい。

　たとえ本質的には同じことを表していても，世代によって表現を変えなければ受け入れられないこともある。精神論のように響いてしまうことで本質が伝わり切らないということもある。創業者の思いやこれまでの歴史などを紐解きながら，現在働いている従業員がわかりやすいようにいい換えることが必要である。特にこれから幹部となる中間管理職，さらにそれより若い世代にとって，経営理念がどのように受け止められているのかは把握しておきたい。

(3)　背景が伝えられていない

　経営理念は，創業の頃の思いや理念が継承され，引き継がれているものである。それを現在の従業員に語り継ぐには，経営理念をストーリーとして伝えることが必要である。日本企業の活動範囲がグローバルとなっている今，すべての従業員にその思いを伝えるには困難を伴うため，言葉だけの伝承となってしまっているのが現状だ。

② 　先進企業事例

　先進企業の事例として，ソニーグループのパーパス経営，オムロンの企業理念実践経営，味の素グループのASV，について述べる。

1　ソニーグループのパーパス経営

⑴　企業概要

　ソニーグループは，ゲーム＆ネットワークサービス，音楽，映画，エレクトロニクス・プロダクツ＆ソリューション（モバイル・コミュニケーション／イメージング・プロダクツ＆ソリューション／ホームエンタテインメント＆サウンド），イメージング＆センシング・ソリューション，金融およびその他事業を営むコングロマリット企業である。2020年度の売上高は，8兆9,994億円，税引き前純利益は，1兆1,924億円のグローバル企業である。

⑵　平井社長時代の One Sony と Mission／Vision／Values

　2012年4月1日付で社長兼CEOとなった平井一夫氏は，多様な事業に携わる従業員が共有できる目的や価値観を定める必要性をかねてから感じていた。就任して間もなく，基本的な考え方として「One Sony」を唱え，従業員1人ひとりがソニーのDNAを活かせるような経営基盤の構築を目指した。

　平井氏は，就任後初めて経営方針を説明する場で述べたように「世界中をあっと言わせ，ソニー復活を象徴するような，魅力的でイノベーティブな製品やサービスを市場に投入する」ことにもこだわった。基本的なデザインや操作感を踏襲しながらも，着実に機能を深化させてきたデジタルカメラ RX100 シリーズや，長年培ってきた高音質技術を結集させた Signature Series（シグネチャーシリーズ）のウォークマン® などはそうした「ソニーらしい商品」の一例である。また，ネットワークを活用したユーザーニーズの汲み上げやリカーリングビジネスへの転換など，顧客との関係を維持・発展させるための仕組みづくりにも注力した。

　平井氏は社長就任当時の経営方針説明会において，デジタルイメージング，ゲーム，モバイルの3つの事業領域をエレクトロニクス事業の重点事業領域と位置づけ，経営資源を集中し，強化していくとした。さらに，新規事業の創出およびイノベーションの加速にも力を入れ，新規事業創出と次世代の基盤技術の確立につながる研究開発の強化と，研究開発活動の選択と集中によるリソー

ス配置の最適化を進めた。そして平井氏自らがUX・商品戦略・クリエイティブプラットフォーム担当として，コンシューマー向けを軸とした全エレクトロニクス商品およびサービスの企画とデザインを統括し，顧客視点での製品やサービスの強化と融合戦略を横断的に推進した。

　平井氏は，One Sony を実現するために現場を鼓舞することにも大変力を入れた。そして，ソニーのすべての従業員が一体となるよう，顧客に届ける製品やサービスのエッセンスとして，「感動（KANDO）」というキーワードを掲げた。

　平井氏は当時，同社の目的や存在意義を示した経営理念が定められていないということに強い問題意識を抱いていた。偉大な創業者の1人である井深大が残した設立趣意書にある「真面目なる技術者の技能を，最高度に発揮せしむべき自由闊達にして愉快なる理想工場の建設」という一文は有名であるが，ソニーがなぜ存在しているのか，どのような事業を目指すのかを示す端的な言葉が求められていた。当時，同社の事業はエレクトロニクス，金融，エンターテインメントなど多様化し，一体何の会社なのかイメージがわきにくいという指摘も多かった。こうした状況の中で，平井氏は会社にとって最も重要な「価値」が何かを示す経営理念が必要だと考えていたのである。

　平井氏が社長に就任してすぐに，経営理念策定のための会議を行い，創業者の思いに立ち返りながら解釈を深め，議論を進めた。そうした過程を経て，「ユーザーの皆様に感動をもたらし，好奇心を刺激する会社であり続ける」というミッション，「テクノロジー・コンテンツ・サービスへの飽くなき情熱で，ソニーだからできる新たな『感動』の開拓者になる」というビジョンを掲げるに至った。

　そして，ミッションを果たすために従業員1人ひとりに求める姿勢をバリュー（行動指針）として掲げた。同社の事業は，エレクトロニクス，ゲーム，映画，音楽，金融など多岐にわたる。これらの多様な事業をカバーする共通した方向感を打ち出すことは非常に難しく，検討を重ねた結果，1つのキーワードとして凝縮したものが「感動」だった。

　また，会社の目指す方向を打ち出し，従業員に同じ方向を向いてもらうことは社長にしかできないことであると考えた。平井氏，吉田憲一郎氏（当時

CFO・現会長兼社長 CEO）など，経営陣がいかなる経営戦略を策定しようとも，それを実行するのは現場の従業員である。約11万人いるソニーグループの従業員が One Sony で同じ方向を向かなければ，いかなる戦略も画餅になってしまう。

それには，現場の従業員からの信任を得る必要がある。具体的には，世界中のさまざまな事業所を訪問し，多様な職種・役割の従業員に One Sony や「感動」の考え方を繰り返し説明し，従業員からの質問にも直接答えた。

こうした活動を社長就任時から継続することで，ソニーは1つのチームであり，顧客に「感動」を届ける仕事をしているという意識を全従業員に浸透させていった。

⑶　Sony's Purpose & Values の設定と浸透

①　Sony's Purpose & Values とその背景

2018年4月，吉田憲一郎氏が社長に就任してからすぐに取り組んだのは，ソニーグループとしての存在意義や価値観の定義と，経営として目指すべき方向性の明確化であった。

創業時と異なり，連結売上高に占めるエレクトロニクスの事業比率は約30%（17年度）となり，さらには職種や人種・国籍においても総従業員11万人の構成は多様さを増していた。エンターテインメントの事業比率が高まる中，11万人のソニー傘下の従業員が同じ方向を向くため，同社の存在意義を再定義することが必要となった。

吉田氏は，「ソニーという会社を長期的に持続可能にしていくためには，われわれの存在意義は何であるかをきちんと定義し，従業員としっかり共有することが重要だ」と考えた。特に会社を動かしていくためには経営チームと従業員が同じ思いを持ち，ベクトルを合わせていくことに大きな意義がある。ソニーが一体どこに向かっているのか，社員に明確に示すことが非常に重要になると考えた。

②　Sony's Purpose & Values 設定の経緯

吉田氏は，社長就任初年度となる2018年5月の経営方針説明会で，「長期視

点を大切にしていきたい」と述べた。同年7月，平井一夫氏が社長時代に定め
た「Mission／Vision／Values」の見直しを考えていることを表明し，グロー
バルの全従業員に意見の提供を呼びかけた。すると，想定以上の強い反響と反
応があった。そこで寄せられた声も参考にして，「何のためにソニーは存在す
るのか」という明確な存在意義を全従業員がわかりやすい言葉で定義すること
を心掛けた。その過程で，当時，欧米企業が採用し始めていた「パーパス」と
いう定義のほうが，より目的と合致していると考え，「Sony's Purpose & Val-
ues」を設定することを決めた。

　策定プロセスでは，従業員の意見を広く聞くこと，そして経営陣で議論を重
ねることを重視した。世界各拠点から集まった100を超えるメッセージや提案
を参考にしつつ，スタッフと議論を繰り返し，言葉を研ぎ澄ませていった。創
業者の思いを汲みつつも，グローバルで多様性のある従業員に受け入れられる
表現であることを重んじた。各事業の責任者とも素案を共有して議論を行い，
言葉を研ぎ澄ませる作業には約半年間をかけた。

　18年7月に着手して半年後の19年1月，ソニーグループの存在意義（パーパ
ス）は「クリエイティビティとテクノロジーの力で，世界を感動で満たす」こ
とだと定義し，大切にすべき4つの価値観，「夢と好奇心」「多様性」「高潔さ
と誠実さ」「持続可能性」を定義している。そして，パーパスと表裏の関係に
あるアイデンティティは「テクノロジーに裏打ちされた，クリエイティブエン
タテインメントカンパニー」に，経営の方向性（ディレクション）は「人に近
づく」と定められた。

　バリューは創業時代から培われてきた暗黙知の企業文化を言語化したもので
ある。従業員をはじめ，顧客や株主，取引先，社会など，さまざまなステーク
ホルダーに，あらためて同社の存在意義や大切にしている価値観を示すことが，
これからの経営の根幹になる。同社は多様な事業を展開するが，そのすべての
事業に共通しているのがテクノロジーである。そして，人の心を動かすのはク
リエイティビティと考えている。テクノロジーをつくるのは人であり，それに
よって感動をつくるのも，感動するのも人である。同社の経営の方向性は「人
に近づく」であるが，かかわるすべての「人」に近づくことにより，あらゆる
領域で感動をつくり出したいという思いから，Sony's Purpose & Values は設

定されている。

　Sony's Purpose & Values を設定したことにより，ソニーグループ共通の経営の方向性である「人に近づく」という考え方の下，企業価値を創造するストーリーを展開しやすくなった。グループ各社，各事業にとって，それぞれの事業がどのように貢献するのかを具体化しやすくなったという。

　同社が，このように Sony's Purpose & Values を定められた要因は，吉田氏自身が極めてハンズオンな姿勢で取り組んだことが大きい。19年5月の経営方針説明会では，記者からの「CEO になり最初の2年で何に時間をかけたか」という質問に対して，「Sony's Purpose & Values をつくることに時間をかけた」と返答したほどだ。経営陣の間でも吉田氏とソニーグループの存在意義と価値観について何度もキャッチボールを行うことで，自らが参画して策定しているという感覚を醸成していった。これは経営陣のベクトルを合わせていくことに大きく貢献したという。

③　Sony's Purpose & Values 設定後の浸透

　Sony's Purpose & Values の設定後は，その発信と浸透に努めている。特に社内への浸透に力を入れている。この活動は CEO 室，広報，ブランド戦略部，人事，クリエイティブセンターなどが一体となり推進している。グループ全体を横断して浸透を推進する事務局組織をつくり，現在でも推進メンバーは週に一度会議をしている。

　浸透のために動画やポスターなどさまざまな工夫を施している。2019年1月の Sony's Purpose & Values 発表の際，吉田氏が従業員に語りかける動画を制作・発表した。さらにグループ各社で浸透施策推進担当者を任命している。グループ各社にはポスターも配布し，壁に貼るなど浸透を徹底している。また役員の部屋にも必ずポスターを貼り，イントラネットでも最も目立つところに Sony's Purpose & Values を配置し，パーパスを表現するビデオを公開するなど，さまざまな浸透のための工夫をしている。ソニーグループ傘下各社では，各事業のトップマネジメントが自分の事業のビジョンを話す際にも Sony's Purpose & Values の話と関連づけるなど，事業への浸透の工夫も行っている。

　また，進捗確認のために各事業単位で Sony's Purpose & Values に関する共

感，浸透についての調査を実施している。結果，海外拠点，特に米国においては共感・浸透が高く，ポスターを画面一面に貼りたいなど，積極的に推進するツールを検討・提案してくれるという。社外のメディアに対しても積極的な取材対応をしている。社外のメディアに取り上げられることにより，そのメディアを目にした従業員，もしくは外部の人たちとの交流を通じて社員へ浸透するという効果も生み出している。

　こうした活動により，同社では戦略策定の際に Sony's Purpose & Values が基準となるという効果を生み出している。19年8月から発表している統合報告書を作成するプロセスでも，価値創造ストーリーは Sony's Purpose & Values が基準となり，コアとなるメッセージとなっている。中期経営計画においても Sony's Purpose & Values が策定における指針となっており，各事業がどの分野に貢献するのかといったことが，策定の思考プロセスになりつつある。直近ではコロナ禍で正常な活動ができなかったが，そうした事態においても Sony's Purpose & Values を指針としていかにクリエイティビティを発揮し，感動を実現するのか，今ソニーが何をしなければいけないかについての議論ができたという。

　世界中の従業員に浸透させることは，11万人の従業員を抱えるソニーグループにとって容易なことではない。従業員1人ひとりがいかに「自分事」として捉えられるかが，ソニーグループにとっての最大のチャレンジである。

　各従業員と Sony's Purpose & Values との関係を意識させるため，イントラネットで「My Purpose」という連載を設けて従業員自らのストーリーを語ってもらい，共感，共鳴を生み出すことでさらなる浸透を推進している。

2　オムロンの企業理念実践経営

(1)　企業概要

　オムロンは，工場の自動化などの制御機器を推進するインダストリーオートメーション事業，電子部品，インフラ関係では駅の自動改札や太陽光発電向けパワーコンディショナーなどの社会システム事業，血圧計などの製造販売を行うヘルスケア事業などを展開する，約120の国と地域で商品・サービスを供給

しているグローバル企業である。

⑵　企業理念の改定と経営のスタンスの設定

　前述したようにパーパス経営とは，「企業の存在価値を再定義し，明確に表現すると同時に実践する」ものである。オムロンは企業理念を再定義し，自らの存在意義を明確にすると同時に企業理念の実践を推進するという，企業理念実践経営を推進している。これは，パーパス経営そのものである。

　同社が企業理念実践経営を推進するのは，理念を大切にするだけでは企業の価値創造にはつながらないからである。企業理念は実践してこそ企業価値を高めることができる。そのため同社では，企業理念を日々の業務において実践する企業理念実践経営を行っている。日々の業務と一体化されてこその企業理念というのが同社の考えである。そこで，2015年に企業理念をよりわかりやすい表現とし，従業員に浸透させるため，9年ぶりの改定を行っている(注)。

　(注)　オムロン　社憲「われわれの働きでわれわれの生活を向上しよりよい社会を
　　　　つくりましょう」https://www.omron.com/jp/ja/ir/irlib/pdfs/ar15j/ar15_14.pdf

　創業者の立石一真が1959年に会社の憲法にあたる社憲を制定してから，歴代の経営者は社憲の精神を受け継ぐ企業理念を経営の拠りどころとしてきた。同社にとって企業理念は，事業を強化する求心力の原点であるとともに，発展を支える原動力である。コンセプトを変えることなく表現を更新し，従業員の誰もが考え方を理解し，企業理念に基づいた行動を実践することが必要となっていた。

　そこで企業理念には，事業を通じて社会的課題を解決するというニュアンスを含み，サステナビリティを意識した表現としている。

　同社は，事業を通じて社会的課題を解決することが企業理念実践経営であるとしており，こうした活動を会社の隅々まで浸透させるため，よりわかりやすい言葉にしている。

　創業者の立石一真が社憲「われわれの働きで　われわれの生活を向上し　よりよい社会をつくりましょう」を59年に制定して以来，同社は数々のイノベーションを創出してきた。

　2015年，この社憲を基本理念として「Our Mission」とし，重要な価値観を

定義している経営理念を「Our Values」に変更することで，グローバルでわかりやすい表現とした。

　「Our」としているのは，従業員1人ひとりが自分事として考えられるようにという思いからである。このように企業理念を，Our Mission，Our Valuesと誰もが覚えやすい二階層にすることにより，浸透しやすさを図っている。

　Our Values は，ソーシャルニーズの創造，絶えざるチャレンジ，人間性の尊重とし，これらを従業員の具体的な行動とするため，それぞれを「私たちは」で始めることで主語を明確にし，「し続けます」とすることで，継続的な行動として根づかせる表現となっている。さらに，企業理念と事業活動とのつながりをわかりやすくするために，経営のスタンスを新たに設定している。

　企業理念を日々の仕事の中で意識することは難しいので，「経営のスタンス」が必要であると同社は考えた。経営のスタンスは，企業理念と事業戦略の間にある概念として導入された。経営のスタンスは，暗黙知であったものを形式知化したものであるといえる。暗黙知を適切な言葉で明文化するには，同社の特徴・強みの理解に加え，投資家やメディアが自社に何を期待しているかを理解しておかなければならないわけで，こうした総合的な「あるべき経営」の理解が求められる。

　また，世界120カ国で事業展開している同社が企業理念を浸透させ，実践していくために各地の従業員に合わせて適切な意訳を施すなどの工夫をしている。企業理念に自社らしさを表現している企業は見かけるが，企業理念と事業戦略の接合点を明確に定義し，浸透させ，行動に落とし込んでいる企業は多くない。同社は経営のスタンスをつくることが企業理念と現場の乖離を防ぐ解決策の1つだと考えており，企業理念を実践するためのポイントにしている。

　経営のスタンスには，10年間の長期ビジョンをつくることが盛り込まれている。この長期ビジョンは経営の羅針盤となっている。利益を追求することだけがコーポレートガバナンスではなく，誠実な経営を行うには攻めだけではなく守りの実践も不可欠である。これらの取組みを一体化して実践することが，オムロン流の企業理念実践経営である。

図表1-1 オムロンの企業理念

Our Mission
（社憲）

われわれの働きで われわれの生活を向上し よりよい社会をつくりましょう

Our Values
私たちが大切にする価値観

ソーシャルニーズの創造
私たちは，世に先駆けて新たな価値を創造し続けます

絶えざるチャレンジ
私たちは，失敗を恐れず情熱をもって挑戦し続けます

人間性の尊重
私たちは，誠実であることを誇りとし，人間の可能性を信じ続けます

（出所） オムロン「オムロンの企業価値向上の取り組みについて」
https://www.omron.com/jp/ja/about/corporate/vision/philosophy/

図表1-2 オムロンの経営のスタンス

私たちは，「企業は社会の公器である」との基本的考えのもと，
企業理念の実践を通じて，持続的な企業価値の向上を目指します

- 長期ビジョンを掲げ，事業を通じて社会的課題を解決します
- 真のグローバル企業を目指し，公正かつ透明性の高い経営を実現します
- すべてのステークホルダーと責任ある対話を行い，強固な信頼関係を構築します

（出所） オムロン「オムロンの企業価値向上の取り組みについて」
https://www.meti.go.jp/committee/kenkyukai/sansei/jizokuteki_esg/
pdf/002_06_00.pdf

(3) 経営理念実践活動「TOGA」

　企業理念や経営のスタンスといったものは，トップダウンの啓発のみでは浸透しない。啓発を受けた従業員が，どうすれば実践できるかを考えることが重要だという。そこでオムロンはボトムアップのために，事業を通じた社会的課

題解決の実践活動として「The OMRON Global Awards（TOGA）」を行っている。

　2012年度にスタートしたこのTOGAという活動を通じて，従業員は企業理念に基づいたテーマを選び，チームを組んで協力しながら社会的課題の解決に取り組む。この活動によって同社内では，自らが属する組織にとどまることなく，地域や職種を超えて社会的課題の解決，顧客・社会への価値創造について話し合うきっかけが生まれている。毎年多くのテーマが世界中で宣言され，実行されることにより，経営理念の実践が行われている。

　TOGAには3つの特徴がある。①プロセス重視，②評価内容，③表出と共鳴，である。

　「①プロセス重視」は，経営理念を実践するプロセスに着目するということである。そのため各チームは，テーマをエントリーする際，経営理念とのつながりやチャレンジするポイントを宣言しなければならない。「②評価内容」では，結果・成果だけでなく，過程におけるチャレンジや企業理念に基づく行動も評価される。成功することが望ましいが，失敗してもそこから何を学んだかを表彰するなど，果敢に挑戦することと失敗から学びを得ることに重きを置いている。「③表出と共鳴」では，最終のグローバル発表会までに職場・会社・地域内のさまざまな場面で企業理念の実践事例を発表・共有する場が設けられ，模範事例として選ばれると社内情報サイトで共有される。それによって，従業員間でいい刺激を与え合うなど自ら行動する風土を醸成し，経営理念実践活動を高めることに努めている。

　TOGAは毎年2～3月にグローバル各地域で選考会が行われる。その中から13のテーマがゴールドテーマとして選ばれ，同社の創業記念日である5月10日に京都本社で取組みが発表され，その模様はグローバルに配信される。さらに，ゴールドテーマについては，選考の翌日に日本各地でプレゼンテーションを実施し，各拠点のメンバーと直接議論を交わすことで共鳴が高められる。こうした活動を通じて，企業理念の実践に関する積極的なテーマが多く発表され，難しい目標に挑戦することで，ソーシャルニーズを創造する事例の創出へとつながっている。

　このようなTOGAの活動を通じて，社会的課題の解決に挑戦する熱意に対

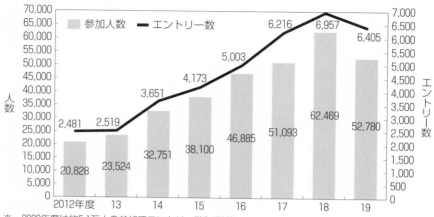

図表1-3　オムロン「TOGA」のグローバル参画状況

※　2020年度は約5.1万人の参加でエントリー数6,472件
（出所）　オムロン Web サイトより作成
https://www.omron.com/jp/ja/about/corporate/vision/initiative/

する共感と共鳴の輪が社内外に広まっている。それにより，同社とともに社会
的課題解決に挑戦するパートナー企業も増加し，より企業理念の実践が進んで
いる。こうしたオムロンの TOGA では，年々同社内のエントリーが増加して
いる。18年度はテーマエントリー数が6,957件，6万2,469人が参加した。19,
20年度は新型コロナの影響もあり減少したが，TOGA が従業員に普及したこ
とは，経営者の思いである企業理念の実践の浸透が着実に進んでいることを示
している。

　11年度までは企業理念と従業員の意識が乖離してしまうこともあったが，12
年度に TOGA を開始してからは，企業理念実践経営を遂行することの意義を
多くの従業員が体験をもって理解し，さらに実践を高めている。

　また，こうした活動は欧州，中国など海外拠点で特に進化しており，グロー
バルな広まりを見せている。

(4)　企業理念実践経営による統合的サステナブル経営

　企業理念実践経営は，統合的でサステナブルな経営の実現に向けて，企業理
念，長期ビジョン，中期経営計画，ESG マネジメント，グループリスクマネ

ジメントなどが1つのコンセプトで統合され，実践されていなければならない。そのためには各主幹部門が共通の認識を持ち，その上で役割分担が明確になっていることが必要だという。

　また，グループ全体として企業理念実践経営を推進するには，事業部門単位でも各事業が取り組むべき社会的課題を考え，戦略を策定することが重要である。オムロンでは，2017年より，各事業部門がどのような社会的課題を解決するかを戦略策定の際に議論している。

　日本企業の経営哲学に「三方良し」というものがあるが，実践できている企業は少ない。そもそも，利益が出ない企業は株主に対して貢献できておらず，その時点で企業理念が実践されていないといえる。不採算事業は他社に売却もしくは統合するなど，生き残りの方策を検討すべきである。真に従業員のことを考えるのであれば，利益率の低い事業には投資すべきではない。資本コストを重視し，事業ポートフォリオを適切に組むことは，企業理念実践経営そのものである。

　また，企業のトップが不誠実だとサステナブルな経営はできない。そこで自律（オートノミー）が重要になる。経営情報の開示やIR活動は統合的に行われるべきであり，CEO，CFO，IR担当役員の言動は統一されていなければならない。そのためには，企業理念実践においてどのような社会的課題の解決に取り組むかを発信するとともに，実践できていない場合はその原因を明確に説明しなければならない。

(5)　社会的課題解決と企業価値の向上

　企業理念実践経営には，トップのリーダーシップは必須である。具体的に「どのような形で企業価値を創造していくか」を決定するのはトップである。そして，マネジメントシステムとして社内外にビジョンを示さなければならない。

　10年間といった長期ビジョンを作成するのはそのためである。ビジョンがあることで経営者が変わっても指針はぶれない。ビジョンは経営の求心力であり，成長の原動力である。

　このように企業理念実践経営を推進することで，これまで漠然とオムロンに対して従業員間にあった「良い会社」というイメージが，現在はDJSI（ダウ

ジョーンズ・サステナビリティ・インデックス）ワールドの評価を得るように
なっている。ひいてはそれが従業員にとっての自信になり，従業員間に良い意
味での緊張感が醸成されている。

　「真のグローバル企業になりたい」「社会から必要とされる企業になりたい」
という思いで企業理念実践経営を推進することは外部評価の向上にもつながる。
DJSI ワールドを獲得したことで，海外拠点における顧客や地域社会からの信
頼性向上・関係構築につながり，株価にも良い影響を与えている。人材獲得面
では，Z 世代中心に「SDGs を意識した働きがいのある企業」に行きたいと思
うようになってきており，就職ランキングの向上にもつながっている。これら
の意味で，財務的・社会的なリターンは確実に存在している。同社では山田社
長はじめ経営陣がこのような活動に中長期的なスパンで取り組むマインドセッ
トを醸成していることが，社会的課題解決と企業価値向上の両立に寄与してい
る。

　また同社は，企業理念実践経営のため，BS（貸借対照表）経営・CF（キャッ
シュ・フロー）経営を推進している。企業理念実践経営を行うには，長期的視
点で社会的課題の解決に取り組み，中長期ビジョンの実現を推進していかなけ
ればならない。日本企業の多くは PL（損益計算書）重視・売上重視の経営で
あるため，短期的な視点（ショートターミズム）に陥ってしまい，中長期的な
視点で経営できなくなる。同社は ROIC（投下資本利益率）経営に重点を置き，
ROIC の逆ツリー経営をすることで，中長期の視点で事業ポートフォリオ管理
をしている。

　同社がこのような取組みをするのは，資本コストを重視し，事業ポートフォ
リオを適切に管理しなければ，企業としての持続的成長は難しいと考えている
からである。企業理念実践経営には，資本コスト経営，つまり資本コストを上
回るリターンの持続的創出が必要となる。そういった意味では，ROIC と
WACC（加重平均資本コスト）の差を最大化する努力を継続しなければなら
ない。なぜならば，時代のニーズは変化し続け，企業が世の中の役に立つには，
研究開発・設備投資をし続けること，また，企業理念実践経営のために努力し
た社員に対する利益配分，支援してくれた株主に対する配当を行うことが必要
となるからである。

　そこで同社は ROIC 経営を推進し，各事業の構造・課題に応じた ROIC 改善のための強化項目（ドライバー）と，それらを強化・改善するためのアクションと KPI（重要業績評価指標）を設定し，各事業に適正な ROIC 水準となるよう，本社経理部門も伴走する形で徹底されている。そして，この ROIC を用いて，各ビジネスカンパニー（事業部門）のポジショニングを明確にし，投資強化や事業撤退の意思決定を行って経営資源の配分を決定している。

　こうした考え方を徹底できているのは，PL 重視の経営が多い日本企業には珍しい。

　PL 経営だと短期的視点に陥ってしまい，必要な投資を見極める感覚が鈍ってしまう。

　BS 経営，CF 経営を念頭に置き，中長期的な視点でやるべきことを決め，着実に遂行していくことが，社会的価値と経済的価値の両立には求められる。

(6)　今後の課題

　オムロンが企業理念実践経営を推進する際の課題にしていることは，「イノベーションの加速」と「ダイバーシティの促進」である。ダイバーシティの促進とは，経営層が気心の知れた面々で同質化しないように「自分と違う考え方の人間を周りに置く」ことであるという。そのため，企業理念実践経営の最終

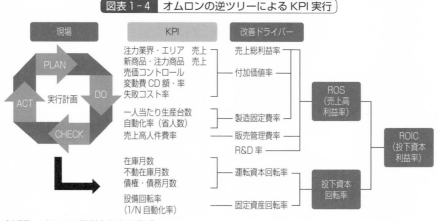

図表 1-4　オムロンの逆ツリーによる KPI 実行

（出所）　オムロン資料をもとに作成

フェーズとして，人事制度改革が重要であるとしている。具体的な例としては，すでに企業年金における確定給付年金を廃止し，確定拠出年金に一本化することにより，人材の流動性を生み出し，組織としてのダイナミズムを向上させて，イノベーションを創出できる組織へと進化しようとしている。

3   味の素グループの ASV

(1)   企業概要

　味の素グループは，世界一のアミノ酸メーカーとして高品質アミノ酸の独創的な製法・利用法の開発を通じて事業領域を拡大し，国内外で「食品事業」「アミノサイエンス事業」を柱とした幅広い事業を展開しているグローバル企業である。

(2)   ASV の概要

　味の素グループは，創業以来一貫して事業を通じた社会的課題の解決に取り組み，社会・地域と共有する価値を創造することで経済価値を向上させ，成長につなげてきた。それらの取組みを ASV と称し，ASV をミッションとビジョンを実現するための中核と位置づけた理念体系を「Our Philosophy」と設定している。

　ASV とは Ajinomoto Group Shared Value の略である。味の素グループでは，「うま味を通じて日本人の栄養状態を改善したい」という「事業を通じた社会的課題の解決」の考え方を，創業以来100年以上受け継いできた。現在，同グループではさらなる高みを目指して，「アミノ酸のはたらきで食習慣や高齢化に伴う食と健康の課題を解決し，人々のウェルネスを共創します」というビジョンを掲げ，2030年までに10億人の健康寿命を延伸することと，事業を成長させながら，環境負荷を50％削減するという目標を掲げている。

　同社の ASV は CSR 活動ではなく，事業活動を通じて社会的課題の解決に取り組むというものであり，つまり事業活動そのものである。1908年に，池田菊苗博士が昆布だしの味成分がアミノ酸の一種，グルタミン酸であることを発見して「うま味」と名づけ，鈴木三郎助が「味の素」を発売し，「うま味を用

いて栄養を改善し国民を健康にする」という創業者の思いは創業以来引き継がれている。

ASVの取組みは，伊藤雅俊氏の社長時代（2009〜15年）から始まっている。アミノ酸などの同社の持つ製品・技術を活かして，消費者の健康や栄養，環境の改善に寄与するというストーリーを，自らの製品，事業の基本に置き，具体化することが同社の目指す価値，ASVであるとしている。

変化の激しい社会の中で，人々に何をどう食べてもらうのか，味の素グループの提案を受け入れてもらうにはどのようなアプローチを取らなければならないのかについて考え，事業活動を続けている。14年，同社ではこの一連の価値創造をASVと呼び，事業活動そのものであるとした。ASVを強く推進することこそが「確かなグローバル・スペシャリティ・カンパニー」の実現につながると考え，ASVを中期経営計画の中核に位置づけている。

社会的課題は常に変化し続けるため，解決策は1つとは限らない。同社ではASVの実践について世界の課題を意識しながら，味の素グループが持つ強みや技術，思いをどのように課題解決に活かすことができるのかを考え，行動し続けることが重要であるとしている。

同社では，ASVを通じた価値創造ストーリーとして，「①先端バイオ・ファイン技術とそこから生まれたおいしさ設計技術により，おいしくからだに良い食で，健康づくりに貢献します」「②食を通じて，家族や人と人がつながり，多様なライフスタイルを実現できる社会づくりに貢献します」「③モノづくりから消費の場面に至るまで，社会とお客様と共に地域・地球との共生に寄与します」「④グローバルトップクラスの多様な人財が，お客様起点で地域と価値を共創します」と提示している。

これらの目標を達成するには，グループ全体が一体となり，これまで以上のスピードで「事業を通じて社会価値と経済価値を共創する仕組み」を加速させることが不可欠であった。こうした理由から，ASVの社内浸透を推進するタスクフォースを組み，味の素グループの従業員に対するASVの理解と実践の促進を図っている。さらに20年4月に，その活動はASVの自分事促進を目的としたASVエンゲージメントチームへ移行している。

⑶　ASV を実践するためのマーケティング活動

　ASV はサステナブルな事業の成長，会社のミッションとも重なって理解されており，従業員全員が納得できる考え方となっている。その結果，味の素グループの従業員は生活者に対して，社会的課題の解決を通じて役に立つということを意識し，業務にあたっている。同社はこの活動を通じて，顧客にどのような価値を提供できるか，そして，社会的課題の解決にどのように貢献するのかを示している。

　例えば同社では栄養課題の解決を目指している。メタボリックシンドロームや生活習慣病を引き起こす過剰栄養，フレイル，ロコモなどを引き起こす不足栄養の問題をおいしさの設計技術，レシピやメニューの提案力，たんぱく質・アミノ酸の栄養技術，アミノ酸の生理機能など，同社が持つスペシャリティ技術を活かして解決していくというものである。

　家庭用事業における取組みとしては，共食，食の伝承，減塩，たんぱく質の摂取，栄養バランス，スマート調理，野菜摂取の促進などを推進している。例えばスマート調理は，調理時間が短縮できる上，初心者でも失敗なく調理できる。男性顧客からのフィードバックを基に，スマートフォンの QR コードから動画を提供することで，男性でも簡単に調理をすることが可能になっている。

　また，「勝ち飯」は，専門知識を持った人材が，トップアスリートの「勝つためのからだづくり」に向けた食事指導を実施するものである。アスリートは，味の素ナショナルトレーニングセンター（味の素トレセン）で「トレーニング」「栄養」「休養」の三原則に基づき，日々練習に励むとともに，常駐する管理栄養士から，競技特性やその日の体調に合った栄養アドバイスやサポートを受ける。

　また，味の素トレセンから学校に通うなど，生活をともにしている。そこではSAKURA Dining（通称「勝ち飯」食堂）で食事の提供，食事の監修をしている。これは選手の競技力の向上に大きく寄与している。

　勝ち飯はスポーツ選手だけでなく，受験生や部活動生などに向けても幅広く提案されている。たんぱく質，野菜，汁物といった栄養価の高いものを正しく摂取することで，栄養バランスを取り，かつ免疫力を高める食事の提案をして

いる。勝ち飯は国内食品事業の中核的な取組みであり，全国のスーパーマーケットの店頭で献立提案をしながら，商品を販売している。

ASV活動ではさまざまな組織と提携している。自治体では三重県と提携し，三重県の食材を使った勝ち飯の企画，「みえ『勝ち飯』プロジェクト」を推進している。

同社では，アミノ酸など味の素グループの持つ製品・技術を活かして，消費者の健康や栄養の改善に寄与するというストーリーを具体化するため，常に部門を超えて顧客からの声を共有することを重視している。ASVの専用サイトである「Our ASV」を開設し，ASV情報の一元化をしているのもその一例である。グループの全従業員がいつでもどこでもアクセスできるサイトにして，共感づくりと双方向コミュニケーションの活性化を推進している。さらに，ASVアワード大賞動画も公開しており，こうした動画を通じて従業員・社外ステークホルダーのASVに対する理解の深化と共感の醸成を行っている。

(4) 効　果

①　消費者への具体的栄養貢献

前項のような取組みの成果として，顧客からのファンレターが多く届くようになっている。例えば「Cook Do」を使うことによって子供が野菜嫌いを克服し，野菜を食べられるようになったなどの顧客からの反応が届けられている。実際に「Cook Do」が国内のピーマン消費に対して３％貢献しているという実績も出ている。

②　従業員の意識の変化

ASVの取組みの成果であるファンレターは，マーケティングや販売だけでなく，生産，開発などの各部門の従業員が顧客の声として共有することで，さらなる価値実現に向かおうという気持ちを高める大きな源泉になっている。味の素グループは，ASVの取組みを通じて，多様な人材１人ひとりが働きがいを実感し，能力を発揮し，個人と会社がともに成長することが，ASV向上の源泉であると考えている。

ASVを展開することにより，従業員の目的意識，参画意識は飛躍的に高まっ

たという。事業を通じて，どのような社会的価値の提供が行われているのかを，従業員1人ひとりがファンレターなどで共有することにより，マーケティング活動への参画意識，目的意識は高まる。それは味の素グループの一員であることの誇りにつながり，さらに，事業を通じて社会的課題の解決を推進していこうという高い目的意識の醸成にもつながるという好循環を生み出している。

　同社が毎年実施しているエンゲージメントサーベイでは，1人ひとりの従業員のASVの自分事化を定量的に把握し，ASVエンゲージメントチームの取組みに役立てている。

　2020年度のサーベイでは，「自分の職務を通じて直接・間接を問わず，ASVに貢献していることを実施しているか」という問いに対して，グループ全体の82％の従業員が好意的回答をしている。一方，ASVにおいて自分事化のKPI

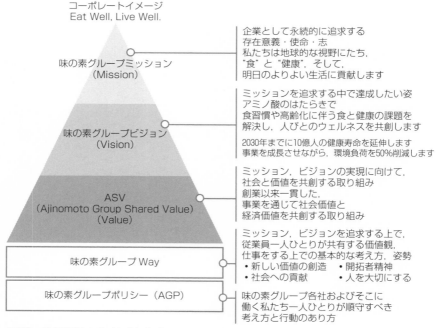

図表1-5　味の素グループの Our Philosophy

（出所）　味の素Webサイトより作成
https://www.ajinomoto.co.jp/company/jp/aboutus/vision/

として設定している「自分の職務を通じて直接・間接を問わず，ASV に貢献
していることを家族や知人に話すことがあるか」という設問では好意的回答は
64％であり，この82％と64％の差が課題であると認識している。ASV の自分
事化にあたっては「実感する」だけではなく「言語化する」という行動が伴う
ことが重要と考えている。ASV の自分事化のスコアは19年度の55％から64％
へと 9 ポイント上昇し，さまざまな施策の成果が徐々に得られてきている。こ
こで，施策の 1 つである ASV アワードにおけるいくつかの受賞案件の取組み
について紹介したい。

17年度の ASV アワードでは，食塩摂取量が多い東北エリアにおける継続的

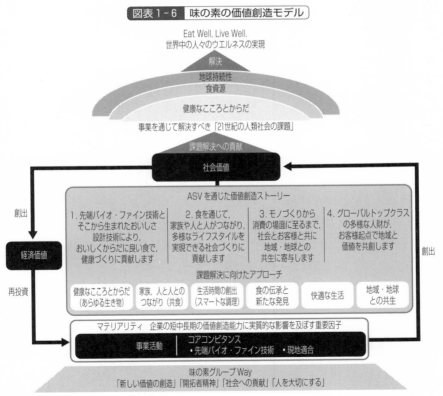

図表 1 - 6　味の素の価値創造モデル

（出所）　味の素 Web サイトより作成
https://www.ajinomoto.co.jp/company/jp/aboutus/vision/

な「減塩・適塩」の取組みを推進した活動が表彰された。この活動により4年間で食塩摂取量が1〜2割減少できたなど，地域の人々の健康増進に貢献した。

19年度は「スティックタイプ製品の包材革新」がASVアワード大賞を受賞している。これは主力であるスティックタイプ製品の包材革新で「循環型社会実現」「温暖化防止」への貢献をしたことが大きく評価されたものである。具体的には，おいしさを向上し，小容量化でプラスチック使用料を減らしていること，さらには食品業界で初めてエコプラスチックを採用して環境改善に大きく寄与した。この一連の活動は，従業員のASVへの貢献意識を高めることにつながっている。

3　パーパス経営の実現に向けて

パーパス経営に向けて，①自社の理念と歴史の棚卸し，②従業員の参画意識の醸成，③自社の目指す価値提供と存在意義の再定義，④社内への浸透，について述べたい。

1　自社の理念と歴史の棚卸し

パーパス経営を実現するためには，まず経営理念をしっかりと定義する。創業者の言葉や成長の経緯などから，経営理念がどのように実践されてきたのかを，その歴史を紐解くことにより棚卸しする。経営判断を行う基となった考え方や価値観を明文化するのである。コマツは経営の基本として「品質と信頼性」を追求し，「社会を含むステークホルダーからの信頼度の総和を最大化すること」とし，同社の従業員が永続的に継承すべき価値観を「コマツウェイ」としてまとめているが，その策定にあたり，コマツの歴史的な出来事，特に危機に直面した際の経営者のマネジメントや，従業員の意思決定の仕方を紐解いている。そしてそれらを体系立て，自社が大切にしてきた考え方をまとめている。

このような振り返りは，自社の存在価値を再定義すると同時に，実践に当たっても大切な一歩となる。なぜならば，これらの歴史は従業員の中に体感として残っているものも多く，納得力が醸成されやすいからである。また，パーパスを浸透させるには，自社のエピソードを併せて伝えるのも効果的な方法で

あるからである。

2　従業員の参画意識の醸成

　パーパスの策定の際に重要なことは，役員などの経営陣はもちろんであるが，従業員にいかに参画意識を持たせるかである。ソニーグループが実施したように，パーパス経営を推進するには経営理念を見直し，再定義の際は経営者からの発信を行うべきである。また，従業員の声を広く集めるべきである。

　もちろん，従業員の声をすべて反映することはできないが，従業員の参画意識を高めるには効果的である。最終決定を行うのは経営者であるべきだが，プロセスをなるべく透明にすることが重要だ。こうした過程を経て策定されたパーパスは，従業員自身にも策定に参画したという思いが醸成され，その後の推進の大きな糧となる。

3　自社の目指す価値提供と存在意義の再定義

　そして，解決したい社会的課題や提供価値などから自社の存在意義を確立していく。創業時から同じ製品をつくり続けている場合もあるが，多くの企業は創業時とは提供している製品が異なる。単一だった製品数をバリエーションや種類を増やしたり，もしくは製品の比率を変更したりしてサービス収益が多くなっている場合もある。これは創業時とは解決すべき社会的課題や提供価値が大きく変化しているからである。その意味でも，現在，自社がどのような社会的課題を解決しようとしているのか，それによりどのような提供価値を実現しようとしているのかをあらためて定義しておくのである。

　この作業は単一製品事業である場合は比較的容易だが，複数の製品を扱い，社会的課題が多岐にわたる場合は，全体を束ねる言葉が必要となる。ソニーグループのパーパスは「クリエイティビティとテクノロジーの力で，世界を感動で満たす」であるが，エレクトロニクス，半導体，エンタテインメント，金融と複数事業を行っている同社グループの，存在意義を結びつけているものはテクノロジーと感動であるとしている。事業は多岐にわたっていても，その根底には常にテクノロジーがあり，映画などを制作するクリエイターや，テレビや金融商品のエンドユーザーに感動の体験を与えることを目指しているのである。

　時代に伴って企業の事業領域は変化するため，自社がその事業を行う意味を再セットし，その存在意義を明らかにするのである。

4　社内への浸透

　このように定めたパーパスも，従業員に浸透し，行動に結びつかなければ意味がない。

　オムロンが企業理念実践活動で実行しているように，経営理念を日々の事業活動にいかに落とし込んでいくかが重要だ。オムロンが TOGA で，味の素グループが ASV アワードで実施しているように，それらの実施状況を従業員間で共感し共鳴し合うことで，パーパスを全体に浸透させられる。そのためには，経営者や各事業のトップが事業の戦略とパーパスの関係を伝え，事業戦略との関連性をはっきりと意識づけていかなければならない。

　日本企業はこれまで以上に変化に富んだ難しい時代に突入している。だからこそ，長期的な視点が必要である。パーパス経営を推進することで，長期的視点で経営を推進し，さらに日本企業が強くなり，企業価値を高めていくことを切に願う。

第 2 章

変化対応力を高める
レジリエンス経営

① 日本企業の変化対応力の弱さ

　新型コロナウイルスによるパンデミック，米中摩擦，気候変動による自然災害の多発など，日本企業は過去にないほど難しい状態にある中，不安定な経営環境を克服しなければならない。しかしながら，日本企業はその変化対応力の弱さを問題視されることが多い。

　VUCA（Volatility, Uncertainty, Complexity, Ambiguity）と呼ばれる環境変化が激しい現在において，変化対応力はますます重要になってきている。

　ここでは日本企業に変化対応力のない理由として，①経路依存性の強さ，②同質性に基づく組織マネジメント，③現状の積み上げに基づく中期経営計画，④PDCA の弊害，⑤変化に対応できない中間管理職，について取り上げていきたい。

1　経路依存性の強さ

　日本の製造業は，1970年代から80年代に品質で差別化し輸出モデルで成功してきたという強烈な成功体験があるため，当時の市場環境に最適化された仕組みをいまだに変えることができないでいる。

　一方で，VUCA という言葉に象徴されるように市場環境の変化は急激に速くなっている。米中関係をはじめとした国際環境の変化，ナショナリズムの進展，中国の台頭，CASE（Connected, Autonomous, Shared & Service, Electric）に代表される破壊的イノベーションなど，世の中はますます加速度的に変化している。

　このような非連続な変化には過去の成功体験を適用せず，ゼロベースで考えなければならない。製造業は，ネットワークとコンテンツを組み合わせることでハードウエアが価値を発揮するため，そのように顧客体験（CX）を創造することが求められる。ところが，製品がスタンドアローンで販売されていた時代の成功体験がしがらみとなって組織に深く根づいており，その経路を断つことができないのである。

2　同質性に基づく組織マネジメント

　変化の激しい時代には，過去を否定し新しい戦略を描き出す多様性が求められるにもかかわらず，日本企業はいまだに極めて同質性に基づいた経営をしている。企業活動はグローバルな地域展開をしているが，役員構成は日本人の男性，年代も50代後半から60代と均一で，ほぼ新卒からの生え抜き，企業勤務体験が1社のみということも少なくない。これで激しい変化に対応していくことは，ほぼ不可能ではないだろうか。

　昨今，ダイバーシティ経営が盛んにいわれているが，女性や外国人の比率を目標とするだけで，本質的にはダイバーシティ（多様性）への理解が深まっていない状態であるため，極めて表層的になってしまっている。同質性に基づく組織マネジメントは，意思決定を詳細に説明する必要なく進めることができる。バックグラウンドも環境も経験も同じ経営陣による議論は，まさしくあうんの呼吸で成り立つ。意思決定も迅速に行える。

　ただこういったことが可能なのは，あくまで市場環境が右肩上がりであることが前提となる。先行きが不透明な状況で明日をどのように見るのか，10年後にどのようになりたいかについて議論するには，さまざまなバックグラウンド（人種，経歴，宗教，ジェンダー（性）など）を持った人が膝を突き合わせたほうがよい。

　日本人経営者はダイバーシティという言葉を頻繁に用いるが，その本質にはなかなか踏み込めていない。ますます変化の速度が増し，かつ振れ幅が大きくなっている現在，異なる意見を受け入れ，新しい視野や方針を打ち出せる経営の多様性が必要となっている。

3　現状の積み上げに基づく中期経営計画

　日本企業の多くが3年というスパンで中期経営計画を策定しているが，大きな市場環境の変化を予測するには期間が短すぎる。結果として，現状の事業計画を積み上げたような中期経営計画となりがちである。日本企業は現場の力が強いため積み上げの要素が濃くなる。もちろん，中期経営計画策定時には本社が大きな方向性を示すが，プロセスにおいては事業部門とのすり合わせ工程が

長いためである。

　昨今は長期ビジョンを構想する中で，中期経営計画の弊害を取り除こうとい
う企業も増えている。一般的に長期ビジョンは10年というスパンで考えられる。
10年後の未来シナリオを基に中期経営計画も策定する。ところが一方で，経営
者の任期が10年続くことはまれで，通常4〜6年で交代することが多いため，
10年という長い時間軸で1つのシナリオを追い続けられない。

　スタンフォード大学経営大学院のチャールズ・オライリー教授が『両利きの
経営』で述べているように，「知の探索」と「知の深化」の両面があってイノベー
ションを創造できる。未来のシナリオは，長年にわたる知と経験の蓄積から市
場環境の変化を長期で予測し，非連続な変化に対してトライ＆エラーを繰り返
しながら，学習と経験を重ねつつ対応力をつけていくものである。

4　PDCA の弊害

　日本企業のマネジメントサイクルには常に PDCA がある。一度立てた計画
に基づき，幹部が集まり PDCA を繰り返す。幹部への報告を行うため，中間
管理職そして現場へと PDCA サイクルがカスケードダウンされていく。これ
も未来が現在の延長線上にあることが前提ならば非常にうまくいった。日本の
ビジネスパーソンが社会人になって最初に習うことは PDCA と「報連相」で
あったことから，これらは習慣として定着しているのだ。

　しかし，VUCA の時代に PDCA はむしろ弊害となる。PDCA は一度立てた
計画を是としているためである。

　当初計画が市場環境に合わなくなってきて，修正する必要が生じたとしても，
それを議論する場がない。環境変化をモニタリングする機能が弱いのである。
市場環境の変化には予兆があるものだが，多くの人が予兆に気づいた時点では
すでに対応不可能になっているものである。多くの人が気づいているというこ
とは，それらの変化を起こしているプレイヤーが存在していることでもあるか
らだ。こうした状況においても，日本企業は PDCA を捨てられずにいる。

5　変化に対応できない中間管理職

　IMD（国際経営開発研究所）が実施した世界競争力ランキングによると，日

本は「ビジネスの効率性」を構成する項目の中で「起業家精神」と「企業の俊敏性」が対象63カ国中最下位という結果が出ている。世界第3位のGDP規模を持ちながら，変化への順応性が極めて低く，組織の文化を変革してスピーディーな対応ができないと評価されているのである。

　統計データとアンケートから構成されている本調査では，世界中に持つパネルから日本に1年以上住む経営者もしくは上級管理職が回答している。調査結果によると，日本企業にはシニアマネジメント層の国際経験が乏しいことや，ビッグデータの分析や活用が組織的に行われていないことも指摘されている。

　これについてはさまざまなメディアで取り上げられており，日本企業は大いに危機感を抱かなければならない。

　筆者が接する大企業経営者には，この状況を理解しており，危機感を抱いている人が多い。若年層においても，市場と直接接点を持っていること，また組織に完全に染まり切っていないことから危機感を抱いている人が多い。問題は中間管理職である。

　長らく，日本企業の強みは中間管理職にあるといわれてきた。野中郁次郎氏と竹内弘高氏の共著として1996年に出版された『知識創造企業』では，「ミドルマネジャーは事実上，知識創造企業の真のナレッジエンジニアであり，トップとボトム，並びに理論と現実の間のまとめ役としての役割を果たし，イノベーションにおいて主要な役割を担う」としている。これは「ミドルアップダウン・マネジメント」と呼ばれ，日本企業の強みでもあった。中間管理職がトップの思いを現場に伝え，トップに市場で起きていることを伝える役回りを果たしていたのである。

　ところが現在の中間管理職はトップの思いを十分に理解し切れず，場合によっては矢継ぎ早に下りてくるトップの指令に，面従腹背状態で現場に伝言を落としているという状況すらある。トップの目指す姿と現場スタッフの意識とのギャップに悩み，そのジレンマから自分の仕事の範囲を決めてしまってその領域から出なくなり，組織がサイロ状態に陥ることもある。日本企業では中間管理職が最も変革に慎重で，新しいことに懐疑的であるため，変化に対する順応性を落としている。

　組織がトップの変革の方向性を理解し，落とし込み，市場の変化に対応もし

くは変化を先取りするには，中間管理職があらためてミドルアップダウン・マネジメントを実践することが必要になる。

２　先進企業事例

　ここでは先進企業事例として，ユニ・チャームのシナリオプランニングとOODA-Loop，キリンホールディングスのダイバーシティ経営と，サイボウズの自立分散型組織，について述べる。

１　ユニ・チャームのシナリオプランニングと OODA-Loop

(1)　企業概要

　ユニ・チャームは，ベビーケア関連製品，フェミニンケア関連製品，ヘルスケア関連製品，化粧パフ，ハウスホールド製品，ペットケア関連製品，産業資材，食品包材などの製造，販売をするグローバル企業である。2020年12月期の連結売上高は7,275億円である。

(2)　シナリオプランニング

　まず，ユニ・チャームが推進するシナリオプランニングの概要を述べる。同社では，気候変動に関するリスクと機会を事業戦略における重要な要素として捉えている。同社が注力しているアジア市場では，気候変動に対する緩和策と適応策を取らなかった場合，多大な影響を受けるため，不確実性が高い未来に備えてシナリオプランニングを行っている。
　ESG本部が推進事務局となり，経営陣，経営企画部門との議論を通じて作成している。
　シナリオは不確実性が高い２つの軸を選び，４つの異なるものを描いている。
　１つ目の軸は，「国家間の関係性」である。国際協調が進むシナリオと，各国が自国を優先して国際協調が進まないというシナリオが考えられる。２つ目の軸は，「政策・人々の意識」である。気候の変動によって人々の環境意識が高まり，環境政策が推進されるシナリオと，人々の意識や政策によっては環境

よりも経済成長のほうが優先されるというシナリオが考えられる。

　シナリオ作成では重要と考えられる変化の要因（ドライビングフォース）として，女性活躍，都市集中，廃棄物問題，ESG投資，再生可能エネルギー活用などを挙げた。その中から，「2℃シナリオ」「2℃超シナリオ」「エゴ経済ファーストシナリオ」の3つを選定し，それぞれについて2030年／2050年に向けた課題の検討を進めている。

①　2℃シナリオ

　森林由来の原料価格は緩やかに上昇，それに伴ってエネルギー価格は急激に上昇する。アジア地域のGDPは緩やかに上昇して，同社のROE（自己資本利益率）は現状維持となり，CAGR（年平均成長率）7％を維持できる。超長期的にも市場が拡大し，業績を拡大できる（持続的に成長し，アジア以外に進出する）。

図表 2-1　ユニ・チャームのシナリオプランニング

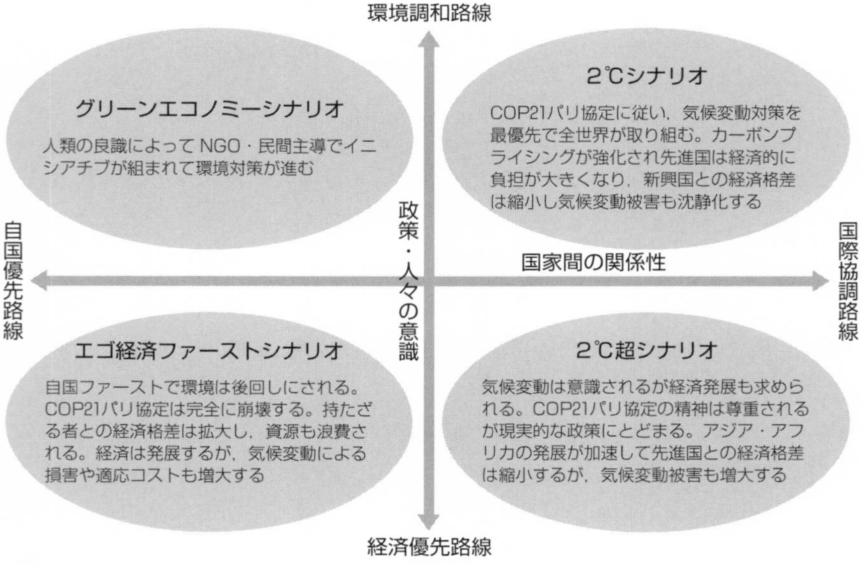

環境調和路線

グリーンエコノミーシナリオ
人類の良識によってNGO・民間主導でイニシアチブが組まれて環境対策が進む

2℃シナリオ
COP21パリ協定に従い，気候変動対策を最優先で全世界が取り組む。カーボンプライシングが強化され先進国は経済的に負担が大きくなり，新興国との経済格差は縮小し気候変動被害も沈静化する

自国優先路線　　政策・人々の意識　　国家間の関係性　　国際協調路線

エゴ経済ファーストシナリオ
自国ファーストで環境は後回しにされる。COP21パリ協定は完全に崩壊する。持たざる者との経済格差は拡大し，資源も浪費される。経済は発展するが，気候変動による損害や適応コストも増大する

2℃超シナリオ
気候変動は意識されるが経済発展も求められる。COP21パリ協定の精神は尊重されるが現実的な政策にとどまる。アジア・アフリカの発展が加速して先進国との経済格差は縮小するが，気候変動被害も増大する

経済優先路線

（出所）　ユニ・チャーム提供資料より作成
https://tasksolution.net/scenario-planning/

② 2℃超シナリオ

　森林由来の原料価格は速いピッチで上昇するが，エネルギー価格の上昇は抑えられる。相対的には，コストは上昇するがアジア地域の GDP 成長も加速して同社の ROE も上昇し，CAGR 7 ％は上振れする。超長期的には異常天候によって市場が縮小する。

③ エゴ経済ファーストシナリオ

　さらに気候変動が増幅されることにより，森林由来の原料調達に制限がかけられる。一方で経済は進み，販売価格も販売量も上昇する。超長期的には極端な異常気象によって事業戦略の大幅な修正が必要となる。

　気候の温暖化は，地球環境だけでなく，同社の事業展開にも深く影響を及ぼす。そのため，パリ協定が遵守できるように，さまざまなステークホルダーと協働して対応を進めていくとしている。また温暖化問題が深刻化する状況は，同社が有する「使用済み紙おむつのリサイクル技術」を広める機会であると考えている。この技術によって森林保護や脱炭素といった取組みに貢献するというシナリオである。

　同社ではこのようなシナリオの下で，リスクマネジメントを推進している。気候変動を含むさまざまなリスクを適切に把握し，未然防止や発生時の影響最小化，再発防止など，リスクに関する包括的なマネジメント体制の構築と運用を，経営の重要テーマに位置づけている。そのため，グループ全体のリスクマネジメント体制を構築・推進するとともに，継続的に ESG 体制の見直しと改善を実施している。取締役会では定期的に同社を取り巻くさまざまなリスクを分析・評価し，必要に応じて対策を講じるよう社内に指示し，改善状況を監督している。

　また，ESG 本部が事務局となって年に 4 回，ESG 委員会を開催し，シナリオプランニングに基づき，事業環境に重要な影響を与えるものをブレークダウンしている。ESG 委員会では，さまざまな重要リスクに関して分析・検討を行い，事業部門・機能部門と連携し，改善を推進している。特に気候変動に関するリスクは長期的視野で捉える必要があるため，シナリオプランニングに基づく重要リスクを想定して議論を重ねることで，高い不確実性にも対応し得る

組織力の向上に取り組んでいる。

　こうして取り組むシナリオプランニングには指標とターゲットを設けている。同社は CO_2 削減の目標設定について，2018年6月にSBT（Science Based Targets：科学的根拠に基づく目標）イニシアチブにより，50年までの削減計画に対する認定を受けている。このため具体的な CO_2 削減の長期目標は，「スコープ1」（直接排出量・自社の工場・オフィス・車両など）および「スコープ2」（エネルギー起源間接排出量：電力など自社で消費したエネルギー）のそれぞれについて設定している。

　このようなシナリオプランニングに基づく環境変化が事業にどのような影響を及ぼすかについては，各事業を担当する執行役員，部門長などとの間で落とし込まれている。各種のシナリオが自社の事業にどのような影響を及ぼすのか，シナリオプランニングで想定される未来からバックキャスティングで議論を進めている。

　このような議論は，同社が事業展開する80を超える国々で行われている。国によって法規制も異なることから，シナリオプランニングに基づく未来の変化から，今何をするべきか，想定されるリスクに対してどのように備えるべきかを各地域で話し合い，「自分事化」することが何よりも大事であると同社では考えている。世界的に発生している気候変動や異常気象がこの先，どのような影響を及ぼすのかについては，タイの大雨洪水などを経験してから，さらに真剣な議論が行われるようになっているという。

　このようにして，シナリオプランニングの作成により中長期の環境変化を予測し，それに対して想定されるリスクへの組織としての対応力を向上させている。昨今で見ると，コロナ禍によって市場環境が大きく変化しているが，同社は日頃から市場環境の変化に対するSCMの強靭性についての議論を重ねているため，迅速に対応できているという。地域法人，各グループ会社が常にシナリオプランニングに基づくメガトレンドを議論することにより，市場環境の変化が事業シナリオにどのような影響を与えるのかを考える習慣が定着しつつあるという。

(3) OODA-Loop

　ユニ・チャームはSAPS経営においてPDCAを徹底した事業活動を推進してきた。SAPSは「Schedule, Action, Performance, Schedule」の略である。最初のScheduleは思考と行動双方のスケジュールを組み立てる。そしてAction で計画通りに実行し，Performance で効果を測定，反省点と改善点を抽出。最後のScheduleで今週の反省を活かし，次週の計画を立てるということを週次で実施してきた。

　市場の環境変化が激しくなり，変化対応力をいかに高めるかということがより一層重要になってきた。同社では，メガトレンドをベースに中長期の目標を設定し，その実現に向けたアクションプランを現場の従業員が納得できる計画に落とし込み，週次でSAPS経営によるPDCAを回しながら戦略の進捗を確認してきた。

　しかしながら，むしろ変化が常態化しているVUCAといわれる時代において持続的に成長するには，変化の兆しを察知し，当初立てた計画にこだわることなく，時々刻々と変わる環境に臨機応変に対応し，「やり方自体」を常に見直し，抜本的に変更する仕組みを回すことが欠かせなくなっている。そのため，PDCAを重視した従来のSAPS経営を進化させた新たな経営管理手法「OODA-Loop手法」を導入している。

　OODA-LoopはObservation（観察），Orientation（状況判断），Decision（意思決定），Action（行動）の略である。従来のSAPS経営では，変化が常態化しているニューノーマルの時代に対応できなくなってきたことが導入の大きな理由である。OODA-Loopは五感を駆使した状況観察，得られた情報と過去の経験や知識を駆使した状況判断，考えられる選択肢から意思決定し，速やかに実行することで，より環境変化に強いマネジメントサイクルを実現することができる。同社では，2016年頃よりOODA-Loopを試行し，17年から開始された第10次中期経営計画から本格的に取り入れている。

　同社では，OODA-Loopを導入し，現場から得られた一次情報から個別の具体的な状況の本質を理解し，現場のスタッフ1人ひとりが過去の経験や知識を駆使して状況判断を行いながら，自主的に何をすべきかを決断して行動する組

織を目指している。社内でマニュアルを作成して，その運用を徹底している。高原豪久社長と役員間の会議がOODA-Loopで実施されているのはもちろんのこと，各部門・課単位までマネジメントサイクルをOODA-Loopで行っている。

　このような本格的な展開により，同社はいくつかの課題に直面している。まず，権限委譲と実行ができるマネジメント体制であることと，評価制度のあり方が議論されているという。OODA-Loopで状況観察はできるが，重要なのは，そこからどのような判断をするか，そしてその判断に基づいて意思決定をするかである。

　しかしながら，そこで観察される市場環境の変化は，現状の組織だけでは解決できないことも多い。そうした場合，観察に基づく状況判断は，複数の部門を跨ったものが求められる。OODA-Loopを実施していると，マネジメントが現状の組織を超えて「領空侵犯」をすることも日常的になる。営業部門が売上，粗利益目標に対して市場環境の変化から想定していた目標が達成できないとなれば，商品開発部門やマーケティング部門を巻き込んで市場の変化に対応しなければならない。

　そういった判断と実行を推進するためには，営業スタッフとして優秀なだけでなく，組織に対して広く理解し，横断的な意思決定を促し，組織を動かせる人材であることが求められる。つまり，SAPS経営に適している組織とOODA-Loopでマネジメントサイクルを回すことに適している組織は大きく異なるという課題に直面しているのである。

　また，OODA-Loopを取り入れるということは，業績評価・人事評価の再設計も求められる。まず，OODA-Loopをうまく回すことができる人材やチームは観察力が高まり，変化をその早い段階で見出し，判断して，対応する。変化対応が常態化しているため，高業績を安定して残す。しかも，早い段階で変化に対応しているが故にバタバタとすることが少なく，ある意味では目立たない。野球の守備でいえば，打者の癖，最近の打率，投手との相性などを把握し，また，その日の調子なども観察して守備シフトを敷くため，打球にしっかり対応できるというようなものである。ところが，部下の動きをしっかり観察していない上司だと「打球の飛んだ場所が良かった」と単なるラッキーと評価しかね

図表2-2　OODA-Loop 手法

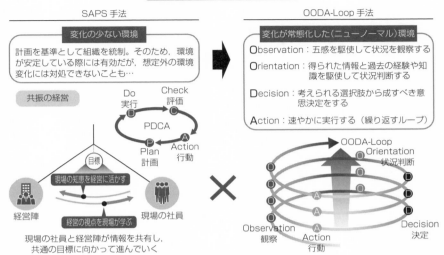

（出所）　ユニ・チャーム資料「ユニ・チャームの企業価値向上に向けた取り組み」（2019年3月19日）
より作成
https://www.jpx.co.jp/equities/listed-co/award/nlsgeu000002dzl5-att/2018-01.pdf

ない。むしろ，このような上司の場合，打者に合わせた守備シフトを敷かず，打球が飛んでから慌てて駆け出してダイビングキャッチしたほうをファインプレーと評価してしまう恐れがある。

このような問題を発生させないために，同社では業績評価を20年1月より従来の半期（6カ月）ごとから四半期（3カ月）ごとにした。評価の頻度を高めることにより，上司・部下間のコミュニケーションを増やし，より適切で納得感の高いものとなるように努めている。

このような課題に直面しつつも，変化に対する観察力は組織として向上しており，状況判断の際の組織間連携に手を打ちつつ同社のOODA-Loopは進化を続けている。

2　キリンホールディングスの
　　ダイバーシティ経営と未来シナリオ

⑴　企業概要

　キリンホールディングスは，ビール，スピリッツ，飲料の製造や医薬事業を行うグローバル企業である。

⑵　多様性への取組み

　キリングループは，2021年までの長期経営構想において「多様な人々が活き活きと働き，地域社会と共に発展し，自然環境を守り育てるグループ」を目指すビジョンの1つとして，働きやすい環境の整備や働きがいのある組織づくりなど，多様性の推進に積極的に取り組んでいる。

①　取組み経緯

　そういった取組みは，2006年当時社長であった加藤壹康氏の強い思いにより，同年10月に「キリン版ポジティブアクション」を宣言したことから始まる。当時の社員に対する意識調査や経営職の女性比率を見ると，女性社員の実際の活躍はまだ遅れていると言わざる得ない状況であった。そこで多様な人材が意見を出し合い，活躍する企業風土へと転換することが企業の競争力を高めるために必要と考え，社員，特にまずは女性が自主性・創造性を発揮して活き活きと働ける環境を整えることが，キリングループとしての重要な課題と宣言したのである。

　そして，これらの課題を打破するため，07年に加藤社長のトップダウンによる女性活躍に必要な施策を経営陣に提言する草の根活動「キリンウィメンズネットワーク（KWN）」を発足させた。06年からの一連の活動は，ダイバーシティ1.0としてトップの強い意志の下，女性社員のさらなる活躍支援を目的に始まった。

　13年にはダイバーシティ2.0として，女性活躍推進長期計画「KWN2021」を打ち出し，女性リーダーの目標数を定め，計画的に女性社員を育成し，活躍で

きる組織風土の実現を目指すこととした。具体的には，女性リーダーを13年時点の４％から，21年には３倍の12％まで拡大しようというものであった。１人ひとりの個性を見ながら，さまざまなタイミングで起こるライフイベントの前に仕事経験や成功体験を積み，得意領域をつくることができるように育成している。

　さらに，これらの活動の強化策として，13年に多様性推進室を設立し，性別や障がいの有無，年齢，国籍に関係なく，成長意欲を持つ従業員が働きやすい環境整備と，働きがいのある組織風土の実現に向けて取り組んでいる。

　19年からは，ダイバーシティ3.0として長期経営構想「キリングループ・ビジョン2027（KV2027）」に基づき，多様性を統合して強みに変えるため，「多様な人材と挑戦する風土」「多様性の推進」を不可欠なものとして位置づけている。

　また同年，同グループの価値観である「One Kirin Values」に「多様性」を追加している。同グループは多様性を，「個々の価値観や視点の違いを認め合

図表２-３　キリングループの長期経営構想—キリングループ・ビジョン「KV2027」

グループ経営理念	キリングループは，自然と人を見つめるものづくりで，「食と健康」の新たなよろこびを広げ，こころ豊かな社会の実現に貢献します
2027年目指す姿	食から医にわたる領域で価値を創造し，世界のCSV先進企業となる
経営成果	経済的価値の創造（財務目標の達成）・社会的価値の創造（非財務目標の達成）

戦略の枠組み

健康・地域社会・環境などの社会課題への取り組みを通じた価値創造

一人一人とのつながりを強めて，お客様の期待に応える価値創造

イノベーションを実現する組織能力

お客様主語のマーケティング力　確かな価値を生む技術力
多様な人材と挑戦する風土　価値創造を加速するICT

価値観	熱意，誠意，多様性 "Passion. Integrity. Diversity."

（出所）　キリンホールディングス提供資料より作成

図表2-4　キリングループの経営理念と2027年に目指す姿

グループ経営理念	キリングループは，自然と人を見つめるものづくりで，「食と健康」の新たなよろこびを広げ，こころ豊かな社会の実現に貢献します
2027年目指す姿	食から医にわたる領域で価値を創造し，世界のCSV先進企業となる

個の多様性＝価値観・視点の受容

| 多様性 | 個々の価値観や視点の違いを認め合い，尊重する気持ち。社内外を問わない建設的な議論により，「違い」が世界を変える力，より良い方法を生み出す力に変わるという信念 | 内なる多様性 |

属性の多様性＝バリアの解消

女性　　障がい者　　LGBT　　キャリア採用　　世代

人事の基本理念＝「人間性の尊重」
無限の可能性をもって，自ら成長し，発展し続けようとする社員一人一人の努力と個性（人間性）を尊重し，完全燃焼できる場を積極的につくる

（出所）　キリンホールディングス提供資料より作成

い，尊重する気持ち。社内外を問わない建設的な議論により，『違い』が世界を変える力，より良い方法を生み出す力に変わるという信念」と定義している。

　同グループは，従来の「属性の多様性推進」（女性活躍，障がい者雇用，性的マイノリティ，シニアなど）という課題にも引き続き向き合いつつ，従業員1人ひとりがその「違い」を臆することなくぶつけ合い，それらを掛け合わせることで新たな価値やイノベーションを創出する原動力につなげる「個の多様性」に積極的に取り組んでいる。

　また，食から医にわたる事業領域において価値創造を続けるためには，多様性推進がイノベーションの源泉であると考えている。時代に応じた事業ポートフォリオの変化や，それに伴う人材ポートフォリオの変化も必要と考えているが，その基盤を「多様な人材と挑戦する風土」として，ダイバーシティ経営を進化させている。

②　組織活性化施策「なりキリンママ・パパ」

　キリンホールディングスと，同社と人材戦略を共通にするキリンビール，キ

リンビバレッジ，メルシャンなどのグループ会社では，経営陣が企業理念を浸透させるため，内外に向けてメッセージを直接発信するほか，管理職から一般従業員に至るまで，従業員の行動や意識の改革に向け，人事・評価制度，人材育成・研修体系，表彰体系をグループで連携して整備し，組織の活性化を進めている。ここでは特に，同グループが展開しているユニークな組織活性化策「なりキリンママ・パパ」について紹介したい。

　この制度は，女性の若手営業スタッフ5人により，母親になっても営業という仕事が続けられるかという不安から発案されている。

　「育児」「親の介護」「パートナーの病気」のいずれかのシチュエーションを選択し，時間的に制約のある働き方を1カ月実践するというものである。2017年6月から20年12月までの間に430人，17年6月から21年4月までの間には500人が実施しており，多様な立場や働き方を理解して誰もが働きやすい環境をつくること，本人の働き方改革，チャレンジ創出，上司のマネジメント力の向上など，個人・組織ともにさまざまな成果が得られている。育児・介護・看護と仕事との両立に直面した際，相手の立場を理解し，組織として取り組んでいくための予行演習となっており，大きな効果を生み出しているという。

③　多様性推進の効果と課題

　多様性推進の成果として，女性リーダー比率は，2013年の4％から20年には10％に拡大し，21年までに3倍にするという目標達成まで，あと少しのところにきている。

　キリングループが多様性推進活動を継続してきた結果として，従業員のエンゲージメントは高まっている。同グループでは，グループ会社である豪州ライオンのプログラムを参考に，従業員のエンゲージメント強化に取り組んでいる。リーダーがすべきことを，業績の達成と人材育成（多様な人材のポテンシャルの引上げ）と定義し，360度サーベイを通じた行動変容の促進をしている。

　こうした活動を進めてきたことにより，毎年実施するエンゲージメント調査では意思決定層の多様化や若手社員における成長実感，登用早期化などの変化が表れている。具体的には若手社員の約84％が成長を実感しているという結果が表れている。

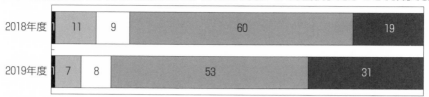

図表2-5　若手社員の約84%が成長を実感

■ まったく実感はなかった　■ あまり実感はなかった　□ どちらでもない　■ ある程度実感できた　■ とても実感できた

2018年度	11　9　60　19	
2019年度	7　8　53　31	

※　対象：30歳未満総合職／一般職
（出所）　キリンホールディングス「若手成長実感アンケート」（2019年）より作成

　また，同グループが20年6月に実施したグループ従業員向け多様性意識調査によると，多様性推進の必要性を理解している社員は94%に達している。一方で同グループの課題は，実践段階が上がるにつれて数字が下がることであり，いかに多様性推進を「自分事化」していけるかがポイントである。

　「違いを力に変える」割合が高い組織は，日々の仕事を通じて多角的な意見に触れ，議論に活かしているという。一方，割合が低い組織は，多様性を活かす場面が少ないという職務上の特性に加え，失敗を恐れたり変化を避けたりするなど，所属組織の風土も原因として挙げられている。この調査結果から，同グループでは多様性推進で得られる利益・メリットを実感する場面が少ないこと，あるいは多様な発言を受け入れるリーダー意識の醸成不足，アンコンシャスバイアス，つまり無意識での「ものの見方や捉え方の歪みや偏り」があり強みを発揮できていない，などの問題を認識している。こうした問題を克服することでさらなる多様性の推進を目指している。

(3)　未来シナリオ

　キリングループでは，キリンホールディングス傘下にある「Kirin Well-being Design Lab」が生活者視点に立った未来シナリオの作成を継続している。同ラボは2007年にキリン食生活文化研究所として設立され，これからの生活者や社会がどのように変化していくのかについて，生活者を主語にした未来シナリオの構築とブラッシュアップを継続している。

　13年当時，まだあまり普及していなかったCSV（Creating Shared Value：

共通価値の創造）という考え方を取り入れ，事業を通じて社会課題をどのように解決していくかについて検討を開始するなど，同グループ内において先進的な役割を果たしている。

　同ラボは生活者や社会の変化を研究している。オリジナルの生活者調査を実施するほか，マクロ情報，変化の予兆についての情報収集を行うなど，日常的に最先端情報にアンテナを張り，データベースの構築を進めている。そしてそれらのデータベースの中からさまざまな情報を掛け合わせることで，未来の変化に対する予兆を考え，10年からシナリオの作成を行っている。

　未来シナリオの作成は約3カ月を要する大仕事である。当初，2軸を探し，4象限をつくって作成していたが，その2軸を選定した理由を説明すること自体が難しいなど多くの課題に直面した。その後，13年，17年，20年とシナリオの改修を継続しながら，軸の選定においても多数考えられるドライビングフォースを統合・抽出するというプロセスをとり，納得感を高めるなどの改善を進めている。重要なドライビングフォースは3〜4年に一度見直しを行い，シナリオをアップデートしている。

　こうした未来シナリオの議論にはキリンホールディングスの経営企画部門はじめ，主要グループ会社の戦略策定部門，CSV担当部門，R&D部門などが参画している。

　また，17年から「未来シナリオ会議」を行っている。ここでは，東京大学などの各種大学，AIなどの各種専門家，企業などとコラボレーションし，社外とのワークショップを継続的に開催している。19年11月に開催された未来シナリオ会議では，「のみもの×デジタル」という角度から検討を加え，デジタルトランスフォーメーション（DX）をこれまでとは異なる新たな価値を提供できる可能性を秘めた変化だと捉え，同グループが「のみもの」の領域でどのような新たな価値を提供していける可能性があるのか，同グループ従業員だけでなく，自動車業界，住宅業界，電子部品業界など8社の人々と議論を行い，シナリオ作成を進めている。同グループがこのような取組みを継続することは，未来のシナリオを1つに決めずに複数用意し，新しい発想を広げることが市場環境への変化対応力を養えると考えているからである。

　これまで，企業戦略を策定する際はフォワードキャスティングが中心的な考

え方で，同グループにおいてもそうであったが，未来を現在の延長線上として
考えると硬直したシナリオしか作成できず，変化対応力に乏しい組織となって
しまう。そこで Kirin Well-being Design Lab が社外とネットワークを持ち，
生活者視点で複数の未来シナリオを作成することにより，グループ全体で変化
の予兆に対する観察力や対応力の向上に寄与している。

　同ラボは，グループ各社の事業所，工場などを訪問し，ワークショップを継
続的に開催している。また，活動内容を月次報告レポートとしてグループ会社
に開示している。このレポートをきっかけにワークショップへの参加を要望す
るグループ会社も増えており，さまざまなグループ会社からのワークショップ
への参画，オブザーバー参加が行われている。またワークショップで議論され
た内容は，同ラボの Web サイトに公開することで，グループ会社間でのシナ
リオ共有を進めている。

　20年4月には，同ラボのミッションを食生活からヘルスサイエンスへとモニ
タリングする範囲を広げている。これは，19年2月に発表されたキリングルー
プの中期経営計画（19〜21年度）において，食領域と医領域の中間にキリン独
自の「医と食をつなぐ事業」を立ち上げ，育成していくという宣言に伴うもの
であり，より広い範囲でのシナリオプランニングが求められるようになってい
る。

　同ラボが行ったアウトプットの事例として，20年に作成した未来シナリオを
紹介したい。議論はシナリオプランニングに基づき，結果は，政治経済（協調
的／排他的），生活者価値観（Social first／Me first），業界エコシステム（集
中／分散）の3つの軸で整理され，そこから4つのシナリオが導き出されてい
る。

　シナリオTは，「協調的×集中」という想定で，GAFA など巨大テック企業
が牛耳る超競争社会を描いている。巨大テック企業が米中に分かれて争い，個
人情報保護を推進した米国が優勢になる。また生活者は利便性を重視し，信用
スコアに縛られ，クラス間の分断も発生するというシナリオとなっている。

　シナリオCは，「排他的×Me first×集中」という想定で，中国が席巻する
行動監視と技術革新の社会を描いている。ここではパンデミックを機に中国が
一帯一路を強力に推進して中国経済圏を確立し，生活者は自動化技術の恩恵を

受ける一方，行動監視や信用スコア向上に追われる日々を過ごすシナリオとなっている。

　シナリオＫは，「協調的×Me first×分散」の想定で，無秩序な競争で深刻化した格差社会を描いている。ここでは激しい競争で生活水準が低下し，社会階層が固定化するシナリオを描いている。また，ライフログが売買されポイント稼ぎが行われる一方で，プラットフォームの選択肢が人生を左右するシナリオとなっている。

　シナリオＧは，「協調的×Social first×分散」の想定で，サステナビリティに向かう共助の社会を描いている。ここでは，脱炭素社会を目指したグリーンビジネスが活性化し，生活者は雇用に対する不安を抱くことなく働いているシナリオを描いている。サステナビリティを優先する生活が是とされ，データは個人所有をベースに社会資本と見なされている。生活者は，食事療法やセラピーなど乱立する健康サービスの中から自分に合うサービスを選択し，自分なりに健康でサステナブルであることを目指すシナリオである。

　こうした同ラボによる未来シナリオは，キリングループ全体の変化対応力を高めている。

　ラボの行うワークショップにより，既存事業にとどまらず，新規事業など市場環境の変化からバックキャスティングで戦略を策定する思考習慣を，組織と

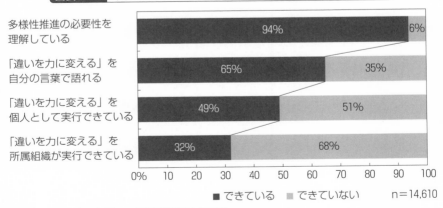

図表2-6　キリングループの従業員向け多様性意識調査（2020年6月）

（出所）　キリンホールディングス提供資料より作成

図表 2-7　キリングループのシナリオプランニング

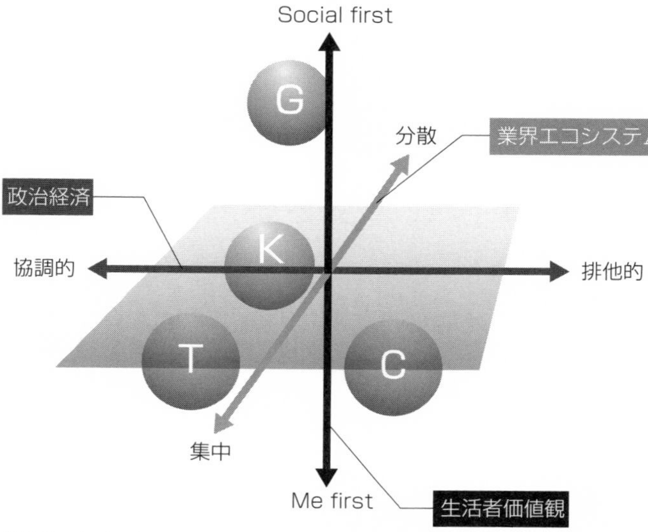

Social first

G

分散　　業界エコシステム

政治経済

協調的　　　　　K　　　　　排他的

T　　　　　C

集中

Me first　　生活者価値観

（出所）　キリンホールディングス Web サイトより作成
https://wb.kirinholdings.com/about/

して定着させることへの寄与は大きい。またこうしたプロセスを通じた人材育成も同ラボの大きな役割である。

3　サイボウズの自立分散型組織

(1)　企業概要

　サイボウズは，チーム・コラボレーションを支援するツールを開発・提供している企業である。グローバルに拠点を持つ企業や公共団体などの大規模チームから，企業間プロジェクト，ボランティアなどの小規模チームまで，幅広い顧客をユーザーとしている。近年はソフトウエアのライセンス販売に加え，サーバーやセキュリティなどの運用環境も提供するクラウドサービスを提供している。

(2)　組織風土改革と「100人100通りの人事制度」

　サイボウズは，2005年に離職率が高まったことをきっかけに組織改革を推進している。これは05〜06年にかけて行った多数の企業買収とその統合の失敗に大きく起因している。

　05年に離職率が28％にまで高まるという状況に直面し，青野慶久社長は従業員1人ひとりの考え方に耳を傾けようと決意した。そして同社が目指したのは，ヒエラルキー型組織ではなく，雇用形態や立場に関係なく，ビジョンに強く共感する人々が強く束ねられているという組織である。

　このような組織にするために同社が必要と考えたのは，人事評価や育児休暇などの制度，「kintone（キントーン）」のような情報共有クラウド，セキュリティなどのツール，そして理想への共感，多様な個性の尊重をする風土である。マサチューセッツ工科大学ダニエル・キム教授が提唱した「組織の成功循環モデル」にあるように，結果にこだわりすぎると，そこにいる人たちの人間関係がギスギスし，疎遠になり，質が下がってしまう。

　人間関係の質が下がると思考の質も行動の質も下がるので，いい結果が出なくなる。同社は結果から始めるのではなく，まず結果に関係する人たちの人間関係の質を上げて，言いにくいことを言える環境をつくり，議論と思考，行動の質を上げて継続的に結果を出せる組織になろうとした。

図表2-8　サイボウズが目指す組織の形

✖ 社員数をとにかく増やす　　　⭕ 協力者を増やす

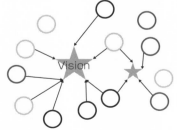

（出所）　離職率28％からの改革。サイボウズの働き方改革＆採用戦略とは【セミナーレポート】| d's JOURNAL（dsj）−採用で組織をデザインする | セミナーレポート（dodadsj.com）

　06年から「100人100通り」の働き方として，多様な個性を尊重する企業文化の構築に取り組み，残業なし，短時間勤務，週３日勤務など，働き方を選択できるほか，都合に合わせて働く場所と時間を選ぶことができるウルトラワーク，最大６年の育児休暇，副業の自由化（誰でも会社に断ることなく副業が可能），退社しても再入社できる育自分休暇といった仕組みを構築している。同社のこうした「100人100通りの人事制度」において，特に重要な改革が評価制度改革である。

　まず，給与テーブル制度を廃止し，給与は本人の希望（供給側）と同社からのオファー（需要側）とのバランスで決まる仕組みに変更した。オファー金額はスキルや属性が社外の人材市場でどのように評価されるのかを参照し，給与相場を参考に，「社内的価値」で決定している。社内的価値は貢献度が強く影響する。貢献度は「信頼度×働き方」で評価され，信頼度は「スキル×覚悟」で評価する。

　スキルは本人の努力に連動するものと定義し，覚悟は「公明正大であるか」「理想への共感が高いか」が問われる。覚悟は努力とは関係なく，本人の選択によって今すぐに実行できるものと定義されている。自ら選択した行動や姿勢に応じて信頼度が変わるというものである。信頼度×働き方による貢献度のほかに，「抜けられたら困る」という人についてはプレミアムがつくような「社内需給」などを加味して，社内的価値を算出している。

図表２-９　サイボウズにおける会社を変えるために必要な３つの要素

制度	ツール
在宅勤務，人事評価と給与，育児休暇，採用・退職，副業など	情報共有クラウド，ビデオ会議，BPM セキュリティ，リアルオフィスなど

風土
理想への共感，多様な個性の尊重，公明正大，自立と議論など

（出所）　サイボウズ提供資料より作成
https://logmi.jp/business/articles/322348

図表2-10　サイボウズの給与評価の決定プロセス

供給
（チームに対する貢献，給与に
対する希望，その他）

需要
（チームから見た貢献度，社内需要，
財務状況・給与相場）
• 業務調整，給与変更，契約形態変更
　など（やるべき×できるを調整）

本人
③受入
条件決定

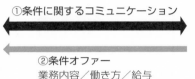
①条件に関するコミュニケーション
②条件オファー
業務内容／働き方／給与

本部長／人材マネジャー

＊オファー条件の一つとして，給与も提示する
＊場合によっては異なる契約形態をオファーする場合もある
＊条件が不成立の場合には「①条件に関するコミュニケーション」に戻る。ただし，チームとしてオファーできる条件には限りがある

（出所）　サイボウズ提供資料より作成

(3)　開発本部に管理職不在という組織

　サイボウズでは，こうした組織風土改革を推進する中で管理職（マネジャー）が不在になる例も出てきている。同社開発本部では，プログラマーや品質保証，デザイナーといった職種と拠点で分ける部署を解体している。

　従前の組織では，「西日本開発部」「東京品質保証部」などの各部署からメンバーを各プロダクトチームにアサインしていた。これを各拠点に紐づいた部署を解体し，プロダクトチームから部長をなくしてしまったのである。

　そもそもこれは，管理職の数が足りないということから始まったものである。開発本部がヒアリングを重ねているうちに，さまざまな問題点が浮上してきた。例えば，場所は違っても取り組むプロダクトや評価基準は一緒であるが，管理職は各拠点にいるため，拠点によって評価者や評価のポイントが異なるという問題があった。そのため，拠点ごとではなく組織形態を変えることを考え，例えば，同じプロダクトに携わるスタッフは同じ部署にしてはどうかという意見

が多く出た。

　さらには，開発するチームは，「早くつくりたい」，デザインするチームは「美しくつくりたい」，品質保証をするチームは「バグが出ないものをつくりたい」，運用するチームは「SLO（Service Level Objective：提供するサービスのレベルや品質に関する目標）を達成したい」と考えるものである。それぞれの目的の違いによる齟齬が生じてしまうため，各職種が連携してプロダクトのユーザー価値を最大化することを目的と考え，同じプロダクトに携わる人々の所属部署を同一にしたのである。

　従来，管理職が行っていた承認作業は分散して承認をしている。例えば，休暇の承認は「あみだ」で決めるなどである。予算については本部長に権限があり，その使い方をオープンにすることでそれぞれのチームがお互いの使い方についてフィードバックをもらえる仕組みの構築を推進している。管理職がそれぞれどのような業務をしているのかを書き出して，委任できる先を整理した。キャリア採用や承認作業は各チーム，新卒採用や給与評価は組織運営チームへと委任することにした。もともとの管理職はこの組織運用チームに属することとなった。

図表 2-11　サイボウズの開発本部─改革前の組織図

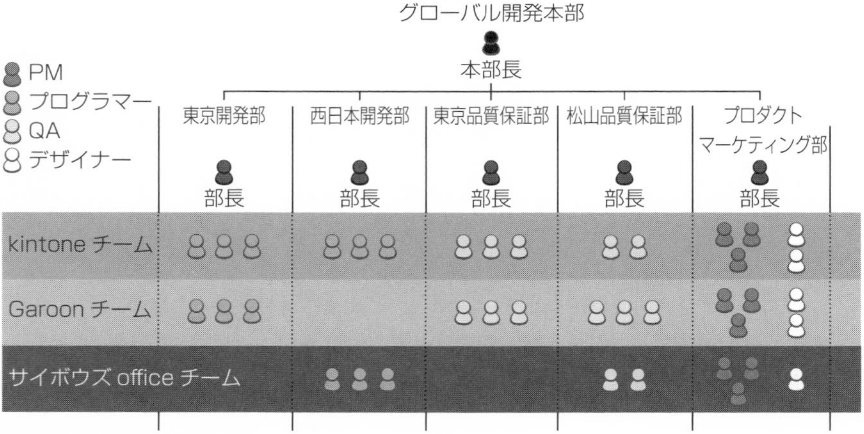

（出所）　サイボウズ提供資料より作成
https://blog.cybozu.io/entry/2019/02/13/080000

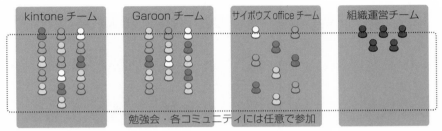

図表2-12　サイボウズの開発本部―改革後の組織図

開発本部

本部長

kintone チーム　　Garoon チーム　　サイボウズ office チーム　　組織運営チーム

勉強会・各コミュニティには任意で参加

（出所）　サイボウズ提供資料より作成
https://cybozushiki.cybozu.co.jp/articles/m005343.html

　1 on 1 などのメンタリングは，各メンバーがどのメンバーとも自由にできる体制をつくった。特定のプロダクトに属さず，すべてのプロダクトチームを支援するチームを用意している。アジャイルコーチチームや生産性向上チーム，フロントエンドチームなどが該当する。また，管理職による人材育成は，ある分野についてのコミュニティを用意して，関心がある分野や伸ばしたいスキル・経験にまつわるコミュニティに参加するという形をとっている。そもそも，1 人ひとりの従業員が自立して成長する意欲を持ち，自分から手を挙げることを前提としているからである。

　同社がこのような組織改革に取り組んだ際のポイントとして，①理念による求心力，②公明正大と自立，③アジャイル型人事組織，の 3 点がある。

①　理念による求心力

　サイボウズは，企業理念として「チームワークあふれる社会を創る」，文化として「理想への共感」「公明正大」「多様な個性を尊重」「自立と議論」を掲げているが，従業員の理念に対する共感度が非常に高い。人材の採用に際しても理念に対する共感を徹底的に求めている。

　同社では，さまざまな意思決定において企業理念に立ち返ることとしている。極端にいえば鉛筆 1 本の購入も，「それは『チームワークあふれる社会を創る』

ことに寄与するのか」を考えるという。新規採用の際も企業理念との関係性を徹底的に議論する。

　同社には「フラスコ理論」という考え方がある。フラスコの中ではバラバラでも出口ではしっかりと1つの方向に絞られる。さまざまな従業員が集まり，100人100通りの考え方があったとしても，目指す方向が同じであれば組織としてまとめることができるという考え方である。また，フラスコをかき混ぜることで多様な人材による化学反応が起き，新しいアイデアが誘発されるということである。

　この考え方は多くの日本企業とは対照的である。日本企業では多種多様な人材を同じルールの中に入れることで個性をなくす。終身雇用や年功序列といったルールの下，同じような昇進ルート，似たような人材集約が進む。化学反応を起こさせないことで，組織としてコンセンサスを取りやすくしているのである。結果，イノベーションは起きにくくなっている。

②　公明正大と自立

　多様な人材が化学反応を起こすために欠かせないのが，「公明正大」と「自立」である。「公明正大」は嘘をつかないことと情報を隠さないことであり，サイボウズでは情報開示を徹底している。経営会議は録画されており，議事録も全従業員にオープンにしているため，その内容は誰でも見ることができる。何か意見があれば言明することもできる。フラスコ理論を支えているのはこうした公明正大さにある。

　これは従業員の身に立ち返れば，嘘をつくことも情報を隠すこともできないということを意味する。もちろんインサイダー情報やプライバシーに関する情報は含まないが，同社の経営，あるいは各チームの活動状況は，すべてオープンに共有されているのである。

　もう1つ大事にしているのが「自立」である。多様な人材が集まっていても，各個人が自分事として考え，主体的に行動しなければフラスコ理論における化学反応は発生しない。それぞれの従業員が自立するということは，自分がどのような仕事をしたいかを考えるということである。そのため，同社には会社都合のローテーションがない。自分自身でどのような仕事をしたいのかを考え，

それを発信しなければいけない。

　かたや，ローテーションの代わりに，同社には体験入部という制度がある。数週間から3カ月程度の体験入部を通して，やりたい仕事を見つけることを求めている。社内副業も多く行われている。

　こうした従業員の異動希望と異動の決定については，「My キャリア」という同社のクラウドシステムや，kintone 上のアプリで行われている。「どんな部署に行きたいか」「どれくらいやりたいか」「どんなことをしたいか」「いつ行きたいか」を入力できるようになっており，「いつ行きたいか」については，1年以内・3年以内・いつか，から選択ができるようになっている。このアプリは全社公開となっており，誰がどの部署で働きたいかという情報は誰でも閲覧できるようになっている。「1年以内にぜひやりたい」など強い異動要望が出た場合は，緊急案件として関係するマネジャーと人事部門の担当者が集まり，異動をすぐに実現できるかについての会議を開く。そしてその結果は，異動の実現の可否にかかわらず，必ず本人にフィードバックされる。

　さらに同社では，全従業員が給与交渉ができるようになってほしいと考えている。従業員はそれぞれが自立して市場価値を高め，チームに貢献することを目指し，その成果をもって会社と給与交渉をしてほしいと考えている。

③　アジャイル型人事組織

　サイボウズがこのような企業風土であるのは，アジャイル型人事組織によるところが大きい。きちんと担当を決めて綿密な計画を練るというより，「まずはやってみる」「早く実行して改善する」ことを大事にしている。これは変化に対して慎重な従来の日本企業における人事組織とは対照的である。

　同社は，今では当たり前となっているリモートワークにもいち早く取り組み，2010年8月から翌11年3月に在宅勤務の試験導入をしている。その際，「成果の判断」「勤務時間や働き方の管理」「コミュニケーションコストの増加」「情報漏洩のリスク」「モラルの低下」など，業務効率の低下が懸念として上がった。

　最初は，「在宅勤務制度（仮）」という仮付きの状態からはじめ，早い段階で課題を抽出していった。綿密にプランを立てるとその分，懸念事項も出て物事が進まなくなる。

図表2-13　ウォーターフォール型人事からアジャイル型人事へ

■ウォーターフォール型人事

- 担当を決めて綿密な計画を練って実行
- たとえば組織変更は決まったタイミングで実施する
- 相談は週一回の定例ミーティングでまとめて
- 属人化

■アジャイル型人事

- まずやってみる，高速に実験して学習する
- みんなで協力・相談は随時する
- 相談は随時，オンラインとオフラインをうまく使う
- チームで対応

（出所）　サイボウズ提供資料より作成

　それよりも同社では，まず運用してみて課題を炙り出し，それをアップデートして改善することを重んじている。

　同社人事部門では，既存のやり方にとらわれないことを大事にしている。常に変化する覚悟を持ち，自分たちでやりたいことを実現するために簡単に運用できるツールとしてkintoneを活用している。このように，外部の情報システムに頼らずに自分たちのつくりたいシステムをつくり，新しい取組みを始めているのである。

(4)　効果と課題

　サイボウズが取り組んだ組織改革，人事制度改革の効果ははっきりと表れている。例えば2005年に28％だった離職率が20年度では3％前後まで下がっている。

　同社は企業としての成長に伴い，常に課題に直面している。いわゆる大企業病になるリスクとも背中合わせである。その中で，従業員1人ひとりが感じた課題を表明し，アジャイル型人事組織で仕組みや制度を試行している。その意味では，同社にとって完成形はなく，さまざまな変化を試し続けることで，組

図表2-14　サイボウズの期末社員数（単体）と離職率の推移

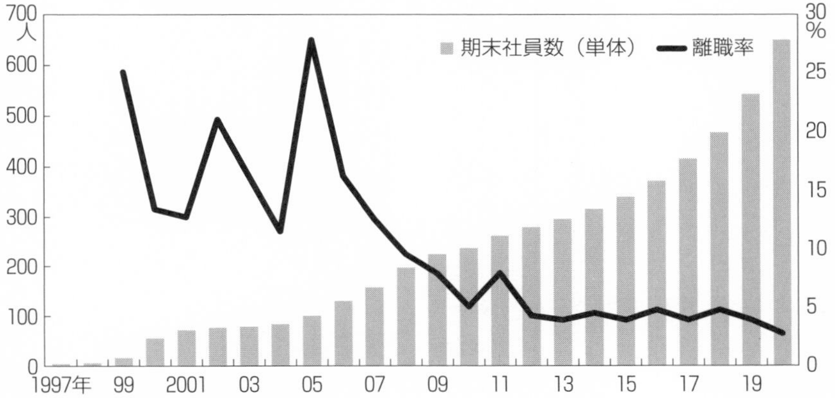

（出所）　サイボウズ提供資料より作成
https://cybozushiki.cybozu.co.jp/articles/m005330.html

織としてはダイバーシティの受容度がより高く，従業員としては1人ひとりの潜在力を引き出せる組織を目指すことで，環境変化への対応力を増している。

3　レジリエンス経営の実現に向けて

　レジリエンス経営を高めるには，①ダイバーシティ＆インクルージョンの推進，②シナリオプランニングによる未来シナリオの作成，③OODA-Loopによる変化への対応力の増強，④自立分散型組織の構築がある。

1　ダイバーシティ＆インクルージョンの推進

　VUCA（Volatility, Uncertainty, Complexity, Ambiguity）といわれる変化が激しい時代には，企業は，ダイバーシティをインクルージョン（包摂）し，性別，年齢，国籍，人種，民族，宗教，社会的地位，障がいの有無，性的指向，価値観，働き方などの多様性を尊重し，認め合うことでともに成長し，その能力を発揮できる組織風土が必要となっている。こうした考え方をダイバーシティ＆インクルージョンという。
　ダイバーシティを高めるには，まず，意見を受け入れる組織でなければなら

ない。そのためには，入社の経緯や国籍など，さまざまなバックグラウンドを持つ人々と議論し，結論を導き出す習慣をつけておきたい。日本企業でダイバーシティというと，とかく表層にとどまりがちだが，より深層的な取組みと進化していかなければならない。表層的なダイバーシティは，性別，年齢，人種，民族，障がいなどで識別できるものである。これに対して深層的なダイバーシティは，思想，宗教，趣味，職歴，性的指向も含まれてくる。

　ダイバーシティとは本来，多様な考え方を受け入れるということであり，女性リーダーや外国人役員の数を増やすということにはとどまらない。

　自分と異なる意見を持つ人々と積極的に議論し，結論を出すというのはとてもタフなことである。意見の振れ幅が大きくなれば，それだけ結論を出すことも難しくなる。しかしながら，これからの日本企業はそれができるようにならなければ，さまざまな才能や能力を持った人材が集まってこないだろう。

　身近なところでは，現在，多くの日本企業で中途採用を行っているが，彼らのスキルや経験をうまく活かし切れている企業は少ない。なぜならば，企業側が自分たちの考え方を変えない傾向があることと，新卒入社組を中心にキャリアパスが形成されているからである。スキルを評価する仕組みがないのである。

　日本企業が直面している課題は，異なるスキルや経験を持った人々が集まらないと解決できない問題が多い。カーボンニュートラルなどの環境対応，米中関係などの貿易摩擦，LGBTQといった消費者の多様化，グローバル化に伴う市場の変化など，実に多岐にわたる。だからこそ，さまざまな角度から意見が言える人，経験や知識がある人が集まり，意見を戦わせ，意思決定ができる組織にならなければならない。

　そのためには，意見を自由にぶつけ合い，尊重し合う組織風土づくりを日頃から進めておく必要がある。パーパスの議論や業務標準の策定については，日本のみで決めるのではなく，海外拠点も巻きこんで意見をまとめていくことを習慣づけておきたいところである。人事や情報システムなど，グローバルなプロセス標準をつくるためにさまざまな地域の人々が集まり，議論しつつ進めていくような会議も非常に有効な方法である。

　日本企業がさまざまな業務についてガバナンスをかけてこられなかったのは，日本本社が海外の地域の人々と議論し，方向性を見出すことができなかったか

らである。多様性のある組織にするためには，それぞれの人材がいかに能力を発揮できる環境を用意できるか，また，それをうまく循環させられる組織にできるかが重要である。

　キリンホールディングスが実施したように，子育てをしながら働く女性の境遇を経験し，相手の立場を尊重できることは，ダイバーシティの基本的な考え方を育むために有効である。企業が意思決定をする際，どのようなメンバーで議論が行われたかも，今後ますますポイントになってくるであろう。

2　シナリオプランニングによる未来シナリオの作成

　ユニ・チャームやキリンホールディングスが実施しているように，リスク対応力を強化するには未来シナリオの作成が必要となる。

　企業はさまざまな領域の専門家と接点を持ち，市場の変化に関するメガトレンドを把握していく。どういったメガトレンドをターゲットに据えるかについては，外部有識者なども交え議論することも有効な方法である。

　メガトレンドの把握を通じて，複数の未来シナリオを構想する中で，自社にとって望ましいシナリオもそうではないシナリオもつくられるであろう。それぞれ異なるシナリオを想定しておけば，大きな市場環境の変化が起きた場合，社内でコンティンジェンシープラン（緊急時対応計画）として準備しておくこともできる。また，この未来シナリオの作成に関しては，ダイバーシティを重んじたメンバー構成をすることが望ましい。前述したような深層的なダイバーシティでのシナリオプランニングが求められる。

　作成した未来シナリオについては，定期的にさまざまな領域について外部有識者と意見交換し，モニタリングしながらブラッシュアップしていく。キリンホールディングスが行ったように，各事業部門など社内でのワークショップを行い，市場環境の変化をより中長期に俯瞰した形で議論することで，事業を推進する人々の視野を広げ，想定できる市場の変化の幅を広げられる。ひいては，それを組織として変化対応力の強化につなげることもできよう。

3　OODA-Loop による変化への対応力の増強

　ユニ・チャームが推進しているように，環境変化に対応するには PDCA で

はなく OODA-Loop のほうが適している。なぜならば，PDCA では市場環境の変化によって当初計画から大きく見直しが必要となった場合でも，一度立てた計画を基本として進めてしまうからである。OODA-Loop は PDCA に比べて環境変化に対して柔軟に対応できる。上位者の意思決定を待たずとも，担当者レベルの判断で活動できるのである。そのため，よりスピード感をもって施策を展開することが可能となる。

　問題は OODA-Loop を回せる組織力があるかどうかである。権限委譲といえば聞こえはよいが，日本企業には権限を委譲されても困ると思っている人も多い。権限委譲をするには，中間管理職や担当者に判断の拠りどころを与えなければならない。経営理念や組織の方針，重要な戦略などについて，会議や指導を通じて，経営層から中間管理職，さらには現場の担当者レベルへとブレークダウンして伝えられるような組織が必要である。そういう組織にすることによって，市場環境が変化した場合，拠りどころにすべき判断基準を現場レベルにまで浸透させることができる。

　また，OODA-Loop の障害となるのは，日本企業の多くがそうであるような縦割りの組織である。縦割りの組織では，市場環境の変化に対して複数の部門が横断的に対応できないことも考えられる。OODA-Loop で市場環境の変化を察知したら，それを組織間の議論にエスカレーションし，起きていることの重要性を部門間で共有し，意思決定を促せる人材が必要になる。例えば，市場の変化に直面する販売部門やマーケティング部門は，調達部門，生産部門，物流部門，サービス部門，管理部門らとパイプを持ち，概略でもいいので他部門の状況を常に理解しておくことも求められる。

　つまり，OODA-Loop を回すには，PDCA を組織内で動かすのとは異なる，ダイナミックにリソースを組み替えるなどの組織力が求められるということである。このような組織能力について次節で述べる。

4　自立分散型組織の構築

　将来の不確実性が高まる中，企業に求められるのは変化に強い組織づくりである。組織能力として，絶え間なく続く環境変化に適応しつつ進化し続ける能力が求められているのである。環境の変化を察知して，それに適応できるよう

に自己変革する組織能力を，UC バークレーのデビッド・J・ティース教授は「ダイナミックケイパビリティ」と呼んでいる。そこでは，企業が VUCA と呼ばれる変化の激しい時代を乗り越えるには，内部・外部のケイパビリティを統合し，配置・再構築をするといった動的な組織プロセスを行うことが必要と述べている。ダイナミックケイパビリティは，次の3つの能力から構成されている。

　1つ目はセンシング（感知）である。これは組織が競争的状況を把握して，事業が直面する変化や機会，脅威を感知する能力である。2つ目はシージング（補捉，活用）である。これは変化の中から利益を得る機会を捉え，必要に応じて既存の事業や資源，知識を応用して再利用する能力である。3つ目はトランスフォーミングである。これは企業内外の資源や組織を体系的に再編成し，変革する能力である。

　変化に強い組織づくりにトップのリーダーシップが重要であることはもちろんであるが，組織自体の能力を高めることがより重要である。日本企業の組織のような伝統的なヒエラルキー構造では，ダイナミックケイパビリティは発揮しにくい。意思決定を行うトップと現場の距離が遠く，トップの意思が末端まで伝わらない，もしくは，現場で起きていることがトップに伝わらず，正しい意思決定ができないのである。

　ダイナミックケイパビリティが発揮できる組織とは，自立的な個人がチームでつながっている分散的な組織である。それぞれの個人が企業の理念に引きつけられて集まっており，その結束の下，チームでつながっている組織である。環境変化に対して組織の中にある知識や経験を再活用したり再構成したりしながら乗り越えていくのである。前述のサイボウズは，まさしく自立分散型の組織であるといえる。フレデリック・ラルーが唱えるティール組織，つまり，社長や上司がマイクロマネジメントをしなくても，設定した目的に向けて進化を続ける組織であるといえる。

　サイボウズの事例で見てきたように，まず自立分散型の組織に必要なことは，強いビジョンや理念である。企業が何を実現しようとしているのかに関して組織内で意思統一できており，昇進や採用活動，さらには日常の意思決定にまで徹底されていなければならない。

　また，公明正大な組織であるということだ。情報が公開され，報酬や評価が
フェアに決定されていることが求められる。重要な意思決定が公開されている
ことは，企業の考え方，方向性を共有するためにも欠かせない。

　加えて，従業員の自立である。従業員は自分が何をしたいのか，どのように
キャリア形成していきたいのかについて自分たちで考え，そのキャリア形成に
対して企業は機会を与えているという関係性が望ましい。与えられた仕事をこ
なすだけでは指示待ち社員へとなってしまう。もちろん，どんな仕事を与えら
れても前向きに自分のキャリア上の意義を見出す人もいる。そういったことを
個人個人が考えられるような自立した従業員，そして公明正大な組織が，自立
分散型組織をつくり上げる上では必要なのである。

第 3 章

ビジョンと
バックキャスティングによる
戦略策定と実行力

1 日本企業の戦略策定における問題点

　序章で，日本企業の企業価値が高まらない理由として，フォワードキャスティングから生じる戦略性の乏しさを挙げた。そういった問題点について，ここでは市場環境の変化と日本企業の代表的な戦略策定プロセスである中期経営計画について述べる。

1 ESG に対する意識の高まり

　世界中で ESG に対する意識の高まりが顕著になっている。ESG は環境，社会，ガバナンスの略であるが，この3つの視点が整っていることは，企業が長期的に成長するためには必要であるとの考え方が世界的に広まっている。逆にESG の意識が低い企業はサステナブルでないと見られている。こうしたことから，ESG 投資の機運も高まっている。

　ESG 投資と似た概念に SRI 投資（社会的責任投資）という言葉もあるが，最近では ESG 投資という概念が広く使われるようになっている。SRI 投資は倫理的投資手法であるものの，財務リターンが弱く，投資家にとっては魅力的とはいえなかった。ところが，サステナビリティという概念が普及し，企業がゴーイングコンサーン（継続企業の前提）としていくには，社会や環境を意識し，社会的課題を解決することによって，利益や企業価値を上げていかなければならない。

　かつては，社会的責任と利益追求は両立しないと考えられていたが，今や可能といわれるようになった。そのため，企業は社会的課題に着目し，社会制度や仕組みなどに働きかけ，イノベーションを起こして，社会的課題の解決と利益追求の両立による成長を実現しなければならなくなっている。

　昨今，世界で多くの企業が国連の定めた持続可能な開発目標，SDGs の17の目標に対する企業戦略との関連性を議論しているのは，企業が ESG に対応することが必須になっていることが理由である。そういった市場環境の変化が，日本企業の戦略策定における問題点をさらに際立たせているのである。

2　中期経営計画の問題点

　日本企業には，事業構造を大きく転換することが難しい。富士フイルムホールディングスのように写真フィルムの市場減退に直面し，大胆に事業構造を転換した例もあるが，国内には成長率の低い市場に多くの企業が存在する。

　デジタルカメラ市場においてはカシオやオリンパスといった撤退した企業があるものの，複合機市場は最たるもので，ペーパーレスの状況下でもいまだ多くの企業が存在する。このような現象は，日本企業が非連続な将来の予測をして，市場環境の変化から新しい事業領域を考えるといった備えに弱いことを示している。

　多くの日本企業が3年というスパンで中期経営計画を立てるため，将来を現在の延長線上にしか描けず，現状の技術や事業領域を基準に考えて事業を推進する。事業開発もシーズアップの発想が中心となってしまう。これでは，非連続な将来に備えた新たな事業領域を生み出すことはできない。

　背景に大きくあるのは，やはり，中期経営計画が持つ弊害である。前述したように，日本企業は3〜5年というスパンで中期経営計画を立てる場合が多い。その3〜5年という期間が中途半端であり，将来の非連続な変化を描くことができない。

　そしてこの一因に，日本企業の社長の任期がある。ニッセイ基礎研究所が2019年に発行した「日米CEOの企業価値創造比較と後継者計画」によると，米国企業のCEOの就任年齢と在任期間は平均46.8歳で13.4年の在任期間であるのに対し，日本企業は57.5歳で5.1年の在任期間となっている。自然，在任中には短期で効果が出せる戦略しか着手できなくなり，中長期的な視点で企業を変えることはできない。

　また，社長が交代すると方針が大きく変わることもある。新任者は前任者と異なることを言わなければならないという思いを持つものなので，市場やその企業の従業員には一貫性のないメッセージとして伝わってしまうこともある。

　例えば，日本の製造業が「サービス化」といい始めてからすでに20年以上経つ。ところが，その多くがいまだにサービス化に成功できていない。ビジネスモデルを大きく変革することは，中長期的なビジョンの下に行われるべきなの

　だが，3〜5年の中期経営計画では，変革を推進する市場環境の認識やロードマップ，必要なリソースの準備など，施策の実行まで描き切ることができないのである。

　3年で計画の途中まできても，次の中期経営計画で振り出しに戻ってしまうこともある。

　変化が激しい現在という時代だからこそ，中長期的なビジョンで，変わらないもの，目指す姿を明確に定めた一貫性のある戦略策定が求められている。

　一方で中期経営計画は，投資家へのコミットメントが求められるものと位置づけられており，思い切って飛躍した将来の姿を描きづらい。日本企業の経営は，中長期的な視点での思考が強いといわれている時代もあった。

　むしろ米国企業のショートターミズムが強く，それがゆえに日本企業は成長ができたと高度経済成長時代にいわれていた。

　今は全く逆になっており，日本企業がロングタームで考えることが弱く，PL（損益計算書）中心でショートターミズムが強いので，中期経営計画も市場へのコミットメント色が濃くなる。そのため，夢を描くことが難しい。

　多くの企業の中期経営計画が未達に終わっていることを見ると，中期経営計画の意味は中途半端なものになっている。投資家へのコミットメントであると同時に，成長期待を見せなければならず，事業計画は3年分であるにもかかわらず，飛躍感を若干持たせているという中途半端なものとなっている。

　日本企業は中期経営計画に労力をかけているが，このような状況では中期経営計画はやめてしまいたいと思っている経営者も多い。

　3〜5年では変化を起こすには中途半端であり，かつ，市場の変化が目に入らない，現状を基にした積み上げのようなものに終始するという弊害が起きている。

② 　先進企業事例

1　ユニ・チャームのユニ・チャームウェイ

(1)　企業概要

　ユニ・チャームは，ベビーケア関連製品，フェミニンケア関連製品，ヘルスケア関連製品，化粧パフ，ハウスホールド製品，ペットケア関連製品，産業資材，食品包材などの製造，販売を行っている企業である。その事業活動はグローバルであり，東アジア・東南アジア・オセアニア・中東諸国，北アフリカなど，世界約80の国・地域で展開している。2020年度のグループ連結売上高は7,274億円である。

(2)　ユニ・チャームウェイ

　ユニ・チャームは，共生社会の実現に寄与するため，環境問題や社会的課題の解決に取り組んでいる。同社は創業以来，事業を通じて社会的課題の解決に努めてきた。1961年，創業時の祖業は木毛セメント板という防火建材だったが，創業者である高原慶一朗氏が，北米視察の折にスーパーマーケットで山積みにされている生理用品を目にして「日本でもこのような時代がくる」と直感。帰国後すぐに生理用品事業への参入を検討した。その際に高原慶一朗氏は「女性が生活の中で感じる不安や不満を少しでも解消したい」という思いを強くしたという。

　創業から2年後の63年，生理用ナプキンの製造・販売に参入を果たす。さらに生理用品分野で培った不織布・吸収体の加工・成形技術を活かし，ベビーケア用品，ヘルスケア用品，ハウスホールド用品，ペットケア用品などへ事業分野を拡大，人々の生活をサポートする企業として，事業を通じて社会的課題の解決に努めてきた。

　なお同社は，「The Unicharm Way」（ユニ・チャームウェイ）という「ユニ・チャームならではの『ものの見方，考え方，行動の仕方』」をまとめた冊子を制作，世界中の全社員に配布し，この内容を実践することを通じて企業理念の

浸透を図っている。

　このユニ・チャームウェイの成り立ちについて確認する。まず同社は74年に社是を制定した。この社是には，社会とともに発展することがうたわれている。99年には，社是をより具体化した「"我が五大精神" と社員行動原則」「"信念と誓い" と企業行動原則」を制定している。2017年には創業当初から受け継がれる企業文化「三つの DNA」（詳細については後述）を時代に合わせ，また日本以外の地域で活動する社員にとってもわかりやすく表現し直した「BOP-Ship」（新・三つの DNA）を制定，全世界，約2万人の社員にとっての「共通の価値観」の鑑としている。

　なお同社は，SDGs の実現をパーパス（存在意義）とし，そのパーパスをミッション・ビジョン・バリューという3階層からバックキャスティング型の思考でイノベーションを起こし，持続的な成長へとつなげることを目指している。ミッションは，人やパートナーアニマル（ペット）はもちろん，地球環境と共生する社会の実現である。そして，どのように実現するのかを表すビジョンが

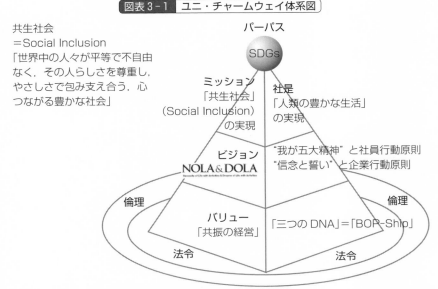

図表3-1　ユニ・チャームウェイ体系図

（出所）　ユニ・チャーム提供資料より作成
http://www.unicharm.co.jp/company/about/corporate-philosophy/index.html

企業理念「NOLA&DOLA」である。

　NOLA&DOLA とは，Necessity of Life with Activities & Dreams of Life with Activities の頭文字をとったもので，NOLA は課題解決，DOLA は夢や理想といった課題提起の領域としている。すなわち不快なものを快適にする技術をコアコンピタンスとする企業であることとしている。

　NOLA&DOLA の最初の制定は，創立20周年の1981年であった。その際は「Necessity of Ladies' Activities & Dreams of Ladies' Activities」としていた。この企業理念は，2001年に現在の「新 NOLA&DOLA」に修正した。新NOLA&DOLA は「赤ちゃんからお年寄りまで，生活者がさまざまな負担から解放されるよう，心と体をやさしくサポートする商品を提供し，1人ひとりの夢を叶えたい」という思いを込めている。そして，事業活動を通じて収益を上げ，社会に還元し続ける企業であり続けようとしている。

　前述したようにユニ・チャームは，企業理念を支える大切な価値観，考え方，行動の仕方を「三つの DNA」と称し，社員への浸透・体現に腐心している。「三つの DNA」とは，①変化価値論（自ら変化をリードし，その変化を新たな付加価値を創出するレベルにまで高め，その一連の活動を通じて自己成長を果たすこと），②原因自分論（何か問題が発生した際に，その原因を自分の非力さに求め，他に責任を転嫁しないこと。自分に原因を求めることによって失敗の教訓を活かすことで成長できる），③尽くし続けてこそナンバーワン（常に最高の満足をお客様へ届けられるようにベストを尽くし続けること），と定めていた。

　近年は，事業活動が日本からアジア，さらには中東・欧米など世界に広がり，日本籍以外の社員が増えたこともあり，どのような国・地域で活動する人でも理解しやすいよう，三つの DNA を「BOP-Ship（ビー・オー・ピーシップ）」と表現を改めている。「三つの DNA」と「BOP-Ship」は同社の活動の根幹を支える価値観であり，経営トップから現場で活躍する社員まで全員で共有されているという。

　ここまで説明した一連の根底にある「バリュー」とは，全世界で同社全体に浸透した「共振の経営」である。共振の経営とは，経営陣が現場の知恵を活かすとともに，現場の社員は経営陣の方針をよく理解し，経営陣の視点で考え，

行動する。お互いがコミュニケーションを取ってバランスを保ちながら組織全体の力を大きくし，経営陣と現場の社員が一丸となって共通の目標に向かう仕組みのことであり，同社の成長の原動力となっている。さらに，戦略の実行精度を高めるため，同社のDNA，企業文化，そして戦略を理解したグローバル人材「共振人材」の育成を積極的に行っている。

(3) 中長期ESG目標「Kyo-sei Life Vision 2030」

① 策定の背景

ユニ・チャームは創業以来，社会的課題の解決に取り組んできた。そのため，世間でSDGsやESGといった言葉が頻繁に飛び交う前から一貫した取組みを推進している。一方で，昨今のESG経営やSDGsに関する，より積極的な情報開示を企業に求める風潮が強まっていることを踏まえて，同社は一連の取組みを再度体系化し，ステークホルダー（利害関係者）に明示することとした。

また，ステークホルダーが企業に寄せる関心も，財務目標はもちろん，環境

図表3-2　Kyo-sei Life Vision 2030

（出所）ユニ・チャーム提供資料より作成
https://www.2.unicharm.co.jp/csr-eco/kyoseilifevision/index.html

問題や社会的課題への対応などESG分野に広がっていることから，第10次中期経営計画から第11次中期経営計画へと切り替わる節目の年である2021年に，同社が目指す「『共生社会』の実現」についてより具体的に示すことが重要と考えたことが背景にある。

　20年1月にはESG関連の取組み強化ならびに社内浸透を加速し，社外への発信力を増強することによって企業価値向上につながることを目的に，CSR本部を発展的に解消し，新たにESG本部を設置している。そして20年10月22日には中長期ESG目標である「Kyo-sei Life Vision 2030」を発表し，共生社会を実現するためには，ユニ・チャームは公正で透明性の高い企業経営（ユニ・チャームプリンシプル）の下，「私たち」「社会」「地球」の3つの健康を守り，支えていくとしている。

②　Kyo-sei Life Vision 2030の位置づけ

　ユニ・チャームはSDGs達成に貢献することをパーパス（Purpose）と考えている。このパーパスを実現するには，社員1人ひとりが理解・納得・共感し，行動することが重要と考え，「Mission」「Vision」「Value」の3つの階層に分けて具体化している。まず「Mission」とは「何を成したいか」を明示したもので，具体的には「『共生社会』の実現」としている。同社の目指す「共生社会」とは，全ての人が自立し，互いに助け合うことで，自分らしく暮らし続けられる社会としている。

　続く「Vision」とは，「どのようにして『共生社会』を実現するか」を示すものである。具体的には，同社の理念であるNOLA&DOLAを実践することとしている。

　そして「Value」とは，MissionやVisionを支える根底にある「志」「使命感」で，同社においては全世界の社員全員で「共振の経営」という統一されたマネジメントモデルを推進することと位置づけている。

　この「Purpose & Mission・Vision・Value」をより強力に推進することを目的に，同社が思い描く「2030年のありたい姿」を明示し，具体的な重要取組みテーマや目標を設定している。Kyo-sei Life Vision 2030を着実に実行することによって，環境問題や社会的課題の解決，消費者や地域社会への貢献と，継続

図表3-3 Kyo-sei Life Vision 2030の位置付け

（出所）ユニ・チャーム提供資料より作成
https://www2.unicharm.co.jp/csr-eco/
kyoseilifevision/index.html

的な事業成長の同時実現を目指すとしている。

　同社はこれらを策定する際，社内での徹底した議論を通じて，より定量的な目標を設定するように努めた。また，マテリアリティ（重要課題）の見直しもしており，一連の中長期ESG目標の設定をしている。

③ 策定のアプローチとプロセス

　Kyo-sei Life Vision 2030は公表の1年前，2019年10月から検討を始めた。年に4回，ESG委員会を開催し，議論が行われた。委員会は高原社長を委員長とし，社内取締役と中核となる執行役員，営業部門，マーケティング部門，国内外連結子会社から構成されている。事務局としてESG本部が運営を受け持った。また，ESG委員会で議論する間には各種ワーキング部会が開催され，ESG委員会で議論し，意思決定する内容の原案を作成していった。

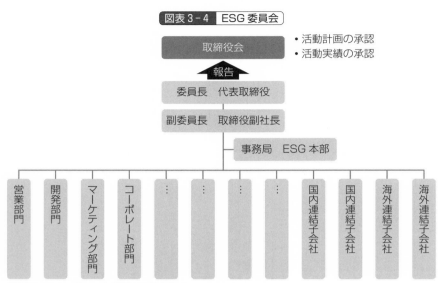

図表3-4　ESG委員会

取締役会
• 活動計画の承認
• 活動実績の承認

報告

委員長　代表取締役

副委員長　取締役副社長

事務局　ESG本部

営業部門／開発部門／マーケティング部門／コーポレート部門／：／：／：／：／国内連結子会社／国内連結子会社／海外連結子会社／海外連結子会社

（出所）　ユニ・チャーム提供資料より作成
https://www2.unicharm.co.jp/csr-eco/kyoseilifevision/index.html

図表3-5　策定のアプローチ

「共生社会」の実現

想定される社会像	高齢社会の加速	女性の社会進出が常態化	ダイバーシティの進展，概念の拡張
	AIなどIoT技術の進化	異常気象，新型疾病などにより社会が不安定化	サーキュラーエコノミーの浸透
	アフリカの時代が到来	資源需給の変化によるサプライチェーンの崩壊／再構築	世界的な人口動態の変化

理想の将来像	【社会】個人・社会・地球環境の健康がバランスよく保たれている共生社会の実現	【ユニ・チャーム】全世界の赤ちゃんからお年寄りまでの全ての生活者とパートナー・アニマル（ペット）が，心身・社会・地球の健康を実感できる社会インフラを提供する企業

必要なアプローチ	全世界への進出	商品・サービスの進化	カスタマイズ化	サーキュラーエコノミー

（出所）　ユニ・チャーム提供資料より作成
http://www.unicharm.co.jp/csr-eco/kyoseilifevision/index.html

図表3-6　重要課題の特定

重要課題の特定のため下記のステップで重要課題の抽出とマトリックスの作成を実施

i　関わりのある課題の抽出	ii　自社視点評価の実施	iii　社外視点評価の実施
多くの文献ソースから、関わりある社会課題等を513項目抽出し、4つの絞り込みの視点を踏まえ、44項目に整理（ISO26000・GRI・SDGs・FTSE・MSCI・DJSI他）	自社視点評価のため取締役、執行役員、本部長、関係会社社長以下マネージャーまでの約900人にサーベイを実施	社外視点（ステークホルダー視点）の重要度評価に56団体にサーベイへの参画を依頼し、32団体より回答

iv　執行役員とのワークショップ	v　重要課題の特定	
「執行役員SDGs勉強会」を実施した後、「執行役員ワークショップ」を開催し、2050年に想定される社会像や目指すべき方向性について意見を収集	2050年のありたい姿と必要なアプローチをまとめ、重要課題を特定し、ESG委員会にて承認	

（出所）ユニ・チャーム提供資料より作成
http://www.unicharm.co.jp/csr-eco/kyoseilifevision/index.html

　策定に際しては、2050年に共生社会が実現されると仮定して理想の将来像を具現化するアプローチをとり、将来像と現状とのギャップを埋めるためのアクションを整理するという手法をとっている。

　策定プロセスとして図表3-6にあるように、(i)関わりのある課題の抽出、(ii)自社視点評価の実施、(iii)社外視点評価の実施、(iv)執行役員とのワークショップ、(v)重要課題の特定、という5つのステップを経た。

(i)　関わりのある課題の抽出

　ユニ・チャームでは、多くの文献ソースから同社のサービスと関わりのある社会的課題などを513項目抽出し、4つの絞り込みの視点を踏まえ、44項目に整理した。

　重要課題の議論としては、同社の課長級以上の社員に対するアンケートを実施した。その際、回答は個人ではなく、自分がマネジメントをしている課やグループなどの総意として行ってもらうことを徹底した。アンケートは世界各地の拠点における課長職以上、約900人に対して実施した。言語は、日本語、中国語、英語で、これら3カ国語での回答が難しい場合は現地の日本籍社員がサポートをした。

(ii)　自社視点評価の実施

　自社視点評価のための取締役、執行役員、本部長、関係会社社長以下マネー

ジャーまでの約900人にサーベイを実施している。

(iii) 社外視点評価の実施

社外視点（ステークホルダー視点）の重要度評価に56団体にサーベイ参画の依頼をし，結果，32団体から回答を得ている。

(iv) 執行役員とのワークショップ

「執行役員 SDGs 勉強会」を実施し，さらに「執行役員ワークショップ」を開催，2050年に想定される社会像や目指すべき方向性について意見を収集している。

(v) 重要課題の特定

最後に，2050年のありたい姿と必要なアプローチをまとめ，重要課題を特定した上で，ESG 委員会での承認を得ている。このようなプロセスを経た結果として，図表3-7のようなマテリアリティ，重要課題マトリックスを策定した。

そして，次のフェーズとして重要課題に紐づいた指標および目標値の確定を

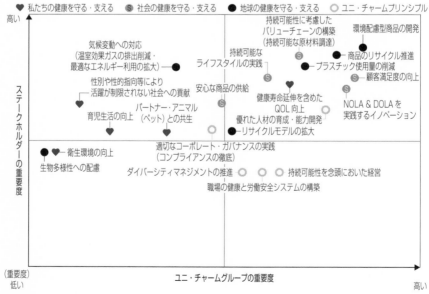

図表3-7　重要課題マトリックス

(出所)　ユニ・チャーム提供資料より作成
http://www.unicharm.co.jp/csr-eco/kyoseilifevision/index.html

図表 3 - 8　重要課題に紐づいた指標および目標値の確定

重要課題に関して，以下のステップで指標・目標の検討を実施

1 ESG 調査機関および他社ベンチマーク調査の実施	2 各ブランド戦略の方向性との照合	3 本部長・部長クラスとの意見交換の実施
4 指標・目標初期案の作成	5 マーケティング部門および開発部門との討議	6 指標および目標値の確定 重要課題に紐づいた指標および目標値を策定し，ESG 委員会にて承認

（出所）　ユニ・チャーム提供資料より作成
http://www.unicharm.co.jp/csr-eco/kyoseilifevision/index.html

行った。各重要課題に対して，「ESG 調査機関および他社ベンチマーク調査の実施」「各ブランド戦略の方向性との照合」「本部長・部長クラスとの意見交換の実施」「指標・目標初期案の作成」「マーケティング部門および開発部門との討議」「指標および目標値の確定」をしている。こうすることで重要課題に紐づいた指標および目標値を確定し，ESG 委員会で承認を得ている。

　このように議論された結果，20の重要課題が整理され，それらの重要課題を「私たちの健康を守る・支える」「社会の健康を守る・支える」「地球の健康を守る・支える」「ユニ・チャームプリンシプル」の 4 つの領域で整理をした。そして，2020年 8 月に ESG 委員会での議論を経て，正式に意思決定を行った。

④　Kyo-sei Life Vision 2030の浸透と効果

　ユニ・チャームは「内から外への原則」を持っている。これはまず社内に浸透させ，社員が正しく理解をしてから対外発信をするということである。そのため，広報部門，ESG 本部ともにインナーコミュニケーションに力を入れている。対外的によりわかりやすいメッセージに整理し，専用の Web サイトやイメージ動画などを通じて，従業員 1 人ひとりが家族や友人に説明しやすい仕組みと教育の徹底を行っている。

　この取組みは営業ツールにもなっており，さまざまな外部パートナーと関係を構築し，結果としてより多くの人々から共感されるという効果も得ている。

　こうした活動は従業員のエンゲージメント強化にも大きく寄与している。自

図表3-9　SDGsに貢献する中長期ESG目標

重要取り組みテーマ	1	2	3	4	5
私たちの健康を守る・支える					
健康寿命延伸／QOL向上			●	●	
性別や性的指向等により活躍が制限されない社会への貢献	●		●	●	●
パートナー・アニマル（ペット）との共生			●	●	
育児生活の向上			●	●	●
衛生環境の向上			●	●	
社会の健康を守る・支える					
「NOLA & DOLA」を実践するイノベーション	●		●		
持続可能なライフスタイルの実践				●	
持続可能性に考慮したバリューチェーンの構築	●			●	
顧客満足度の向上			●	●	
安心な商品の供給			●		
地球の健康を守る・支える					
環境配慮型商品の開発					
気候変動対応					
リサイクルモデルの拡大					
商品のリサイクル推進					
プラスチック使用量の削減					
ユニ・チャームプリンシプル					
持続可能性を念頭においた経営	●		●	●	●
適切なコーポレート・ガバナンスの実践					
ダイバーシティマネジメントの推進	●			●	●
優れた人材の育成・能力開発	●		●	●	●
職場の健康と労働安全システムの構築			●	●	●

（出所）ユニ・チャーム提供資料より作成
https://www2.unicharm.co.jp/csr-eco/kyoseilifevision/index.html

6	7	8	9	10	11	12	13	14	15	16	17
		●			●	●	●		●		
		●		●	●	●	●		●		
		●			●	●	●	●			●
		●			●	●	●		●		
●					●	●	●		●		
			●				●		●		
●	●	●				●	●	●			
●	●	●	●	●	●		●	●	●		
						●					
			●			●					
●	●		●				●	●	●		
●	●		●				●	●	●		
●	●		●				●	●	●		●
●	●		●				●	●	●		
	●		●			●	●	●	●		
●	●	●	●	●	●	●	●	●	●	●	●
		●				●				●	
		●		●							
		●		●							
		●		●							

分の会社がどのような社会的課題に取り組み，それらに対して具体的な目標値を設定して取り組んでいるかを理解することにより，働く大きなモチベーションになっているという。また，新卒の獲得に大きく寄与している。

　統合レポートやサステナビリティレポートを読んでいる学生は，特に同社の企業理念を実践する経営に触れ，同社を志望するケースも多いという。現在の学生は1990年後半頃から2012年頃に生まれたデジタルネイティブの「Z世代」であり，社会的課題に対する意識が高い。彼らに対して同社を正しく理解してもらうという効果も生まれている。

2　横河電機の未来共創イニシアチブ

(1)　企業概要

　横河電機は，計測，制御，情報の技術を活用し，事業を通じて社会的課題の解決に貢献しているグローバル企業であり，2020年度の売上高は3,742億円である。主力の制御事業は，エナジー＆サステナビリティ，マテリアル，ライフの3つの業種セグメントに分かれている。また制御事業とは別に測定器事業を推進している。

(2)　プロジェクトロータスによるシナリオプランニング

　横河電機は，中核事業であるデジタルエンタープライズ事業本部事業企画センターの事業変革推進部長から人事部に異動した玉木伸之氏がリーダーシップを発揮し，各部門から選抜した若手を中心としたプロジェクトを発足させ，シナリオプランニングの手法を用いて2035年の未来シナリオを作成した。

　玉木氏は，制御システムをグローバル大手顧客にソリューション展開するデジタルエンタープライズ事業本部の部長職として事業変革を推進していたが，19年9月，突然の入院を機に人生や自己の存在意義を再考し，自ら希望して10月に人事部門へ異動した。そこで，次世代を担う未来志向の人材を育成したいと考え，若手を中心にシナリオプランニングの手法を用いて2035年の未来シナリオを描くという組織横断型プロジェクトを経営陣に企画提案した。奈良社長や，長期経営構想を取りまとめるマーケティング本部の阿部常務，制御事業の

戴常務，上原役員，長谷川役員，人財総務本部の松井役員に相談したところ，前向きな返事をもらうことができた。

　そこで玉木氏は，19年10月，シナリオプランニングを若手とともに行って次世代を支える人材育成に取り組むという趣旨のA4用紙1枚の企画書を作成した。シナリオ作成については自前でやることを基本とし，外部のコンサルティング会社などの使用はグローバルの長期動向調査など最低限とすることが記されていた。

　このプロジェクトは「プロジェクトロータス」と命名された。不確実性が高まる世の中において，20世紀の社会経済システムから，デジタル化，サステナビリティといったトランスフォーメーションにより世の中が大きく変化し，新しい時代の社会経済システムに変容すると同社が想定したことが背景にある。

　こうして作成される未来シナリオは，顧客やパートナーと共有するべきであり，かつ新しい時代に対応できるリーダーの育成とネットワーク構築が不可欠であるとの考え方が経営層，役員陣からも大きく賛同を得ることができた。

　プロジェクトロータスのゴールは，将来のビジネスリーダー・エキスパートの育成，持続的なネットワークの構築，2035年の未来シナリオ作成とし，同社が推進している長期経営構想とは一線を画すこととした。同社でマーケティング本部が中心になって策定された長期経営構想が10年先，2030年を見据えたも

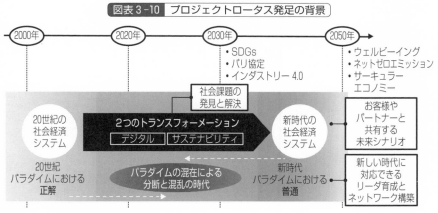

図表3-10　プロジェクトロータス発足の背景

（出所）　横河電機提供資料より作成

のであったことから，それよりさらに少し先を見るという意味で2035年に設定した。これは，プロジェクトロータスをあくまでも人材育成メインの活動として独立性を保ち，自由な発想で未来シナリオを作成することに重きを置いたからである。

　メンバーについては，各部門から選抜された20代半ばから40代前半の26人で構成された。多様性の高いチームを構築し，テーマを「2035年のYOKOGA-WAを取り巻く事業環境」として，Beyond SDGs, DX（デジタルトランスフォーメーション），インダストリー4.0，アフターコロナの世界を描き出すことを目指した。シナリオ作成の手法としては，シナリオプランニングを用いることとした。不確実性が高い未来における外部環境変化を想定して起こり得る複数のシナリオを描き，未来から現在をバックキャストするという手法を用いたのである。

　プロジェクトの推進ステップは，計画フェーズと実行フェーズに分けられる。計画フェーズは，19年10月上旬に開始され，課題の要件定義，同月内にPJ（プロジェクト）設計，経営巻き込みによるコンセンサス，11月には事業部門を巻き込んだ人選，そして12月中旬にはプロジェクトを立ち上げるためのチームビルドを行った。

　実行フェーズでは外部環境分析，不確実性評価，シナリオ作成，シナリオ検証，シナリオ活用とし，21年3月にはプロジェクトロータスとしてのシナリオ作成検証を完遂し，21年4月からはシナリオを経営で活用する新たな未来共創活動を発足させた。

　計画フェーズをより詳しく見ていく。課題の要件定義においては，2030年をゴールとするパリ協定，SDGs，インダストリー4.0の先の世界を据えた。グローバルの顧客は2030年をターゲットとする長期戦略を立てているケースが多く，その先の議論に備えた未来シナリオを持っておく必要性を感じていたため，想定する未来を2035年とした。

　次に，プロジェクト設計を行った。事業戦略・サステナビリティ戦略，既存リソースから独立しつつも，社内の主要部門巻き込みに重きを置いた。また，何よりも経営陣を巻き込み，さらにはミドルマネジメント層も含めてコンセンサスを取ることに力を入れた。本プロジェクトの企画にあたり，経営陣からの

図表 3-11 2035年未来シナリオを活用した企業変革推進ステップ

計画フェーズ

2019年10月上旬	10月中旬	10月下旬	11月	12月中旬
Step 01 課題の要件定義	Step 02 PJ 設計	Step 03 経営巻込コンセンサス	Step 04 事業部門巻込人選	Step 05 PJ 立上チームビルド

実行フェーズ

2020年1月〜3月	4月〜5月	6月〜9月	9月〜2021年3月	4月〜
Step 06 外部環境分析	Step 07 不確実性評価	Step 08 シナリオ作成	Step 09 シナリオ検証	Step 10 シナリオ活用

（出所）横河電機提供資料より作成

要望もあり，パーパスについての議論も経営陣を含めて行った。横河電機はなぜ存在するのか，という問いは未来シナリオの作成にあたっては非常に重要な問いだからである。

その後，マーケティング本部を中心に全社員の意見も踏まえながら，パーパスは，「測る力とつなぐ力で地球の未来に責任を果たす」と決定された。また経営陣からの要望もあり，現状の事業ドメインに依存せず，外部環境の変化に対応し得る将来の事業ドメインについての検討・議論を積極的に行った。長期経営構想の立案チームとも頻繁に対話を重ね，横河電機の将来の事業ドメインの定義へとつながった。

また，人事部門が新たに始めた目標管理手法の組織横断的な OKR（Objectives and Key Results：目標と主要な結果）を導入し，議論を行う参画メンバーの目標設定と評価において，活動への参画と貢献がしっかり評価に反映されるようにも配慮した。プロジェクトメンバーは，本業の OKR に加えて，20〜30％程度の工数で本プロジェクトの OKR を兼務として設定した。

プロジェクト設計では特に人選にこだわり，アウトプットがしっかりできるという観点を重視した。玉木氏は，学習と成長の意欲が高く，強い個性を持つ多様な人材を集めようとしたという。コンセンサスを取ることを重視するより，明確な得意領域があり，個性が光っている人材を選ぶことに重きを置き，そう

した個性がぶつかり合いながら高いレベルのアウトプットを生み出すことを目指した。創造性は異質な個性や価値観が交わることで高まると考えた。

　実行フェーズについても詳しく見ていく。20年1月から外部環境分析を行い，メンバーは全員，玉木氏が選定した69冊の専門書を読み込んだ。同社の顧客やビジネスパートナーの経営者・経営幹部が読む，多岐にわたる分野の良書を選定した。

　外部環境分析にはアウトサイドイン思考が用いられ，世界の大きな流れに着目することとした。メンバーには社長より高い視座で議論することを求めた。外部環境分析はグラフィックレコーディングと呼ばれる議論をビジュアル化する手法が用いられ，本質のあぶり出し，思考の偏りを可視化し，創造的議論を活性化した。そして，マインドマップと呼ばれる，頭の中で考えていることを脳内に近い形に描き出すことで，記憶の整理や発想をしやすくする手法を用いて，2,391項目という膨大な情報について整理・分析を行った。各要素を色分けして属性を可視化し，各要素の本質をグループ化・構造化したのである。そして，外部環境分析においてドライビングフォース（将来に大きな変化をもたらす可能性を持つ外部環境要因）の洗い出しを行い，2,391項目から抽象化・階層化の実施，マクロ的要素，ミクロ的要素の統合，新型コロナウイルス感染症（COVID-19）の影響の加味，横河電機への影響も評価して，重要な57項目に絞り込んだ。

　さらに不確実性の評価を行い，ドライビングフォースの相関関係や因果関係を分析・統合し，未来を左右するシナリオ軸を抽出した。具体的には，シナリオ軸に何を設定するかという議論をして，必要であれば追加調査を行った。仮説を立てた後，社内外の有識者と議論をすることで，試行錯誤を重ねるスパイラルアップ型で進行した。インパクトマトリクスを用いて「横河への影響（インパクト）」と「不確実性」の2軸で，ドライビングフォースの分類・評価を行った。

　また，重要なドライビングフォースの因果関係をインフルエンスダイアグラムと呼ばれる手法を用い，不確実性の高い要素も含めて社会経済システム全体を構造的に俯瞰して分析した。

　このような議論を経て，「デジタル基盤の構築」と「グリーン経済のパラダ

図表 3 -12 不確実性評価　インパクトマトリクスによる分類

自社への影響・不確実
性を評価しドライビン
グフォースを精錬し分類

2035年の横河にとって
重要なメガトレンド・
変化ドライバーを抽出

大　←　横河への影響　→　小

低　←　不確実性　→　高

メガトレンド候補 全シナリオでほぼ確実に発生し，横河の未来への影響が大きい要因	**変化ドライバー候補** 横河の未来を左右する「分かれ道」となるような要因
確実に発生するが横河への影響は小さいシナリオプランニングでは無視してもよい要因	横河への影響小さいが，不確実性が大きいことから，動向を注視する必要がある要因

（出所）　横河電機提供資料より作成

イム」という未来を左右する重要な 2 つのシナリオ軸を確定した。「デジタル
基盤の構築」は限定された分野（業界）ごとにデータ連携が起きるのか，信頼
されたデータ流通基盤ができることにより，デジタル基盤が社会全体で構築さ
れるか，もしくは産業内にとどまるかというシナリオを描いた。「グリーン経
済のパラダイム」では，経済重視か地球環境重視かでシナリオを描いた。未来
を左右するドライビングフォースを代表するこのシナリオ軸を基に，4 つのシ
ナリオを作成したのである。社内外の有識者と高い視座で世界を俯瞰し，問い
続け，少数意見を尊重し，仮説検証を繰り返す議論を重ねた。

　その結果，2035年の 4 つの未来シナリオが誕生した。地球環境を重視し，社
会全体にデジタル基盤が行きわたる「リジェネレーションの夜明け」，地球環
境重視で産業内にデジタル基盤がとどまる「グリーン成長のジレンマ」，社会
全体にデジタル基盤が行きわたるが経済重視の「日々是イノベーション」，デ
ジタル基盤は産業内にとどまり，経済重視の「迷走と分断」という 4 つである。
このように描き出したシナリオは，経営陣から承認を得ることができた。

　プロジェクトロータスは20年 4 月からその成果を評価され，未来共創イニシ
アチブとして，プロジェクトロータスのメンバーを中心に社長の直属部隊とし

図表 3 -13 2035年4つの未来シナリオ

社会全体
Cross-sectoral

経済重視
Economically
focused

地球環境重視
Ecologically
focused

産業内
Sectoral

（出所）　横河電機提供資料より作成

て設立されている。同社は作成したシナリオを社内にとどめることなく，オープンイノベーションのツールとして活用することを目指している。

　こういった一連の動きは，他社のシナリオプランニングとは大きく異なる。よくあるケースは，経営幹部や経営企画部門中心に社内で戦略立案の議論を行うことだが，横河電機は，将来を担う若手がシナリオアンバサダーとして，社外の経営者や有識者と未来シナリオを基にした対話を重ね，新たな事業機会を探求している。その行動は社内外の全ステークホルダーと未来を共創し，Beyond SDGsの世界観を共有しながらシナリオを持続的にアップデートしている。

　プロジェクト参加者からは，未来は「共感する仲間の対話」と「異質との邂逅」によって創り出されるということを実感したという声が挙がっている。このようなシナリオプランニングで成果が出せたのは，玉木氏のリーダーシップと優れたメンバーの人選，メンバーの頑張りによるところが大きい。同社は今後も，外部との積極的な対話などを通じてシナリオをブラッシュアップしながら，社会的課題の解決や新しい価値づくりなどを通して未来共創活動を拡大する予定だ。

③　ビジョンの構築と
　バックキャスティング型の戦略策定に向けて

　まとめとして，ビジョンの構築とバックキャスティング型の戦略策定におけるプロセスである，①ビジョンの構築に向けたチーム組成，②経営陣の巻き込みと自由闊達な環境での未来シナリオ作成，③未来シナリオの継続的更新と社内ワークショップへの活用，④ビジョンの浸透，について述べる。

1　ビジョンの構築に向けたチーム組成

　ビジョンを構築するには，若手を巻き込んだチームの組成が欠かせない。横河電機の事例に見られたような巻き込み方が有効である。なぜならば，構築したビジョンを戦略として実行するのは，現在，30～40代の若手・中堅社員だからである。

　チームの人材は各部門から優秀と考えられている人から選定することになる。ビジョンの構築に携わった人材の中から将来の経営陣が生まれてくることになれば，自分が立案したものを戦略として推進することになる。あるいは，ビジョンの構築は現在の経営陣から将来，経営陣になり得る若手・中堅社員へのバトン継承作業となるべきである。そういった意味では，ビジョンを構築するチームの編成は，将来の経営陣を選定する作業であるともいえる。

　筆者が知る経営者にも，若手の頃にビジョン構築に携わった人が多く存在するが，その経験が経営者になってから非常に大きな意味を持つと口をそろえて発言している。また，経営者は若手・中堅社員に自分と同じ経験をさせたがるものだが，そうすることで経営に連続性が生まれるという側面もある。だからこそ，社長の思いを理解して会社の将来を考え，ビジョンを構築していける人材の選定が必要となる。

　若手の人材にとってビジョン構築は初めての経験であるため，経営陣と活発に議論を交わし，最初にガイドラインのようなものを設けておくとよい。

2　経営陣の巻き込みと自由闊達な環境での未来シナリオ作成

　ビジョンを構築する際には，経営者の思いを理解しておかなければならない。経営者がどのような会社にしたいと考えているのか，サービスを通じてどのような価値を提供していきたいと考えているのかを理解をして，ビジョンの構築にとりかかるとよい。

　横河電機では，同社の経営企画的機能も担うマーケティング本部が中心となって策定している長期経営構想が，2030年を念頭に描かれている中，もっと先の2035年という将来のシナリオを描くこととした。パリ協定，インダストリー4.0の先の世界を描くことを目的としたのである。マーケティング本部の長期経営構想とはあえて分けて，さらに5年先を設定したのは，メンバーが自由な発想で議論できることに重きを置いたためである。既存のリソースからは独立しつつも，社内のリソースを巻き込むことに力を入れた。特に経営陣の巻き込みは丁寧に進めた。パーパスに関する議論を行うことにより，そもそも横河電機は何のために存在しているのかといった，目的や存在意義の再定義からスタートしている。その上で，将来の事業ドメインを広く定義をしている。

　未来シナリオの作成は，このように経営陣の巻き込みと同時に，自由に発想できる環境をいかに整えるかが重要になる。

3　未来シナリオの継続的更新と社内ワークショップへの活用

　未来シナリオは継続的なアップデートが欠かせない。そもそも未来シナリオは，企業が世の中の変化に対する感度を高め，対応力を強化するためのものだからである。アップデートには，社外の有識者との意見交換を常にしておかなければならない。

　キリンホールディングスの未来シナリオを作成している Kirin Well-being Design Lab は，社外との意見交換を継続することにより，常にシナリオをアップデートしている。

　このこと自体が，社内に対して市場環境の変化への感度を高める啓蒙活動ともなっている。新しい事業を立ち上げる際，もしくは中長期経営計画を策定する際の重要なインプットとなっている。社内で未来シナリオの継続的更新をし

ていれば，ビジョンを作成しっ放しではなく，市場環境の変化に対応できる。

　未来シナリオに基づいて，今どのような準備をしておくべきかという議論にも，新規事業だけでなく既存事業にも活用できる。

4　ビジョンの浸透

　最後に，未来シナリオを作成するにあたって構築した，自社がどのような社会的課題の解決を目指す会社になるのか，10年後にどのような会社になりたいかといったビジョンを，社内に浸透させていかなければならない。

　ユニ・チャームは「内から外への原則」に従っている。まず社内に浸透させ，社員が正しく理解をしてから対外発信をすることとしている。つまり，社内への浸透はシナリオを確実に実行するためにも非常に重要であるという考え方だ。家族や友人などに説明しやすいコンテンツを用意するなど，社員が自分から伝道師となっていくことが求められる。こうした活動は，その会社で働く意義とつながり，エンゲージメントの強化にもなる。ビジョンは社員1人ひとりが具体的な行動を起こして，はじめて実現されるものであることを常に意識づけ，浸透させていくことが必要である。

　浸透を図る際には，決して他人事にならないように，ビジョンと対照して自分の部門では何ができるのかについてテーマを提案し，自発的な活動をすることも考えられる。オムロンはTOGA（The Omron Global Awards）において，自分たちの現在の仕事と自社が解決したいと考えている社会的課題とを結びつけ，テーマを自発的に提案できるようになっている。組織内はもとより，地域・職種を超えて社会的課題の解決や顧客・社会への価値創造について話し合い，具体的な行動に移しており，その成果が1年に一度の創業記念日に共有・共鳴を呼び起こしている。

　ビジョンは作成したら終わりではない。常にバックキャストの思考を持ち，社会的課題の解決と自らの仕事を結びつけることを意識しておきたい。

第 4 章

生産性向上のための
人材流動性の向上

① 日本企業における生産性の問題と流動化の必要性

　日本生産性本部は2020年12月に，「労働生産性の国際比較2020」を公表した。その中で，経済協力開発機構（OECD）のデータに基づいた19年の日本の時間当たり労働生産性は47.9ドルと試算しており，米国（77ドル）の6割にとどまることがわかった。また，日本の労働生産性は主要7カ国（G7）で最低であり，統計をさかのぼることができる1970年以降，G7最下位が続いているというショッキングな内容であった。

　このような日本企業の生産性の低さには，サービス産業のIT化の遅れ，ホワイトカラーの生産性の低さなど，いくつもの要因があると思われる。また，日本の雇用慣行による人材流動性の乏しさもある。終身雇用であることから，ポジションクローズと新しいポジションをつくることによる人とスキルセットの入れ替えが難しい。派遣社員がいることで雇用は流動化しているものの，その流動化は個人のキャリアップとつながっていないともいえる。そのため，欧米諸国と比較して，優秀な人材がキャリア形成を目的として積極的に外に出ていくことが少ない。また，日本企業の従業員には，保有するスキルと求められるスキルがマッチしていないといった問題も見られる。

　さらに，日本企業で優秀とされるのは既存事業をしっかりとやり切れる人材であり，今まさに多くの企業で求められている「新しい事業を創出する，もしくは既存のプロセスの中から問題点を発見し，新しいプロセスを創出できる人材」には光が当たりにくいという問題がある。結果として人材が埋もれてしまい，育成の場が少なくなってしまっているのが現状である。素養のある人材を見出すこと，その人たちに育成の機会を与えるような人材の流動化が求められる。

　こういった日本企業における生産性の問題について，①人材流動化とキャリア形成，②社内における人材スキルのミスマッチ，③価値発見人材と育成の場の少なさ，の3点から見ていく。

1　人材流動化とキャリア形成

　かつて終身雇用，年功序列，企業内労働組合という特有の仕組みは三種の神器といわれ，日本企業の強さの秘訣であった。しかしながら，現在はこの仕組みが組織の硬直を招いている面もある。特に人材の流動性が乏しくなり，求められるスキルに応じた人材の入れ替えができていない。その理由の1つは日本がメンバーシップ型雇用であり，個人の役割が明確になっていないことによるともいわれている。そのため，多くの企業がジョブ型雇用（職務等級制度）への移行を検討している。

　日本企業がジョブ型雇用を検討する背景に，新卒採用への過度な依存を是正し，外部からデジタル人材を機動的に獲得していきたいという理由もある。今後，少子高齢化が進み，若年人口は減少し続ける。それに伴い，新卒採用競争は熾烈を極めることは明らかだからである。

　現在，日本企業に求められているのは，業務のデジタル化，デジタル技術を使ったビジネスモデル改革といった即戦力が必要な領域である。筆者が顧客企業と議論をしていてこのような課題が上がると，「社内には人材がいない」という話によくなる。社外から即戦力を獲得できれば解決するのだが，IT人材はどこでも求められているため獲得競争が激しい。相場観に応じた魅力的な待遇提示をするにも，社内人材とのバランスが難しいことが多い。そこで，ジョブ型雇用にすることで専門職に魅力的な待遇を提示しようということも背景の1つである。高い技能が求められる専門職は，ジョブ型雇用で役割を明確に定義し，外部から積極的に登用して人材の流動化を促そうということである。

　これまで，日本企業における人材流動化とは人件費の削減と同義語であった。終身雇用を保つために，派遣社員を活用して人材の柔軟な調整と人件費の削減を行ってきたのである。円高に伴う人件費削減圧力の上昇で，まずは工場労働者の派遣採用が進んだ。そしてリーマンショック後，大量の派遣社員が削減された。これが，現在の格差問題や不安定な雇用による低賃金につながっている。

　従業員の勤続年数にも変化が起きている。独立行政法人　労働政策研究・研修機構の「データブック国際労働比較2019」によると，雇用者の平均勤続年数は，日本が12.1年，米国が4.2年，フランス11.2年，ドイツ10.5年，デンマーク7.2

年である。米国が突出して短いが，フランス，ドイツは日本に近い。欧州企業
の，労働者保護の意識が高く，解雇が容易ではない点は日本企業と似ている。
そういった意味では日本の勤続年数が特別に長いわけではなく，雇用の流動化
が進んでいるともいえる。

　一方で，リクルートワークス研究所が日本，米国，フランス，デンマーク，
中国で大卒の30〜40代を対象に行った調査の結果によると，転職して年収が増
えたと答えている比率は日本以外は7割を超えているのに対して，日本は
45.2％と極端に低い。同研究所によると，その理由として，日本では転職で役
職が上がるケースが諸外国と比較すると低く，また転職すると職種が変わる比
率が高いことから，キャリアアップ型の転職が難しいためと分析されている。
つまり，日本ではキャリアアップするための転職機会が欧米に比べて限定的で
あるという状況なのである。

　こうしたことから日本では，有能なIT技術者やデータサイエンティスト，
デザイン思考による事業開発推進者などが，求められるスキルを明確にして企
業間での人材流動性を高め，キャリアアップしていける市場を形成することが
必要と思われる。このような専門性が高い人材は，1つの企業にとどまるより，
ある程度オープンにキャリア形成をしていくほうが日本全体の人材の質も高め

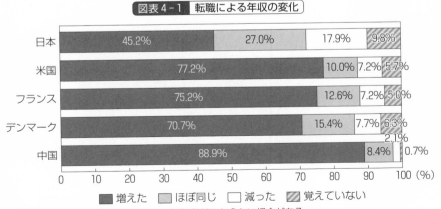

図表4-1　転職による年収の変化

※　小数第2位で四捨五入したため，合計が100にならない場合がある
（出所）　リクルートワークス研究所の調査結果より作成
https://www.works-i.com/column/hataraku-ronten/detail014.html

られる。

　人材はそういった「他流試合」で鍛えられるという面もあるからだ。

2　社内における人材スキルのミスマッチ

　日本企業は，企業内人材の流動性も乏しい。それは，人材のスキルが更新されず，ずっと同じ業務にとどまってしまっていることによる。戦略や業務プロセス改革という観点から，求める人材像を企業側が明確に定めていないことがこの問題の根本にある。

　現在，日本企業の多くはビジネスモデルを大きく転換しようとしている。製品を販売するビジネスモデルから，顧客体験（CX）を高め，リカーリングモデルのように，購入後に顧客とより太くつながっていくというビジネスモデルが求められるようになっており，従業員に求められるスキルも大きく変化している。一方で，日本の製造業における人事部門の考え方は過去の品質神話で成長した時代とさほど変わっていない。例えば，従業員の多くは生産に関する部門に配置されている。

　ソフトウエアや通信，IoT に関係する部門，もしくはサービス設計やビジネスアーキテクトといわれる人材には，要件が明確に定義すらされていないことも多い。時代の変化に合わせてビジネスモデルは変化しているにもかかわらず，人材リソースの定義づけが追いついていないため，企業内のリソースが持つスキルセットが変化していないのである。

　もちろん，欧米企業と異なり，日本企業には終身雇用という制度が根づいており，スキルセットが伴わないからといって，そうそう従業員を入れ替えることができない。だからこそ，個人の役割を明確にして人材の再教育，再配置をしていかなければならないのだが，従業員のスキルアップに対する意識や，社内における人材の流動性が向上できていないのである。必要なスキルを持つ人材を外部から獲得しようとしても，採用した分，人件費がどんどん増加してしまう。つまり，現在いる人材のリスキルと流動化が必要なのである。

　こうした状況で，日本企業では従来のメンバーシップ型雇用からジョブ型雇用への移行が声高に叫ばれている。確かに現状では，プロフェッショナルを採用しづらいことなどメンバーシップ型雇用に由来する問題点があり，ジョブ型

雇用の導入が解決の糸口となることもあるであろう。しかし，ジョブ型雇用にすればたちどころに解決する問題だろうか。日本企業が抱えている問題点は，時代に応じて組織機能を見直し，それに合わせて人材要件を明確にしてこなかったことにある。

　制度そのものというより，運用面にあるのではないだろうか。

　例えば，中途採用の比率が上がってきているものの，新卒一括採用のメンバーシップ型雇用が中心であるため，企業の都合で職務，転勤や配属の変更が可能である。そのようにして自社組織に精通し，チームワークで柔軟に職務を遂行できるゼネラリストを中心に育成し，重宝がってきた。しかしジョブ型雇用は，職務とそれに付随する責任が明確なスペシャリストの育成に向いており，これまでの育成方針や仕事の進め方と大きく異なっている。日本企業がジョブ型雇用を採用してもあまりうまくいかないのは，こうしたミスマッチから適切な運用ができないからである。

　ジョブディスクリプションを明確に定めるほど，時代に応じて求められる役割の変化を反映させる負荷が大きくなる。ジョブ型雇用に移行しても，運用の負荷に耐えられない企業も多い。その状態のままジョブ型雇用に移行すればうまくいくと考えるのは，リスクが高い。ジョブ型雇用に移行する前に，日本企業は，組織が果たすべき役割を具体的に示して組織内の部門に落とし，従業員に求める役割・スキルを明確にすることが必要ではないだろうか。

　中期経営計画を達成するための人材について，現状のスキルとのギャップを把握できている企業は極めて少ないが，計画の未達は人材リソースの原因でもある。現状，従業員がどのようなスキルを持っているか，どのような経験をして，どのようなスキルを向上させてきたのか，あるいは今後，向上させなければならないのかについても把握できていない。ゆえに，管理職はマネジメントはできるのだが，従業員にどのようなスキルを身につけるべきかのアドバイスやコーチングができないのである。

　もはや，管理するだけのマネジメントに意味はなくなっている。リモートワークが増える中で求められているのは，従業員の仕事の進捗を見ながらアドバイスやサポートができるスキルである。皮肉なことにそれは，日本企業のマネジャーに一番欠けているスキルの１つなのである。

　製造業のサービス化が叫ばれ，戦略上はサービス事業へのシフトを図り，多くの企業がそのようなミッションを担う部門を立ち上げた。ところが，部門を立ち上げてもそこでどういう役割を果たさなければならないのか，またその役割を果たすにはどのようなスキルが必要であるか，ということまで落とし切れていないのである。仮にジョブ型雇用に移行したとしても，求められるスキルは常に変わっていく。それに合わせて組織の機能も変化し，従業員には必要なスキルの変化を明示し，スキルを獲得する機会（教育，OJT など）を提供しなければならない。この運用の仕組みなくして，ジョブ型雇用を採用しても難しいだろう。

　このように日本企業の問題は，事業に求められるビジネスモデルの変化，事業ポートフォリオの変化に合わせて，人材要件の明確化とそれに合わせた育成システムが十分ではないことにある。

3　価値発見人材と育成の場の少なさ

　人材に関する問題は，日本企業の経営者にとって最大の課題であり，さまざまな取組みも行われている。新規事業部門に短期間配属し，武者修行させるなどの例もあるが，そこで問題になるのが育成する人材の選定方法である。

　日本企業で優秀と呼ばれる人材は，指示されたことをきっちりやり切る実務型が圧倒的に多い。野村総合研究所（NRI）ではこれを「価値実現型人材」と呼んでいる。対して，今の日本企業に足りないのは「価値発見型人材」である。これは課題を発見し，問題提起し，新しい価値を創出し，既存のプロセスに疑問を持ち，プロセス改革ができる人材である。日本企業は品質重視による既存事業の成功体験から実務型の人材が多く，また事業部門など企業内の組織もこういった人材を評価するため，価値発見型人材が表立って見えにくいという問題点がある。

② 先進企業事例

1 AGC の人財可視化と育成

(1) 企業概要

　AGC は1907年に設立された企業である。創業事業であるガラス事業から幅を広げ，ガラス，電子，化学品，セラミックの領域で新たな価値の創出に挑戦している。

(2) AGC のデジタル人財育成

① データサイエンティスト育成プログラム「Data Science Plus」

　AGC は，創業時のガラス事業から大きく転換するためにも，人財の育成に力を入れ，変化が激しい時代の要望に応えられるようにしている。特にデータサイエンティストの育成に力を入れている。

　同社は，2017年に「人財で勝つ会社」を経営方針の1つに掲げ（現在の新中期経営計画 AGC plus-2023では「人財の AGC」と変更），その実現に向けたさまざまな人財育成プログラムを導入している。なお，同社は人が財産という意味で「人財」と表現している。この項でもそれに従う。

　19年10月には，独自のデータサイエンティスト育成プログラム「Data Science Plus」を確立した。このプログラムでは，専門性の高い業務知識に加え，高度なデータ解析スキルを持つ「二刀流人財」の育成を目指している。本プログラムを活用し，25年までに，データサイエンスを活用して自部門の課題を解決できるハイレベルなデータサイエンティストを，国内外にあるグループ社員の中から100人以上育成する計画である。

　近年，企業に存在する膨大かつ複雑なビッグデータをいかに有効活用できるかが重要になっており，データを活用して課題を解決するデータサイエンティストの存在価値はますます高まっている。素材製造業には，開発・製造といった業務プロセスにかかわるデータが多数存在するが，そのプロセスが独自に開発された個別のものであるため，データサイエンティストには理論の習得に加

図表4-2　AGCのデータサイエンティスト育成プログラム「Data Science Plus」

プログラム		内容
データサイエンス入門講座		データサイエンスとは何か，データの種類・基本的な用語などデータサイエンスの一般教養を身に付ける
データサイエンティスト研修	基礎編	データサイエンスの各手法を体系的かつ網羅的に習得する
	応用編	プログラミング言語を用いて，データサイエンス業務の一連の流れを経験する
先端基盤研究所への社内留学		先端基盤研究所に半年～2年間，社内留学を行う自部門のデータ解析を第一線のデータサイエンティストとともに行い，その課題解決に取り組みつつ，実践的なスキルを習得する

（出所）　AGC提供資料より作成
https://www.agc.com/news/detail/1199854_2148.html

え，プロセスを熟知することが求められている。

　同社にとっては，デジタルのプロフェッショナルを外部から獲得することよりも，社員を登用してデータサイエンティストを育成することが喫緊の課題なのである。なぜならば，素材製造業としてデジタル技術を用いて，製品の開発手法を抜本的に変革しようとしているからである。

　対象者はデータサイエンスにかかわる入門講座，基礎編，応用編と段階的に選抜される研修を行った後，AGC先端基盤研究所における半年から2年の社内留学に進む。社内留学では，各部門の具体的な課題を持ち込み，起案から実用化までを複数経験することで，素材製造業に必要とされる体系的な知識と経験を習得できる。その後，自部門に戻り，データ解析による品質予測，異常検知，数理計画，製造条件最適化といった幅広い課題解決に取り組み，部門におけるデータ活用を促進する役割を担う。

　入門講座では，そもそもデータサイエンティストとは何であるのかを学び，データの種類，基本的な用語に関する知識を身につける。こうして入門講座で学んだ社員のうち，意欲が高い，もしくは素養が高いと評価された人が，次の基礎編に進むことができる。基礎編では，データサイエンスの手法を体系的，網羅的に習得する。さらに応用編では，プログラミング言語を用いてデータサイエンス業務の一連の流れを経験する。最終的には，前述したように社内の研究所に半年から2年間留学し，上級のデータサイエンティストとともにデータ

解析や課題解決に取り組む。

　入門講座〜応用編の受講生はすでに延べ1,000人に達しており，受講した社員らの意識に変化が見られるという。19年にはデータサイエンティスト1期生によって，AIを用いた自動検査システムの内製開発が行われた。このシステムでは，リアルタイムに取得する画像データから欠陥を抽出・判別することが可能で，実際にガラス製造工程へ導入し，製品の高品質化に貢献している。今後，同社の事業にデータサイエンスを最大限に活用できるよう，さらに体制を充実させている。

②　ビジネスプロセス変革とそれを進めるリーダーシップコンピテンシー

　AGCグループは，新中期経営計画 AGCplus-2023の下，デジタル技術を活用し，ビジネスプロセスの変革を行う「スマートAGC」を推進している。製造，研究開発，営業など，あらゆる業務のビッグデータを活用し，業務のさらなる効率化とともに，顧客の新たな付加価値の提供を目指しており，ビジネスプロセスの変革に求められる人財を定義づけ，それに向けた育成に取り組んでいる。

　リーダーシップのコンピテンシーも明確に定義している。2009年には，グループ経営を担う人財に求められる能力や資質を明確化した「AGCリーダーシップコンピテンシーモデル」を策定した。そこでは，8つのコンピテンシーを設定し，さらに43の具体的な行動を定義している。これをベースに，人財のレビューや配置，育成計画，さらにグループグローバル全体における後継者の選抜を行っている。リーダーシップを養うために，自ら学び考える力やモチベーション，エンゲージメント向上のために，さまざまな取組みを行っている。

　また，経営人財育成の取組みとして，グループ・グローバルレベルおよび各事業部門・地域レベルそれぞれで研修プログラムを実施している。グローバルベースのプログラムとしては，事業部長層やシニアマネジメント層を対象とする「グローバルリーダーシップセッション」「グローバルリーダーシップジャーニー」，リージョナルベースの教育プログラムとしては，地域ごとに実施する「AGCユニバーシティ」「AGCマネジメントカレッジ」などがある。

図表4-3　「人財のAGC」

一人ひとりが，持てる能力を最大限に発揮し，
個々人の総和が強い組織を創り出し，
事業戦略や組織目標が実現され，
会社と個々人の成長を生み出している

多様性（Diversity & Inclusion）の追求と個の強化

チャレンジを奨励する企業文化
多様な人財が融合するグローバル一体経営
（出所）「AGC統合レポート2021（2020年12月期）」より作成
https://www.agc.com/company/agc_report/pdf/agc_report_2021.
pdf

③　人財可視化の取組み―スキルマップと部門横断的ネットワーク活動のCNA

　一方，2010年には独自の人財データベース「スキルマップ」を構築している。スキルマップは社員を専門分野別にデータ登録しており，どの部門に，どのようなスキルを持った人財がいるかを可視化してあるため，人財の有効活用や部門や国境を越えた社員間の交流に活用されている。このスキルマップを利用し，11年には，CNA（Cross-divisional Network Activity：部門横断的ネットワーク活動）も開始した。きっかけは，1つのデータベースであった。10年，当時の社長であった石村和彦氏の発案で，AGCグループはスキルマップの整備に着手した。技術系および事務系の社員が持つスキルを，大分類40，中分類200ほどにカテゴライズし，社員が自分の保有スキルを1～3つ選んで登録するというものである。

　グローバルでカンパニー制を敷くAGCでは，各カンパニー（事業部門）がそれぞれ市場のニーズに迅速に対応してきたことが，10年に最高益を達成した要因の1つであった。

　一方で，カンパニーが独立性を高めてビジネスを行うということは，他カン

パニーとの間で人や情報の流通がしづらくなることにもつながりかねず，俗に
いう「組織のサイロ化」や「技術の蛸壺化」を招きやすいというリスクもあっ
た。スキルマップの導入は，こうした課題の解決につながった。

　しかしながら，カンパニーの事情や個人の事情によって，スキルの有無だけ
で機械的に異動を決めるようなことはできないという難しさもある。そこでス
キルマップを活用したところ，戦略的な事業の縮小や拡大などに対応する際に，
社員の現状のスキルを把握した上で配置転換や採用計画を検討でき，その有効
性は一定の効果があったという。

　また，同社のユニークなところとして，社員のコミュニティづくりにこの
データベースを活かしている点が挙げられる。CNA は，スキルマップ構築の
翌年に日本の AGC 単体でスタートしたが，会社側でスキル分類ごとにスキル
リーダーを任命し，同じスキルを持つ社員同士が部門横断で活動することを推
奨した。そうして，社内に同じスキルを持った人財が部門を超えて集まるコ
ミュニティが生まれ，それぞれのコミュニティでワークショップや勉強会が行
われるようになった。

　例えば，登録している技術に関連するトピックについて講師を呼んでの講演
会実施，社外のさまざまなところへの見学，メンバーが所属部門で抱えている
問題点について解決方法を考えるなどの交流を行っており，テーマにもよるが
年間 5 ～ 6 回のイベントを行うなど，積極的な活動となっている。CNA で部
門を超えた横のつながりができたことから，社員の視野が広がるという効果も
出ている。このように，どの部門にどのようなスキルを持った人財がいるかが
可視化されることで，機動的な人財の配置やスキルを基に社員間の交流は促さ
れた。

　ところが，CNA 活動は15年に，参加者が義務感から負担を覚えているとい
うことが明らかになった。年に一度，全スキルリーダーが集まり，経営トップ
と話をする情報交流会の席上で，「成果を求められるプレッシャー」「やらされ
感」「活動をやめたい」などの意見が噴出し，自主的な活動という趣旨と異なっ
てきていたのである。同年，島村琢哉氏が社長（現会長）に就任し，宮地CFO，
平井CTO（現社長）とともに，あくまで自発的な活動にすることとし，CNA
に生じていた義務感や使命感を持たせず，成果も求めないという方針を明示し

た。それから，スキルリーダーを中心とした活動はより活発になり，自由に展開されるようになったことで CNA は継続し，さらに定着している。

　こうした活動は島村社長（当時）のリーダーシップによるところが大きい。10年に最高益を出したが，液晶ディスプレイ用ガラスの競争環境が激化し，業績は伸び悩んでいた。

　15年に島村氏が社長となると，「AGC plus」という言葉で経営方針を表現し，One Team になることを社員に語りかけた。島村氏は各地の拠点を回って現場の社員と積極的な対話を図ったが，その活動は現社長である平井氏も引き継いでいる。島村氏の社長時代は，年間150回ほど行ったという。当初は社員側にも戸惑いがあったが，継続するうちに社員からの発言が増え，若手の有志の合宿に経営陣が呼ばれるなど，社員と経営陣との距離が近くなった。

　その後も CNA は，部門や国や地域を越えた組織横断的な自由な活動として継続されている。同様のスキルを持つ社員が部門を超えて交流し，専門性の深化やグループ視点での課題解決のための活動が行われている。この活動の費用はコーポレート部門で管理し，上司の許可を得れば勤務時間内の活動もできるという。

　CNA は自発的で目的を持った交流の場として，職場でも家庭でもない居心地の良い第三の場所（サードプレイス）になっている。

　18年に，ある大学院教授から「CNA は社内のつながりを生み出すサードプレイスである」と高く評価され，同社としてもその理念を再定義している。サードプレイスとは，個人にとって自宅（ファーストプレイス）や職場（セカンドプレイス）とは異なる，第三の居場所を指す言葉となっている。同社が目指しているのは，CNA を「個人が自己成長のために自発的に参加したいと思う場所」でありつつ，そこでの交流が「知の創造や組織の成長につながるような場所」にすることだという。

　21年から始まった人事部門中期計画では，「人財の AGC」実現に向けたレジリエンスな組織の構築を目指すとともに，サステナビリティの考え方を基軸とし，AGC グループの企業価値の継続的向上を目指すとしている。

　これを支えるのは多様性の追求で，さらにそれを支えるのはエンゲージメントである。そのために継続的な社員のエンゲージメント向上を図り，さらに日

本における働き方の大きな変化にも柔軟に適応できる組織づくりを目指している。

④　2021年からの新たな取組み

　AGC では，2021年からデータサイエンティストの育成に加えて，次の2つのカリキュラムを開講している。

〈各部門の上級管理者向け DX 戦略立案研修〉

　各カンパニー・コーポレート部門において，DX 戦略の立案に携わるシニアマネジャー層を選抜し，自社，および他社での取組み事例を踏まえたケーススタディ，最新の技術動向などを踏まえ，自身が所属する部門での DX プランを立案する。部門の方針に直結した実現可能性の高いプランを描くとともに，DX を推進する部門のリーダーとして自身の役割を認識し，意識を高めることを主な狙いとしている。向こう3年で100人程度のリーダーを輩出する計画である。

〈製造現場の技能職向けデータ利活用研修〉

　工場の技能職社員に向けて，現場の改善活動にデータを上手に利活用している自社・他社の事例を紹介することで，従来の勘・コツに加え，現場の可視化によって，より的確な判断ができるということに関する研修機会を提供する。半日程度の講習の後，実際にデータを使った改善テーマをピックアップし，自部門の改善活動に活かしていくこととしている。

　同社ではこのように，上級管理者，データサイエンティスト，製造現場の技能職といったそれぞれの職務に応じて，必要とされる DX のスキルが身につけられる多層的な研修体系を整備している。

2　ロート製薬の人財流動化と育成

(1)　企業概要

　ロート製薬は1899年創業の製薬会社で，目薬，スキンケア製品などが主力製品であり，2021年3月期の売上高は，約1,813億円となっている。

⑵　複業解禁による社員のキャリアアップ支援

　　ロート製薬では，社員のキャリアアップのためにさまざまな経験を積める仕組みを整備している。ここでは，「社外チャレンジワーク」「社内ダブルジョブ」と「社内起業化支援プロジェクト『明日ニハ』」について述べる。

　　同社のこういった仕組みは，空いた時間で別の仕事をする「副業」というより，今後の社員のキャリアアップに向けて，経験やスキル向上を目指す「複業」として設計されている。

①　社外チャレンジワーク，社内ダブルジョブ

　　ロート製薬では，2016年2月24日に「社外チャレンジワーク」「社内ダブルジョブ」という制度の導入を発表している。「『ロート製薬』という会社の枠を超え，より社会へ貢献し自分を磨くための働き方ができるよう」といったことが狙いとなっている。

　　社外チャレンジワークは，土日祝日および終業後に収入を伴った仕事をすること，つまり兼業を認める枠組みである。社内ダブルジョブは1つの部署にとどまらず，複数の部門・部署を担当できる。どちらも社員の立候補によるものを審査し，その目的は，社員が自分のキャリアを考え，社内外問わず挑戦する機会を後押しするということである。社員が人事部門に届出を行い，所属部門の上司との面談を経て認可となる。当然ながら，属している組織と利害関係のない組織であること，同社の守秘義務を守ることを前提に，個人の可能性を伸ばす一助になると考えている。

　　このように社員に複業を認可することは，同社が社外チャレンジワーク制度の導入にあたって「会社の枠を超えて培った技能や人脈を持ち帰ってもらい，ロート自身のダイバーシティー（多様性）を深める狙いがある」と述べているように，積極的な意味で会社が得られるメリットも小さくはないという。

　　同社はもともと目薬を製造する会社だったところから，現在はスキンケアを主力事業とするなど，常に新規事業の育成に重きを置いている。新規事業への種まきという意味でも，「美と健康」に紐づく多様な経験によって得られるメリットも大きいだろう。社員が築いた外部人脈は新規事業参入のきっかけにも

なり得る。さらに，社員に多様性を持たせることで，自社のビジネスを積極的に多角化したり，保有する技術が応用できる可能性を広げたりすることにつながり，同社の競争力を高めているとも考えられる。

例えば同社では，地方創生や地方産業に携わろうと考えている人が増えており，創業家の生誕地である奈良県宇陀市に部長クラスの社員3人を派遣した。3人は，若手社員たちのコーディネートの下，オーガニック野菜畑で働き，地方でどのような問題解決ができるのかを考えた。こうした経験は，何のために生きているのか，自分は何者であるかを考えるよい経験になるという。

派遣された部長クラスの男性は営業の現場から離れ，3カ月で何ができるかについて地域の人々と議論をしたことにより，その後の部下への接し方が大きく変化したという。もともと大きな営業テリトリーを持つ部長であったが，部下が頑張ってくれれば自分がいなくても仕事は回ることがわかり，部下を管理・指揮命令をするのではなく，サポートする形に変えた。その結果，部下に対する理解力が高まり，組織をリードする力が醸成されたという。

会長は，社員がこのように複業した結果としてロートを巣立っていってもいいと考えている。なぜならば，社員は会社のものではないと考えているからである。同社は，複業により社員に成長する機会を与えることで，さまざまな視点を持つ社員が増え，生産性が高まり，新規事業を生み出す組織の力が増すと考えている。

② 社内起業家支援　プロジェクト「明日ニハ」

また，ロート製薬は，社員の起業を支援する社内プロジェクト「明日ニハ」を2020年4月より始動し，21年3月31日までに新会社を3社設立している。「明日ニハ」はもともとプロジェクトベースで運営されていたが，21年6月に正式に部署として新設されている。

同社は社会に貢献する「自立した人」を輩出するため，これまでも複業解禁をはじめとした人事制度や社内プロジェクトに取り組んできた。社会課題に向き合い，自身の思いとアイデアを基に起業する社員を支援することで，会社の枠に捉われないマルチジョブな働き方を推進している。

「明日ニハ」は社内ベンチャー制度のようなものであるが，2つのユニーク

なポイントがある。1つは，会長や役員だけではなく，全社員が審査員になっている点である。もう1つは，賛同した社員から社内通貨による出資を得てプロジェクトを成立させるというクラウドファンディング形式であるという点である。この「明日ニハ」を始めた目的は，社会課題を解決したいという社員の思いを実現し，実際に事業化に挑戦する機会を与えることである。

「明日ニハ」に取り組む社員は「明日ニスト（挑戦者）」と呼ばれるが，まずビジネスプランを作成し，「エントリー」する。それから「プレシード」「シード」を通して熱意や事業の実用性や収益性，計画の詳細について明日ニハ事務局の審査を受け，全社員向けにプレゼンテーション，「ピッチ」を行う。その結果，賛同を得られた「明日ニスト」は，「アーリー」へと進んで会社設立となる。その後，「ファースト」で事業の継続判断，「セカンド」で黒字化を目指すという道筋である。

全社員が参加可能なプレゼンテーションでは，「なぜこの事業をしたいのか」という夢を語り，応援者を募る。このステージを乗り越えなければアーリーへは進めない。全社員にジャッジしてもらうことにこそ意味があるという。

審査では，事業計画書だけではなく「明日ニスト」の思いを重視している。絵に描いた餅のような事業計画書では，「シード」から「ピッチ」に進むことはできない。実現可能か，マネタイズができるのかといった部分は確かに大事だが，未熟な計画書であっても熱意を重視して審査している。事業計画書に改善の余地があれば，事務局メンバーがサポートしつつ，「プレシード」「シード」とステップを踏んでいく。

図表4-4　「明日ニハ」選考プロセス

（出所）ロート製薬提供資料より作成
https://www.rohto.co.jp/news/release/2021/0409_01/

　経営に接する機会が多い社員であれば事業計画書は上手に書けるが，接する機会のない社員は事業計画書を書くことに慣れていない。それを事業計画書の審査で落としてしまうことがないように，事務局スタッフがサポートをするのである。「明日ニハ」に提出する事業計画書の内容は，同社が30年に向けてありたい姿を示す経営ビジョン「Connect for Well-being」にマッチしているかどうかが主な条件となっている。Well-being とは，人々が心身ともに健康であることはもちろん，社会的にも健康な状態を保ちつつ，毎日幸せを感じながら生活を送れる状態のことである。

　「ピッチ」で事業計画書のプレゼンテーションを聞いた社員は，賛同できると感じた事業計画に社内クラウドファンディング経由で投資を行う。ここで使われるのは社内通貨である健康コイン「ARUCO」である。「ARUCO」は，全社員が持つ活動量計などで日々の歩数や早歩き時間を計測した結果やスポーツ実施，非喫煙など，健康習慣の実施状況に応じて加算されるものである。貯まったコインは同社が運営するカフェレストランでの支払い，あるいは社内セミナーや自己研鑽につながる社内研修への参加に利用できる。プレゼンテーションを聞いた社員が，自分のために使えるこの社内通貨を応援ポイントとして投資する仕組みになっており，起業するには高い熱量で社員の心を動かすことが必要になっている。

3　タニタの「日本活性化プロジェクト」

(1)　企業概要

　タニタは，家庭用・業務用計量器（体組成計，ヘルスメーター，クッキングスケール，活動量計，歩数計，塩分計，血圧計，睡眠計，タイマー，温湿度計）などの製造販売を行っている。従業員はグループ全体で1,200人である。

(2)　日本活性化プロジェクト

　2008年に谷田千里社長が就任した際，2つの懸念があった。1つは，経営状況が悪化したときの対策である。特に業績が悪くなった際，人材の流出をいかに防ぐかということであった。もう1つの懸念は，社員が力を十分に発揮でき

るように，いかにやる気が出る仕掛けを設けることができるかである。

　人は「やらされ仕事」では実力を発揮できない。そればかりか，やらされ仕事はメンタル不調の原因にもなりかねない。十分に力を発揮できるようにするには，雇用という枠にとらわれずに会社と個人の関係性を見直し，個人事業主として業務委託契約を結ぶ「日本活性化プロジェクト」のアイデアにたどりついた。

　日本活性化プロジェクトに至った背景には，残業を減らすことのみにフォーカスした働き方改革では経済全体の衰退を招きかねないという問題意識もあった。もちろん，過労死を招くような長時間労働はなくしていくべきであるが，残業を減らすことのみにフォーカスをすると，生産性が下がるのはもちろん，個人の成長やモチベーションも減退してしまう。その結果，企業の活力そのものが失われてしまうのではないかという問題意識である。残業時間を減らすことにフォーカスをするのではなく，1人ひとりの社員が仕事にやりがいを感じて主体性を持ち，労働生産性を上げることこそが大事だといえる。やりたいことをできれば心身ともに健やかに働ける，そしてそれが同社の目指す健康経営にもつながると考えている。

　同社は「健康づくり」を事業としており，「からだの健康づくり」をサポートする集団健康づくりパッケージ「タニタ健康プログラム」を展開している。一方，日本活性化プロジェクトは会社と個人の関係性を見直すことにより，それぞれの働き手個人に合った業務委託契約を締結することで，健康的な働き方を実現しようとしたものである。いわば「心の健康づくり」にフォーカスした取組みである。その仕組みづくりは，谷田社長とともにその考え方を早期に共有を受けた経営本部社長補佐の二瓶琢史氏が主導してきた。

　日本活性化プロジェクトは，希望する社員は誰でも手を挙げることができ，会社と合意に至れば個人事業主として独立し，会社から業務を受注することができる。同社のグループ従業員1,200人程度のうち，日本活性化プロジェクトの対象は本社所属の約230人である。検討段階では性格傾向テストを行い，環境変化に適性の高い上位50人に絞って提案することを考えたが，労働組合の意向もあり，本社所属の全員を対象とした。主体的に働くための取組みなので，本人の希望による公募とした。

　社員から個人事業主への移行は，事務工数の関係から年1回，決まった時期に実施。10月に募集をかけ，希望者は規定フォーマットで意思表示をする。希望者には，二瓶氏が税理士などと作成した検討用資料を提供し，具体的にイメージできるようにする。また，経験，能力，業務内容などの理由で業務委託に向いていない場合は，事前に業務委託契約が結べないことを告知する。こうしたプロセスを経て，本人と会社が合意した場合，年内に退職届を出し，正式に業務委託契約を締結し，翌年1月から個人事業主として仕事をしてもらう流れとなっている。上長との調整については希望者が自分で相談することとなっている。

　移行時の報酬は，前年の給与・賞与などを基に会社が負担していた社会保険料などを含めて決定する。2年目以降は，本人と業務発注者である部門長との間で個別交渉となる。

　部門長は発注者という立場であるため，人事考課ではなく，仕事の質や成果で評価される。アウトプットをしっかり評価・理解してもらえば増額されることもある。

　同社はこの仕組みにより，希望する社員が業務委託の契約を締結することで「自分の仕事をする」という主体性を生み出し，個人のライフステージやライフスタイルに合わせた働き方を選択することで，労働生産性も高めようとしている。それぞれが経営者の視点で物事を考えるようになるため，やらされ仕事をするのではなく，会社と対等な関係で長く付き合っていける状態を構築できると考えている。

　本プロジェクトの大きな特徴は，会社の負担を押さえつつ，会社に貢献する人の「報われ感」を最大化し，やる気を最大限に引き出すことである。業務委託契約であるがゆえ，引き受けるかどうかは本人の選択であり，引き受けた以上は自分の仕事として主体的に進めることが期待される。また，人によってライフステージに応じたさまざまなイベントがあり，ライフスタイルも異なる。こうした個人に対して単一的な働き方を強要していては，そのポテンシャルを十分に発揮してもらうことができない。そこで，現在，国を挙げて行っている労働時間の短縮へのクローズアップにはとどまらないことが必要だと考えた。

　谷田社長の考え方に「筋肉理論」というものがある。筋肉は組織が壊れるく

らい負荷をかけるとその反動で成長する。同様に，仕事は踏ん張りどきがあり，そこで頑張ると成長する。個人事業主になることで自由度が高まり，覚悟をもって取り組めば，自立と成長が促されると考えている。

　社員の不安を緩和する工夫もしている。当初，日本活性化プロジェクトについての考え方を社内で説明したところ，不安の声が挙がった。その多くは，収入や社会保障面の不安定さについてであった。役員や管理職からは，指揮命令権がなくなることによる組織崩壊や人材流出への懸念も寄せられた。

　こうした不安を取り除いたのは，移行時の処遇と3年契約の1年更新という安定性の確保である。まず移行時の処遇は，社員時代の内容をベースに契約することとしている。業務内容は，その人が担当していた仕事を委託することとし，報酬は社員時代の給与・賞与を業務委託報酬のベースとしている。ただし，退職金や社会保険料相当額，残業代も含めた金額とし，移行への不安を大きく引き下げている。そのため，基本的に手取り収入は社員時代より増え，移行後も収入の安定性が確保できる仕組みとなっている。社員時代に会社が負担していた社会保険料相当額も報酬に組み入れられるため，個人事業主として自分に必要な保険を選んで加入できる形となっている。

　こうして，従前から行ってきた業務から継承される基本業務とそれに対する基本報酬を定めた上で，契約項目以外にスポットで依頼する追加業務や契約項目で想定されている以上に大きな成果を上げた場合には，成果報酬を支払う設計としている。こうした報酬の設計は，報酬が不安定になるのではないかという不安を大きく取り除くことに寄与している。

　さらに，3年契約の1年更新という安定性の確保も，不安を取り除く上で重要なポイントである。1年経ったところであらためて業務内容や報酬の見直しを行い，新たに2年契約を結ぶという仕組みである。会社もしくは個人の要望で解除する場合，既存の契約を2年間継続するものなので，個人にとってはいきなり契約が解除されて収入が途絶えてしまうリスクをなくしている。会社にとっても，2年間は今までどおりの仕事をしてもらえるのでメリットが大きい。もちろん，双方の合意があれば契約期間満了前に契約解消もできる。

　こうした改革には，マネジメント側の意識改革が非常に重要であるという。管理職は彼らには，社員に対するような業務指示はできない。命令や指示はで

きないが，仕事をうまく回すための調整は必要となる。仕事の状況を共有し，認識をともにするといったコミュニケーション力を高めなければならなくなっているのである。そういった意味では，業務を発注する側の改革であるともいえる。一般的に管理職は，優秀な部下が辞めないようにという発想になりがちだが，個人の働き方は多様性が高まり，むしろ会社と個人がお互いに依存しない，より良い関係をつくっていくことが不可欠になってくる。

この取組みに企画当初から携わってきた二瓶氏は，谷田社長から日本活性化プロジェクトの構想を聞いた際は驚いたという。しかし，タニタ食堂のときなど，後になって振り返ると，その先見性に驚かされてきたことから，いかに谷田社長の構想を実現できるかを考え，取り組んだ。

二瓶氏は，「もし，他社が同様の取組みをするのであれば，その取組みをメインで回す人が必要であり，まずその人自身が実践することが必要だ」という。自分が社員の立場のままで実施しようとしても，机上論では推進できないからである。また，自由意志で応募してもらうことが前提であるとしても，最初は社長に近い人から展開することがよいという。そうすることで「労働法逃れ」ではないと安心してもらえる。

同社では社員に副業を解禁していないが，個人事業主であれば，タニタ以外の仕事をすることも原則自由となる。他社から仕事を得るには自分がスキルアップしなければならない。個人事業主に定年はないが，長く働くためには，個人が成長し続けることが必要であり，そうした自覚を持ち続けることが求められている。成長し続ける個人が増えれば，タニタも成長し続けることができる。そしてこの取組みが日本全体に広がることで，日本全体の底上げになると考えている。「日本活性化プロジェクト」という名称には，そのような思いが込められているのである。個人事業主の目標人数は定められていないが，外部環境の変化があり，副業解禁などの動きも加速していることから，今後，この比率はさらに高まると思われる。

この取組みは，働く人に対してメリットもデメリットももたらしている。メリットは，個人にとっては手取り収入が増加する，幅広い仕事を経験することで，スキルの向上や能力開発につながる，業務委託契約は毎年見直すため，仕事の内容や分量を変えることができる，働く時間や場所を自分で決められるた

め，行動の自由度が上がるなどがある。

　デメリットとしては，収入の安定が確保されない，確定申告をしなければならない，自己コントロール力やライフプランニング力が必要になる，などがある。しかしながら，求められるスキルを常に意識し，自己研鑽するには，自己コントロールやライフプランニングは身につけなければならないものである。

　個人個人がこうしたスキルを身に付ければ，日本企業は変わっていくことができるということである。

　日本活性化プロジェクトは，17年の開始当初は8人の希望者でスタートした。谷田社長と二人三脚で本プロジェクトの仕組みをつくり，自ら第一号のメンバーとなった二瓶氏は，「プロジェクト全体として，職種や年齢にとらわれず，最も大事なのは本人の意思でやりたい人が手を挙げて参画することである」と語っている。その上で，社内でこの取組みに対する理解を図り，不安を抱かずに手を挙げてもらえるようにした。また二瓶氏自らが先陣を切ってメンバーになることにより，ほかの社員に安心感をもってもらえるようにした。

　当初は，本プロジェクトを企画検討していた二瓶氏が先に1年間試行してみて，その後，社内で説明を行うことを考えていた。しかし谷田社長は「理解できる人がいるはず」と考えており，最初から社内に公募をかける方針としたところ，二瓶氏以外に7人が参画意思を表明した。

　21年で5期目となり，社員から転じたメンバーは30人を超えている。性別や年齢に偏りはなく，人数としては，30代以降の比率が高い。職種は，営業系，企画系，事務系などさまざまである。最初に手を挙げた8人は社長と仕事をした経験が豊富で，社長のいうことであれば大丈夫だと感じて決断した人も多かった。2期目は第1期メンバーがまだ契約更新していない段階での募集であったため人数が減少したが，3期目では第1期のメンバーが誰も不利な立場とならず，収入を増やしていることを耳にして，希望人数が増えた。このほか，社員からの移行ではなく，直接業務委託契約を結んだ人も複数いる。フルタイムでは働けないが，個人事業主としての自由な働き方であればということで選んだというメンバーもいる。

　第1期メンバーの経済効果としては，手取り収入が平均28.6％増加している。最大では68.5％，最小でも16.3％の増加が見られた。

　これに対して，タニタが会社として負担している総額は1.4％の増加のみになっている。

　また，プロジェクトメンバーは，互助組織であるタニタ共栄会に加入することにより，会社の施設・備品などの利用が可能となる。会社の各種イベントに社員と同様に参加が可能で，確定申告についても税理士法人からのサポートが受けられるなどのメリットがある。

　プロジェクトメンバーが抱える，ローン問題など個人事業主の社会的信用度を担保する取組みも検討しているという。タニタ共栄会の運営資金はメンバーの会費から拠出されている。このような仕組みを持つことで，個人事業主を支援する仕組みも充実させている。

　タニタは，今後も日本活性化プロジェクトを推進することにより，より働きがいが持てる会社と個人の関係性を構築していくだろう。

③　生産性向上のための人材可視化と人材流動化

　日本企業が生産性を向上させるには，人材を流動化するための可視化と人材市場の形成が必要となる。その実施項目として，①経営戦略に基づく人材像の明確化とキャリア意識の醸成，②人材の可視化と要員計画への落とし込み，③社内人材を流動させるための仕組みづくり，④企業間で人材を流動させる仕組みの構築，がある。

1　経営戦略に基づく人材像の明確化とキャリア意識の醸成

　生産性を向上させるには，まず，人材要件を明確にしておかなければならない。そして，経営戦略と人事戦略の連動が不可欠である。

　AGCは，創業時のガラス事業から大きく事業内容を転換するために人材育成に力を入れ，激しく変化する時代の要望に応えられる体制づくりをしている。特にデータサイエンティストの育成に力を入れている。これは同社が素材の会社として開発力を強化するためには，デジタル技術をフルに活用した開発プロセスによるイノベーションが欠かせないと考えているからである。企業が目指す事業の方向性・戦略からどのような人材が必要なのか，社員に明確なメッ

セージを出すことがポイントだ。会社がどのような方向に向かおうとしているのか，社員にどのようなスキルを求めているのかを明確に伝え，自覚を高めてもらうのである。

　日本企業はいまだに終身雇用が多いため，就職イコール就社になりがちである。一度，与えられた雇用が失われることはそう多くない。これが従業員のキャリア意識の醸成を阻害している。会社が求める人材像を明確にすることは，従業員の視点からは，自分がどのような人材になるべきかを示す道標となる。

　社内のマーケットで求められている人材像を意識しつつ日々の業務にあたる意識を醸成させることが必要だ。

　一方，企業は従業員が学ぶ機会を提供する。そしてその際，全員に均一な教育を受けさせるのではなく，やる気に応じて提供するプログラムを分けていくべきである。AGCは受講生の意欲と素養から受講させる教育を分けている。入門講座から応用編へと段階的に選抜される研修を行った後，AGC先端基礎研究所へ半年から2年の社内留学へと進めるようにしている。

　これまで日本企業は，社員に対して均等な研修の受講機会を与えてきたが，これからは社員のキャリア意識を高めるためにも，社員の意欲や素養に応じて受けられる教育を変えていくべきだろう。

2　人材の可視化と要員計画への落とし込み

　日本企業はビジネスモデルを大きく転換する必要に迫られており，それを推進できる人材をいかに育成または獲得するかという問題に直面している。事業のデジタル化に伴うビジネスモデル変革は，社外から高い専門性を有する人材を獲得しなければならないケースもある。この場合は，役割を明確に定義すると同時に，その役割の人が活躍できる組織としての業務プロセスを定めておかなければならない。

　日立製作所では，Lumada事業を牽引するため，顧客の業務知識に詳しく，ソリューションの適用を推進できるドメインエキスパート，本質的な課題の発見ができ，解決策の策定ができ，顧客と合意形成ができるデザインシンカーなど，役割を明確にしている。そしてこうした人材が活躍するための事業開発プロセスである「NEXPERIENCE」を定義している。このように人材の役割や

業務プロセスを定義してはじめて，外部から獲得した人材は活躍できるのである。

　日本企業で獲得した外部の専門家が活躍できないのは，その高い専門性を発揮するための組織の受け入れ風土，業務プロセスがないからである。たとえ専門性が高くてもすべてを1人ではできないもので，活躍するためのプロトコル，つまり共通ルールがどうしても必要になる。それが共通化された業務プロセスだといえる。

　こうした人材の可視化と業務プロセスの策定は，大企業では膨大な時間がかかる。そのため，代表的なスキルセットを明確にし，それを保有する人材がどこにいるのかを探しにいくことと並行しながら，できるところから手をつけることにより，なるべく早く成果を刈り取れるようにする思考も必要だろう。

3　社内人材を流動させるための仕組みづくり

　終身雇用である日本企業は，人材に流動性を持たせることが欧米企業と比較するとはるかに難しい。欧米企業であれば，解雇もしくは社員自らキャリアアップ目的の退職，あるいはキャリア採用などで人材は常に入れ替わる。しかし，日本では人材の入れ替わりが少ないため，新しいスキルを持った人材を柔軟に雇用するのが難しいのである。

　データサイエンティストなどの人材は日本企業には圧倒的に足りないので，外部からの獲得を行っている企業もあるが，現在いる社員を解雇するわけではないから，固定費は膨らむばかりだ。そこで既存の社員の質的転換が求められる。そのため，社内で人材を流動化し，必要としているスキルを保有している人材を可視化した上で，キャリア形成の機会をオープンにして人材を流動的に起用していく仕組みをつくりたい。

　例えば，全社横断のプロジェクトのようなものは，求められるスキルを持っている人材をアサインすることにより，社員のキャリア形成を図ることなどが考えられる。全社横断のSCMのプロジェクトがあるとしよう。

　プロジェクトを推進する情報システム部門，SCM部門だけでは推進力不足である。なぜならば事業の調達，製造，販売，サービス横断して変革をした経験がある人材がいないからである。

　問題は，こうした人材が人事レコード上では見えていないことが多い点である。もちろん，どのような経験をしているのかが可視化されていることと，こうした人材を全社横断のプロジェクトに有機的に起用できるような仕組みも欠かせない。こうしたプロジェクトの場合，有期でのアサインとなるが，その間，全社横断のプロジェクトを経験すれば視野を広げることができ，業務改革などの経験ができる。その間はできれば兼務ではなく専任にして，プロジェクトが終了した時点で元の職場に返し，人材を出す側の抵抗感を下げるなどの工夫も必要だ。どの部門であれ，優秀な人材は出したくないため，囲う傾向がある。そうなると声がかかるのは常に同じ人材で，いくつものプロジェクトを兼務して多忙を極めるため，中途半端な参画になりがちである。

　人材育成の観点でいえば，こうしたプロジェクトで経験したことを人事レコードに載せることでキャリア形成ができる。それであれば，プロジェクト期間中は専任としてもらい，終了したら元の部門に帰る形にしてアサインするほうがよい。日本企業の問題は，こうしたプロジェクト参画者に常連メンバーが参画することが多いが，彼らは善意から兼務で参画しており，人事レコードには残らない。

　もちろん彼らの視野は広がるが，明確なキャリア形成にはならないのである。こうした経験を積んだ人材は企業にとっては貴重であり，将来の幹部候補として人事レコードに残しておきたいところである。

　また，ロート製薬の事例で述べた「複業（副業）」も有効な策である。企業内で同じ職場に長く所属していると，視野がどうしても限定的になってしまう。これは職場による囲い込みが引き起こしている。異動を要望しなければ，もしくは優秀な社員としてローテーションに乗らなければ，同じ職場に長年とどまるケースも多い。社員のキャリア意識を醸成し，複業（副業）などにより社内でのキャリアパスを広げたい。

4　企業間で人材を流動させる仕組みの構築

　社内にとどまらない人材流動化も必要だ。一企業では十分な成長機会がない場合も多いからである。ここでは，①レンタル移籍制度，②社外副業，③個人事業主として業務委託契約，について述べる。

(1) レンタル移籍制度

レンタル移籍制度はパナソニックなどでも行われている制度である。起業間もないベンチャー企業などに社員を派遣し，事業立ち上げなど，社内ではなかなかできない経験をさせることができる。ローンディールが企業間レンタル移籍プラットフォーム事業を推進しているが，NEC，パナソニック，東芝テックなど多くの企業が利用している。社員は元の企業に在籍したまま，1年などの期間を決めて他社で働くことで，事業の立ち上げや組織開発などのスキルやノウハウが足りないベンチャー企業に人的支援をすると同時に，自社の人材育成ができるという仕組みである。

人材育成の場が欲しい大企業と，組織開発などを推進する人材が欲しいベンチャー企業の間をつないでおり，日本的な人材流動化の創出に寄与している。

大企業からベンチャー企業へは，ローンディールのプラットフォームを通じて派遣が行われているが，製品を使用するユーザーの顔を見ながら，製品開発・改良をスピーディーに行うという大企業ではできない事業開発経験を積めるなどの成果が出ている。

(2) 社外副業

社外副業については，ロート製薬が行っているように「複業（副業）」として社外で経験を積むことにより，視野を広げ，スキルを向上させることができる。ロート製薬の「社外チャレンジワーク」制度では，会社の枠を超えた技能や人脈を獲得でき，同社のダイバーシティが推進されている。それを新規事業の種まきに活かそうとしている。自社のビジネスの多角化，技術の応用できる範囲を広げ，同社の競争力を高めることにもつながっている。

あるいは，企業の広報担当の女性がオリンピック・パラリンピックの組織委員での副業をすることで，スポーツ支援やSDGsについて学ぶことができ，ビジネスで周りを巻き込む方法や観客を楽しませる工夫など，本業である広報にも効果が出ているという事例もある。また，オリンピックはサステナビリティに配慮していることから，ごみの分別やリサイクルなど緻密に計算された会場設営がなされるが，こうした部門横断の取組みが本業の取組みに活かされるな

どの効果も出ている。

(3)　個人事業主としての業務委託契約

　個人事業主としての業務委託契約は，社員を個人事業主とすることで，やらされ仕事ではなく自分の仕事としてやりがいを最大限に感じられる環境をつくる有効な方法である。

　これは人材の流動化にもつながる。

　この仕組みのメリットは，契約を結ぶ個人に定年までの保障がなくなるので，働く人としての「主体性」に磨きがかかり，緊張感もって仕事に取り組んでもらえるということである。また，個人事業主として社内外の仕事を請け負うことで，視野が広がったり，スキルアップにつながったりするという効果もある。人脈もそれまでとは比較にならないほど広がるであろう。こうした自由な仕組みがあることに引かれて，優秀な人材が来ることも期待できるかもしれない。

　もちろん導入にあたってはデメリットもある。雇用関係が解消されるため，労働基準法が適用されず，残業代は出ない。休憩も休日も関係ない。労働者ではなくなるので，労働者災害補償保険も対象外となるが，これはタニタが実施しているように，会社が負担していた社会保障費相当額を基本報酬に組み入れ，報酬を設計する仕組みにするなどの対応で，個人事業主にとってもメリットが感じられる仕組みにすることは可能だ。

　個人事業主がそれを原資の一部とし，強制保険である国民年金や国民健康保険だけでなく，さまざまな民間保険を組み合わせ，個人事業主もしくはその家族に必要な社会保障を構築することもできる。そのような仕組みを個人事業主に説明し，納得してもらうことが大事だ。タニタのように十分に説明を重ね，運用していくことが成功の秘訣であろう。

　日本企業の生産性の低さは，喫緊に解決しなければいけない問題である。そのためには人材の流動性を高めることと同時に，人材は常に求められるスキルを獲得して，企業内にとどまらず流動する仕組みをつくり上げることが求められる。難題ではあるが，できることから着実な取組みが求められる。

第 5 章

PL 中心の経営からの脱却

① PL 中心の経営の問題点

　日本企業が経営計画を立案する際，これまでは売上や営業利益，経常利益といった損益計算書（PL）に書かれる指標を中心に考える傾向が強かった。そのため，事業活動を推進する部門も PL を中心に考える。売上，利益，マーケットシェアなど，目標を設定して事業を推進する。その一方で，貸借対照表（BS）に表れている資産に対して，それがどれだけ活かされているかについての議論はあまりなされない。リストラをするために遊休資産を売却するときなどを除き，平時から BS について議論することが少ないのが日本企業の特徴である。

　もちろん，BS についての議論があまりなされていない一因として，目標を事業部門に落とし込む難しさもあるのかもしれない。

　PL の指標であれば，製品をどの程度販売するか，それによりどれだけの利益を上げるかなど，事業部門ごとに目標を落とし込みやすい。逆にいえば，BS を使った目標設定は難しかったということがその背景にある。例えば工場設備など，複数の事業部門をまたいで使用しているものは，事業部門ごとに配分しなければならないが，そういった作業を各事業部門に納得してもらうのは難しい。

　一方で，総資産回転率など資産の稼働に対して関心が向かないなど，PL 中心の経営にも欠陥がある。企業は保有する工場などの設備，営業拠点，保守網などの資産を回転させて利益を生み出す。PL 中心に経営するということは，資産を回転させた結果として生み出される利益だけを見ることになる。その結果，在庫などの流動資産，売掛金の回収，設備などの固定資産の稼働状況，特許などの無形固定資産の活用状況，キャッシュ・フロー（CF）の状況などに対する管理のフォーカスはどうしても甘くなる。そのため，利益は出ているがキャッシュ・コンバージョン・サイクル（CCC）が悪い，在庫が過剰にある，という企業も多い。こうした企業は大きな機会ロスをしていることになる。BS 指標にフォーカスし，売掛金の回収，棚卸資産，仕掛品の回転を注視して企業活動をするだけで，フリー・キャッシュ・フローは大きく増加するのである。

　自社の資産を把握し，それらを常に有効に活用する。活用されていない資産であれば，常に入れ替えを考えていかないと，株価／1 株当たり純資産で計算される日本企業の株価純資産倍率（PBR）は高まらない。

　東京株式市場で，PBR が 1 倍を下回る企業は決して珍しくない。純資産は，会社の資産のうち株主全体で保有している資産であり，会社が活動をやめて資産を分けた場合，株主に分配される資産であるため，解散価値と呼ばれている。この純資産を 1 株当たりで表したのが 1 株当たり純資産である。PBR は株価と 1 株当たり純資産を比較しており，PBR が小さいほど株価が割安ということである。

　PBR が 1 倍を割るということは，解散価値よりも会社の評価が低いということなのである。つまり，投資して解散すれば投資以上のお金が戻ってくるということである。

　PBR が 1 倍を上回る企業は，東証一部上場2,182社中1,192社（21年 9 月現在）。逆にいうと990社，45％もの企業が 1 倍を下回っているということである。それは，十分に価値をもたらせていない多くの資産を BS の上に保有しているといえるのではないか。BS にフォーカスして，資産効率を高めることに着目していかなければならないのではないだろうか。

② 先進企業事例

　BS にフォーカスした経営を行っている企業として三菱重工業とオムロンを紹介したい。

1　三菱重工業 BS 重視の経営

(1)　企業概要

　三菱重工業は，エナジー，プラント・インフラ，物流・冷熱・ドライブシステム，航空・防衛・宇宙のドメインで構成される重電・機械メーカーである。2020年度の売上収益は 3 兆6,999億円のグローバル企業である。

(2) 構造改革

　三菱重工業は厳しさを増す事業環境に対応するため，佃和夫氏，大宮英明氏，宮永俊一氏の３代にわたる社長時代に全社の構造改革を推進した。佃氏は主に機構改革を進めたが，2008年９月，リーマンブラザーズの経営破綻を機に発生したリーマンショックにより，同社の業績，特に財政が大きく悪化し，現状のままでは資金繰りもままならないという強い危機感から，大宮氏は業務プロセス改革に力を尽くすことにした。この業務プロセス改革について述べたい。

　同社では，それまで少しずつ進めてきた機構改革の集大成として，11年４月にそれまでの事業本部制（縦軸）と事業所制（横軸）のマトリックスで行ってきた組織運営を完全に改め，事業部門（縦軸）とコーポレート（横軸）とする新たな体制に移行した。従来は事業所があたかも１つの会社のような運営を行っていたが，各事業所の傘下にあった事業を９つの製品別事業部に集約し，さらに宮永氏が社長時代の13年10月には，顧客・市場を軸にして「エネル

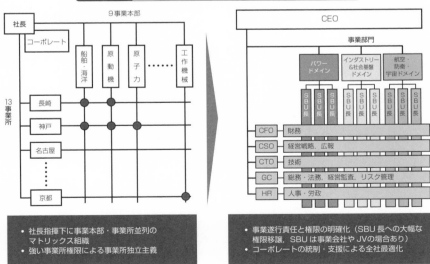

図表5-1　三菱重工業におけるドメイン制度への組織再編

＊　SBU：Strategic Business Unit
（出所）　三菱重工業提供資料より作成

ギー・環境」「交通・輸送」「防衛・宇宙」「機械・設備システム」の4つの事業ドメインに集約・再編している。このドメイン制度により，事業所最適の経営から脱皮して，顧客・市場を軸として全社リソースを横断的に活用するための意思決定ができるようになった。事業所に囲い込まれて活用されなかったリソースがリリースされ，全社的な観点からそのリソースを必要とする事業へと再配分することが可能になった。

　さらに，ポテンシャルが高い事業により多くの投下資本が割り当てられる一方で，事業性・収益性・財務健全性の劣る事業へのリソース投下資金配分が絞られ，その結果，数多くのM&Aが実施された。

(3)　戦略的事業評価制度の導入

①　戦略的事業評価制度の概要

　こうした改革の中で，三菱重工業の財務基盤を強固にしたのが，後に代表取締役副社長CFOとなる小口正範氏が中心となって2012年度に導入した戦略的事業評価制度である。

　この評価制度では，事業部門を基軸にする体制への移行後，事業を64の戦略的事業単位（SBU：Strategic Business Unit）に分け，各SBUを「事業性」と「収益性・財務健全性」の2軸のマトリックス上にマッピングして各事業のライフステージを可視化し，経営陣がどの事業に資源を配分するべきであるのか明確な意思決定ができるようにした。また，SBUごとにBS，PL，キャッシュ・フロー計算書を作成することで収益性と財務健全性を把握し，これに市場成長性や自社の位置づけから判断した事業性とのマトリックスで格づけを行い，格づけに応じて計算される許容D／Eレシオとデットレートにより，SBUごとに投下資金限度額と加重平均資本コスト（WACC）が自動的に決定される仕組みを構築した。こうすることで恣意性の排除に努めた。なお，経済的付加価値（SAV：Strategic Added Value）は「純利益＋税金調整後支払利息－資本コスト」で計算される。

②　戦略的事業評価制度の運用

　戦略的事業評価制度の運用としては，期首に，SBU別に格づけ，投下資金

限度額，WACC を審議する評価会議を行い，SBU ごとに投下資金量と目標
SAV を決定する。各 SBU の評価は基本的に SAV によってなされるので，
SBU 長は割り当てられた株主資本（Equity）について常に吟味することが求
められ，過大と判断すれば WACC を下げ，SAV を上げるために Equity の返
済を申し出，逆に事業の伸長，あるいはリスク対応のために投下資金限度額を
上げる必要があると判断すれば，Equity の追加申請を行う。追加が可能なのか，
また可能な場合，目標となる SAV をどの程度まで引き上げるのかは，評価委
員会で審議を行う。

　そして 1 年後に，各 SBU の事業運営の結果を事業評価のマトリックス上に
再びポジショニングして，1 年間の成果（移動）が可視化される。このように
してポジショニングされた各 SBU は，伸長・維持，変革，縮小・撤退，新規
の 4 つの事業領域に分けられる。経営サイドは伸長・維持の領域にある SBU
には高いリターンを求め，余剰資金を本社に還元させ，それを戦略的ファンド
として新規事業ゾーン（幼年期）への資金配分の原資とする。これにより，適

図表 5 - 2　事業ポジション別の要求リターンと投下資本配分

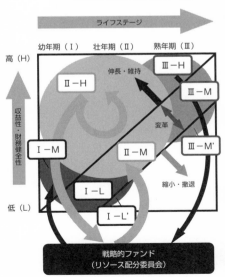

幼年期	要求リターン	投下資本配分
Ⅰ-M	一定のリターン要求（近い将来に期待）	重点投入
Ⅰ-L	リターン要求せず（将来に期待）	戦略的投入
Ⅰ-L'	撤退，損失最小化	引き揚げ

壮年期		
Ⅱ-H	投下資本を上回るリターン要求（リターン最大化）	自立成長＋還元
Ⅱ-M	投下資本に見合うリターン要求	重点投入

熟年期		
Ⅲ-H	ROIC の最大化（稼げるうちに徹底して稼ぐ）	維持＋還元（効率化）
Ⅲ-M	リターン重視（長生き努力）	維持（効率化）
Ⅲ-M'	撤退，損失最小化	抑制

（出所）　三菱重工業提供資料より作成

切な資金再循環が可能になる一方で，借入金返済や配当原資をどうするかといった財務戦略にもつなげることができる。また，新規事業ゾーン（幼年期）では，近い将来に一定のリターンが期待されるⅠ－Mにある場合は重点投資をするが，ライフステージが進んでも収益・財務が改善しないⅠ－Lにある事業については投資を抑制し，撤退や損失最小化を目指す。

　事業の状況を可視化すると，技術的に難易度が高く尊敬されていた事業であるSBUも，戦略的事業評価制度での格づけが悪く，ほかの事業に支えられていることを自覚する一方で，スポットがあまり当たることがなかった事業がキャッシュ・フローでは大きく貢献していることもわかるようになった。これはまさに経営の透明化であり，合理性を欠く経営判断の排除につながる。また，こうした改革は経営のアカウンタビリティを高め，投資家だけでなく社員など内的ステークホルダーの経営に対する信頼感を高めることとなった。

　このように，事業の状況を可視化すれば，自らのポジショニングを自覚すると同時に，キャッシュ・フローを増やすために何をすべきかについての方策が見えてくる。三菱重工業では，財務部門の人材が各事業の担当として，それぞれのSBUがどのようなことをしたらキャッシュ・フローが改善するのかということを，処方箋として提案するなどの後方支援をした。各SBUは，事業ごとの格づけによって算出された資本コストに基づいて本社から資金調達をするが，格づけが悪い事業は必要な額を調達できない。

　一方で，格づけが良い事業は，事業を拡大するため，リスクを比較考慮しながらどの程度まで資金投入（借入あるいは返済）するかなどの経営判断をしなければならない。また，すべてのSBUのリーダーたちは，格づけを維持・向上させ資金を安定的に確保するために，どのようにしたら総資産回転率が上がり，フリー・キャッシュ・フローが増加するのか，BSを見ながら対策を考えることが求められ，このサポートに企画部門や財務部門が深くかかわっていった。こうして事業に関心を持たない旧来の財務人材は，次第に活躍の場を失うこととなったのである。

　この過程で，戦略事業評価制度の実務や事業部門との折衝では経理部出身者が重要な役割を果たした。また，全社に展開する上で経営企画部門が果たした役割も大きく，小口氏が経理，企画両部門の統括をしていたことが，2部門の

連携を深めることに寄与した。

③　BS に基づく意思決定の最適化

　このように同社では，構造改革と戦略的事業評価制度が両輪となり，改革を推し進める原動力となった。改革前は事業所という製造拠点を中心に地方分権による部分最適な意思決定がなされていたが，改革後は全社の大きな戦略に基づいて中央集権的な意思決定がされるようになった。この大きな改革を推進するため，小口 CFO 兼グループ戦略推進室長（当時）がしたことは，これまでの PL 中心から BS 中心に考える発想の大きな転換である。

　戦略的事業評価制度での事業評価を行うにあたり，BS に関する指標での評価への重みをつけたのも，その表れの１つである。

　しかしながら，これまで PL を中心に事業を考えてきた各 SBU 長（SBU 経営者）が BS を中心に考えられるようになるのはそう簡単ではなかった。理解を促進するため，BS のスリム化によっても，キャッシュ・フローが生成されるということを想定して仕組みを構築した。各 SBU 長に，まず，必要な設備などの資産を自主的に申告させることによって，それぞれの SBU の BS を明確にした。

　事業所に複数の SBU が共存している企業では，SBU 別に BS を作成するため，売上，利益などを基準に，事業所内の土地や設備などを事業ごとに按分する方法をとるが，複雑さを極めてしまうと同時に，納得性，さらには効果を生まない。これに業を煮やした各 SBU 長は，結局，分社化という手段をとることも多い。そこで，三菱重工業はそれぞれの SBU に事業にどうしても必要な資産を申告させることで，それぞれの SBU における BS の資産の部を構成したのである。

　こうして資産を振り分け，他 SBU がその設備など資産を借りる場合は，使用料金を持ち主である事業に支払う形にして，PL の問題に置き換えることとした。また，各 SBU が事業にどうしても必要な資産を申告することで，必要ではない資産も炙り出された。そういった資産は本社が買い取り，不要であれば売却を進めた。さらに，棚卸資産など流動資産については，新たに CCC を経営指標に取り入れることによって，各 SBU 長の BS の効率化に対する関心

を高めた。このように，戦略的事業評価制度はキャッシュ・フローの増加，BS の効率化によって格づけが高まるように設計されている。

④　戦略的事業評価制度の成果

（i）　フリー・キャッシュ・フローの増加と経営者の育成

　図表 5 - 3 は三菱重工業のフリー・キャッシュ・フローの推移であるが，00年から09年までの累積フリー・キャッシュ・フローが10年でマイナス900億円だったのに対して，10年から19年の10年では 1 兆5,000億円の累積フリー・キャッシュ・フローが創出された。こうして，08年のリーマンショック以降，キャッシュ・フロー重視の経営へ転換した初年度である10年度に黒字化してから19年度まで，10年間連続でフリー・キャッシュ・フローの黒字達成，その間に獲得した額はおよそ 1 兆5,000億円に上る。

　長らく赤字かゼロ近辺だったフリー・キャッシュ・フローが突然黒字化したことによって，各SBU 長は BS を重視した経営が大きな成果を生み出すことを実感したのであった。つまり，不要資産や棚卸資産を持たず，資産回転を上げることで，キャッシュ・フローが大きく創出されることを実感させられたのである。

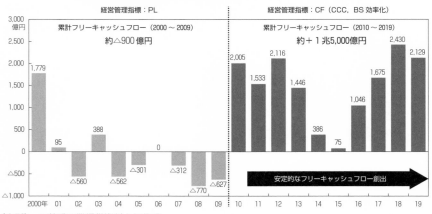

図表 5 - 3　三菱重工業のフリーキャッシュフローの推移

（出所）　三菱重工業提供資料より作成

　各SBU長は毎年，自分の株主資本を点検し，どの程度の借入が可能なのかを確認し，借入限度額，借入金利など戦略的事業評価制度によって与えられている諸々の条件から，どのようにすれば最も事業の格づけが高まるのかを考えつつ事業を運営している。

　この過程で，経営企画や財務といったコーポレート部門は，資源配分の妥当性，その使途の適正性の判断についてより緊密に関与することとなり，結果として各SBUの経営状況についての理解を深め，社長を支援する本社スタッフとしての成熟性を高めることができた。また，各SBU長はこのガイドラインの意味を理解することで，SBU長にふさわしい権限を行使するようになり，結果，経営者を育てる強い土壌ができた。

(ii) 不要資産の明確化と PF の組み換え

　そして，各SBUにどうしても必要な資産が明確になったことで不要な資産も浮き彫りになり，これを本社のアセットマネジメント部門が集中して管理することにより，不要な資産は現金化され，流動化した。例えば名古屋の岩塚工場，長崎の幸町工場，横浜市金沢区の工場などは売却され，グループ会社が保有していた不動産事業も外部にそのマジョリティ・ステークを渡すことになった。

　こうした格づけの状況は，一定以上の経営幹部に公開されている。各SBU長は自分で考えて資金調達し，求められるSAVを目指さなければならない。格づけが悪い事業については，十分な資源配分を受けることができないため，自発的に外に出ていくしかないと考えるようになり，結果として多くの事業が外に出ていった。

　例えば，射出成形機事業は宇部興産機械と，トンネル用シールド掘削機事業についてはIHIやジャパントンネルシステムズとの統合に合意するなど，相手方主導での合弁会社の設立を推進した。これらのSBUはコーポレート部門と調整しつつも，自主的判断でより資源配分を受けられる環境に出ていくこととなり，その後，多くの事業が成功し企業価値を高めている。すなわち同社内では，縮小・撤退に区分された事業が新天地を求めることで，結果的に同社の事業ポートフォリオの組み換えを進めることになった。

　小口氏は戦略的事業評価制度を推進する過程で，コスト削減の指示は一切出

| 図表5-4 | 三菱重工業における戦略的事業評価制度に伴う事業ポートフォリオの組み換え | | |

	事業買収	事業統合 (含むメジャーJV)	事業譲渡 (含むマイナーJV)
2008〜2011 (戦略的事業 評価制度前)	・フォークリフト 　(ロックラー)		・製紙事業 (メッツオ) ・アンカードリル事業 (MCD プロダクト) ・新キャタピラー三菱株式売却
12事計以後 (戦略的事業 評価制度後)	・工作機械 　(Federal Broach 社) ・ガスタービン (PWPS 社) ・有機ランキンサイクル 　(ターボデン) ・フォークリフト 　(ユニキャリア, 　Daily Equipment 社) ・製鉄機械 (Concast 社) ・冷熱 (東洋製作所)	・フォークリフト (ニチユ) ・火力発電 (日立製作所) ・製鉄機械 　(シーメンス, IHI メタル 　テック) ・洋上風車 (ベスタス)	・商業印刷機 (リョービ) ・橋梁 (宮地エンジニアリング) ・シールド掘削機 (ジャパントンネルシステム 　ズ) ・自動車用エンジンバルブ (フジオーゼックス) ・射出成形機 (宇部興産機械) ・エステート事業 (JR 西日本) ・リチウム二次電池 (デルタ電子) ・産業用クレーン (住友重機械搬送システム) ・湘南モノレール (みちのりホールディングス) ・舶用ディーゼルエンジン (ジャパンエンジン 　コーポレーション) ・水門事業 (佐藤鉄工) ・X 線治療装置 (日立製作所) ・ETC 車載器 (古野電気)
	売上増 約2,700億円	売上増 約5,300億円	売上減 約1,400億円

(出所)　三菱重工業提供資料より作成

していないという。出した指示は，CCC の改善によるキャッシュ・フローの創出と総資産回転率の向上である。そのために SBU 別にフリー・キャッシュ・フロー計画を作成し，達成状況をフォローしたのである。

　この方針の基礎にあるのは，同社のように巨大な設備を保持し，膨大な顧客資産を持つ会社は，総資産利益率 (ROA) で経営評価をするのがより適切であるという考えである。つまり，BS がどれだけ利益を生み出しているかを考えるのである。総資産利益率は「PL (売上高利益率)×BS (総資産回転率)」で計算される。すなわち，総資産利益率の改善は PL の改善によっても，BS の効率化によっても達成できるということである。

(iii)　成功体験による制度の浸透

　これまでのコストダウンのかけ声の下，同社は売上高利益率の改善ばかりに

目が行っており，BS の効率性には注意が払われていなかった。この是正を図るという目的に加えて，経営上の課題は BS に潜在しているという認識もあった。極論すれば，古くて非効率な BS を持ちながらコストダウンばかりしても，経営成績は上がらないという認識である。これは，フリー・キャッシュ・フローのトレンドを見れば明確である。

小口氏は，三菱重工業は売上高利益率で勝負する銀座の高級寿司屋ではなく，資産回転率で勝負するファミリー向けの回転寿司屋であると例える。コストダウンをやり尽くしている生産現場の人々にとっても，それは実現不可能なことではなく，ちょっとした工夫でキャッシュ・フローが増加することを実感できた。かねてから工場で実施しているコストダウンを，それ以上行うのは難しい。しかし，顧客からの売掛金回収条件を改善したり，作業工程を工夫したりすることにより，仕掛品を減らすことでキャッシュ・フローを改善する方法は，より実現可能性が高く，やったことが成果として感じられる。

この効果は数字に表れている。12年に戦略的事業評価制度を開始する前，11年度の売上高は 2 兆8,000億円，それに対して運転資金は9,713億円を要した。

図表 5 - 5　三菱重工業の運転資金，CCC の経緯

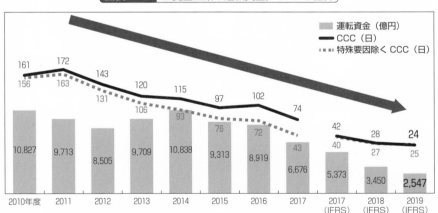

※　運転資金＝売上債権（契約資産を含む）＋棚卸資産－買入債務－前受金（契約負債）の全社合計値
※　CCC はドメインの運転資金（前渡金を含む）と売上高で算定
※　特殊要因：客船，SpaceJet，南ア関連
（出所）　三菱重工業2019年度決算資料より作成
https://www.mhi.com/jp/finance/library/result/pdf/200511/setsumei.pdf

CCC は172日であった。それが，小口氏が CFO 最後の年である19年度は，売上高が4兆円で必要な運転資金が2,547億円となった。そして，CCC は24日に改善された。

　小口氏は当時を振り返り，成功体験を実感させることが大事であったという。効果を実感し業績が上向くことで，社員の間に戦略的事業評価制度に対する信頼感が醸成されるようになった。結果，多くの社員が経営改革に関心を持ち，支持してくれるようになった。

　だが，業務プロセスを変えるという非常に大きな経営改革は，トップの強い信念があって初めて成し遂げられるものである。経営状況に危機感を持ち，経営改革に情熱を燃やした大宮社長（当時）が旗振りをしたのであり，これに多くの社員が応えたというのが三菱重工業の経営改革の本質である。逆をいえば，トップにそのような意識・信念がなければ改革はできなかったし，また続かなかったということである。

2　オムロンの ROIC 経営

(1)　企業概要

　オムロンは，工場の自動化などの制御機器を推進するインダストリーオートメーション事業，電子部品，インフラ関係では駅の自動改札や太陽光発電向けパワーコンディショナーなどの社会システム事業，血圧計などの製造販売を行うヘルスケア事業などを手がける企業である。2020年度の売上高は6,555億円のグローバル製造業であり，約120の国と地域で商品・サービスを供給している。

(2)　ROIC による BS・CF 経営の浸透

①　ROIC 経営の概要

　オムロンは企業理念を BS 経営・CF 経営という形で実践・推進している。日本企業の多くは PL 重視・売上重視の経営をしてきたが，PL 経営では短期的な視点（ショートターミズム）に陥ってしまい，中長期的な視点で経営できなくなる。同社は ROIC の逆ツリー経営をすることで，中長期的な視点で事業

ポートフォリオ管理をしている。

　社会課題の解決をビジョンとして掲げている同社が持続的成長を実現し，それを継続していくために，ROICにより，各事業の規模と収益性を高めている。同社がROICを採用したのは，事業の規模や収益性にかかわらず公平な評価が可能なことが大きな理由である。同社はROICを逆ツリーという形に分解し，事業に携わる従業員が具体的にどのような行動をすればよいのかをわかりやすく提示している。具体的には，ROICをROS（売上高利益率）と投下資本回転率に分解し，それぞれの改善ドライバー，そしてその改善ドライバーを向上させるためのKPI（重要業績評価指標）を明確にしている。

　例えばROSを構成する付加価値率を高めるには，サービス／リカーリング売上，オンラインチャネル売上，革新アプリ数，標準部品搭載率などを高めることが重要であるというKPIを立てている。なお，このKPIは適宜見直しており，市場環境の変化に合わせたものを定め，フォローすることで，ROICを適正なレベルに高める努力をしている。こうして，事業に携わるそれぞれの部門の人材がどのように取り組むべきかを明示しているのである。ROICでは，営業利益率が低い事業でも，その投下資本に応じた収益を上げることで高い数

図表5-6　オムロンのROICによるPDC

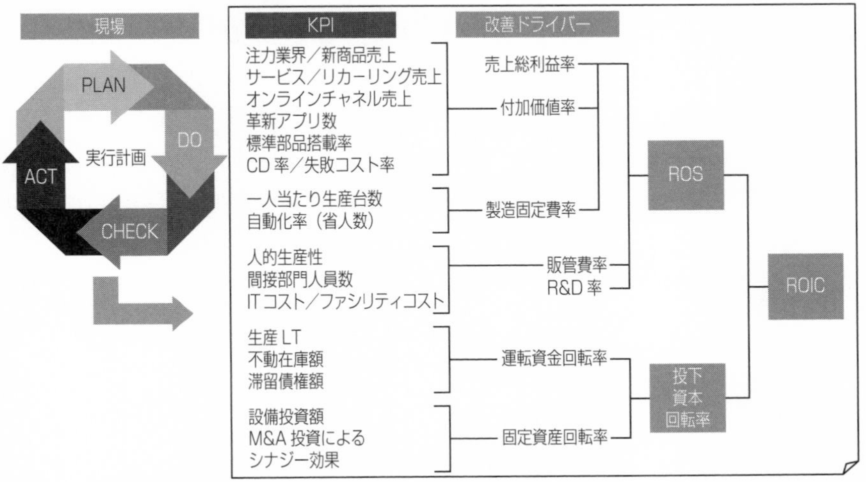

（出所）　オムロン提供資料より作成

字を出すことができる。異なる事業体の中で共通した評価軸にしやすいという
特徴がある。

②　従業員の実感を訴求するROIC経営の浸透

　ROICを単純に分解したROSや投下資本回転率といった指標では，現場レ
ベルの業務に直接関係しないため，例えば，ROICを自動化率や設備回転率と
いった製造部門のKPIにまで分解することで，初めて部門の担当者の目標と
ROIC向上の取組みが直接つながるようにしている。目指す姿やKPIをさらに
ブレークダウンして，チームとしてこだわる指数を目指し，部門独自で評価を
する。達成できなければ新たなプランで再度試みる。このようにPDCAサイ
クルを回しながら，一歩一歩，愚直に目標達成を目指す。そのサイクルを続け
るのが同社のROIC経営である。

　企業価値向上や資本生産性を高めるために現場の従業員にROICを意識させ
ようしても，「自分たちとは関係ない，経営陣が勝手に決めたこと」と受け止
められがちである。

　日々の業務の中で何をすればROICが改善するのかがわからなければ，実感
しにくいものである。

　ROICはROSと投下資本回転率を掛け合わせた値であり，ROICを上げるに
は利益率と回転率を高めればよい。利益率を高めるには製品の付加価値を引き
上げなければならない。付加価値を引き上げるには，販売現場では売価の引上
げ，生産現場ではコストダウンや設備稼働率向上，研究開発現場では魅力的な
製品を開発する必要がある。回転率を高めるには，原材料の調達現場や生産現
場，物流部門が連携してできるだけ在庫や仕掛品を持たないようにしなければ
ならない。逆ツリー展開によって，事業部門のすべての現場が共通の目標と戦
略でつながる。コストダウンだけでなく，売価のコントロール，売れる商品づ
くり，ターゲットとする市場・顧客の設定，無駄のない調達・物流などが実施
されれば，全社のROICは上がっていく。

③　ROICによる「タテの連結，ヨコの連結」

　オムロンには「タテの連結，ヨコの連結」という言葉がある。この考え方は

ROICを高める上で重要な役割を果たしている。電子部品を製造・販売する事業部門では，将来の需要増に備えて生産設備を増強する際，ROICを導入する前は工場のコストメリットを優先し，大規模な設備を導入することが多かった。この場合，需要が想定ほど伸びないと設備の稼働率が下がり，製品単位のコストは上がってしまう。稼働率維持を目指すと安売りにつながり，利益率が大幅に落ちてしまう。

　そこで同社では，本社の生産技術部門が既存の生産設備の3分の2程度に低下，さらに生産スペースを3分の1程度にする生産設備のコンパクト化を実施し，同時に設計や部材の共通化をした。こうすることで需要の変動への対応力を高めた。こういった活動は部門の壁を越える活動であり，ヨコの連結である。こうして稼働率を保つことで，営業現場は適切な売価設定が可能となる。生産

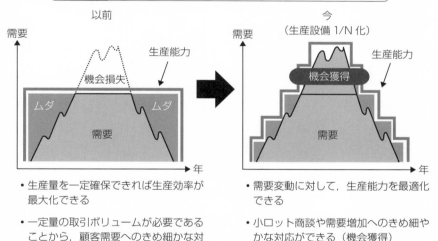

図表5-7　オムロンにおける顧客起点の発想による設備投資の最適化

現場の意識変化

「工場にとっての最適な生産量」という意識から，「顧客が求める最適量をつくる」へ

（出所）　オムロン提供資料より作成
https://ps.nikkei.com/tseaward2018/pdf/archive2014.pdf

現場も営業状況に応じた生産能力の調整ができる。

　各部門に属する従業員が総出でROIC改善を目指すことがタテの連結である。

　従業員のモチベーションは可視化で高めることができる。ROIC逆ツリーはその意味では，従業員に成果を実感させることに寄与している。何をすればROICが高まるのか，それにより資本生産性が高まり，企業価値が上がるのかを，実感をもって取り組むことができる。タテヨコの連結を深めることで，常にROICの改善ドライバーについて議論が行われている。

④　ROIC2.0への進化とROICアンバサダーによるさらなる浸透

　15年には，ROICの定性的翻訳式を活用して「ROIC経営2.0」を開始し，ROIC経営の浸透を加速させている。翻訳式が意味するのは「必要な経営資源（N）」を投入し，それ以上に「顧客に対する自分たちの価値（V）」を上げ，そのために「滞留している経営資源（L）」を減らすというものである。このような簡単な翻訳式を用いて，普段は財務諸表と縁のない営業部門や開発部門などの担当者が，ROIC向上の取組みを具体的にイメージできるようにしている。

　また同社には，各事業部門の経理・財務の担当者が中心になり，ROIC経営2.0の浸透を図る「ROICアンバサダー」を設置している。ROICアンバサダーは各事業部門を担当し，ROIC経営2.0の取組み事例を全社にわかりやすく紹介すると同時に，担当事業部門の具体的なROIC改善ドライバーを明確にし，その施策をともに推進している。こうした取組みは事業に対する経理人材の理解を深め，事業と伴走しながらROICを高められる人材の育成につながっている。ROICアンバサダーの存在は事業部門のROICに対する理解度を上げることにもつながった。

　同社がこのような取組みを推進するのは，資本コストを重視し，事業ポートフォリオを適切に管理しなければ，企業としての持続的成長は難しいと考えているからである。

　持続的に成長するには，資本コストを上回るリターンの持続的創出が欠かせない。そのためには，ROICとWACCの差を最大化する努力を継続しなければならない。時代のニーズは変化し続け，企業が世の中の役に立つように研究開発・設備投資を続け，また，社員に対する利益配分や株主に対する配当を

行っていかなければならないからである。

　同社は ROIC 経営を推進し，各事業の構造・課題に応じた ROIC 改善の強化項目（ドライバー）とそれらを強化・改善するためのアクションと KPI を設定し，各事業に適正な ROIC 水準となるよう，本社経理部門も伴走する形で推進している。この ROIC を用いて各事業部門のポジショニングを明確にし，投資強化や事業撤退の意思決定を行って経営資源の配分を決定している。

　このような考え方を徹底できている企業は，PL 重視の経営が多い日本企業においては珍しい。PL 経営は短期的な視点に陥りがちであり，必要な投資を見極める感覚が鈍ってしまう。BS 経営，CF 経営を念頭に置き，中長期的な視点でやるべきことを決め，遂行することが，社会的価値と経済的価値の両立のためには求められる。

③　PL 中心経営からの脱却に向けて

　PL 中心経営からの脱却に向けて，①事業別 BS の構築，②事業部門と伴走する経理部門の機能構築，③CFO の役割と権限の強化，について述べる。

1　事業別 BS の構築

　日本企業の経営者は，社長になって初めて経営者としての経験をするというケースが少なくない。プロの経営者が職業として確立している欧米諸国と異なり，日本の経営者は生え抜き社員から選定されるので，事業部門のトップもしくは組織機能のトップから社長というコースが一般的である。当然，BS の経験知が乏しく，キャッシュ・フローに基づく指標にもなじみが薄いことが多い。経営としては，CCC をいかに上げるかについての議論も非常に大事であるが，議論がなかなか進まないのはそうしたことも背景にある。そのため，売上債権の滞留，在庫，仕掛品などの滞留からキャッシュの回転がよろしくない企業も多い。

　この状況を打破するには，企業経営の観点をより BS 指標に向け，資産効率を上げる経営にシフトしていかなくてはならない。話を具体的にするためには，まず事業別の BS を可視化して明確にする必要がある。もちろん，事業別に資

産を分けるので，さまざまな納得感の欠如が考えられるが，こればかりはやってみないと具体的な議論にならない。

　その際，事業別に資産を振り分けるには大きな手間を伴うものである。特にこれまで，同じ工場内で複数の事業を営んでいる場合，工場の資産をどのように分けるのかについての話し合いは一筋縄ではいかないものである。手間がかかるわりには納得感を醸成することが難しく，明確なメリットを感じにくい。

　そこで三菱重工業が実施したように，不可欠な資産を各事業部門に申告してもらい，それ以外の資産は本社の配下にするというやり方は，現実的かつ非常に有効な方策である。

　各事業部門がこれまでの惰性で資産を持ち続けると，さほど活用できていない資産について見直す機会を失う。何が本当に必要な資産であるかを再考することで，BSを作成する段階で不要なものを炙り出すことができる。

　事業部門へのオリエンテーションでは，不要な資産をなるべくなくし，最低限の資産でBSを組むことが評価に大きくプラスにはたらくということをしっかりと説明しておきたい。例えばそこで，どの事業部門も手を挙げなかった資産は，不要ということになる。

　事業部門における資産は，長い間，継承されてきているものも多い。あるのが当たり前になっている資産について，それが本当に必要であるかを一から考え直し，どの事業部門も手を挙げなければ本社が引き取り，売却などの処理を進める。そうすることで全社としての資産も圧縮できるというわけである。

2　事業部門と伴走する経理部門の機能構築

　事業部門がROICやCCC，フリー・キャッシュ・フロー，総資産回転率など，BS指標での経営を指向することは，慣れるまでは大変なことである。そこで，経理部門が事業担当を配置し，伴走を進めるといい。事業担当の経理人材は事業に入り込み，事業を成長させるにはどのような投資が必要であるのかを見極めていかなければならない。また，こういった経理担当者が事業ポートフォリオを管理する経営企画と密に連携することも非常に重要なことである。

　三菱重工業では，小口氏が経営企画と経理の両方を担当して部門間の連携を深めたことが，同社の経営をPL中心からBS中心へとシフトできた大きな要

因となった。本社と事業部門のコミュニケーションを活性化させるには，本社
経理部門が事業部門の経理人材と連携し，伴走することも必要だ。事業部門の
トップは BS 指標になじみが薄いことも考えられる。事業部門のトップをサ
ポートする事業部門の経理人材が本社経理部門と連携し，BS 指標を改善して
いくのである。

　筆者が経営者からコーポレート部門への不満として聞くものに，経営者は結
果としての事業報告を受けるにとどまっているというものがある。キャッ
シュ・フロー，ROIC で事業評価したとしても，結果の指標を見るだけでは意
味がない。何をすれば改善するのか，事業部門はどのようなアクションで改善
しようとしているのかといった経過を把握していることが必要なのである。

　そういった場合，オムロンの事例にあった ROIC 逆ツリーのように，指標を
分解し，KPI を立てていくことが有効である。これも事業の特性に応じた KPI
を立案できるかどうかが重要である。需要変動が大きい事業であれば，設備稼
働をモニタリングしながら方策を検討しなければならない。

　オムロンの場合，リレーなどのメカニカル部品においては搭載される家電商
品の季節性や需要増減によって生産量が上下するのだが，需要の変化に対応し
なければならないため，設備の増強が遅れる傾向があった。そのような事業の
特性があれば生産設備をコンパクトにして，需要が増加した場合は小規模な単
位で投資できるようにするなどの工夫をして，投資金額，設備面積，エネルギー
量などを小さくし，無駄を少なくすることができる。事業特性に応じて，どの
ような方策が ROIC を改善するのかを考えて KPI を立てることが重要である。

　また，KPI は一度立てたらそのままにするのではなく，状況に応じて変化さ
せていかなければならない。例えば，消費者がネットで注文するケースが増え
ているという変化が起きているのであれば，ネット経由の売上を KPI として
モニタリングすることも必要だろう。そのためには，一度立てた KPI を絶対
とはしないことである。KGI（経営目標達成指標）に対して KPI の目標数字
が適正でないことが判明する場合もあれば，KPI の項目自体が環境の変化から
考えてふさわしくない場合もある。

　時折見られるのが，KPI は達成しているのに ROIC などの KGI は達成して
いないというケースで，それにもかかわらず，一度決めた KPI を盲目的に推

進してしまっているケースである。推進者が，その KPI は適正ではないと思いつつ進めているということもある。こういった事態は避けなければならない。

　このように KGI を達成するには，その KPI へのブレークダウン，モニタリングについて，コーポレート部門が伴走し，事業のことをよく把握すると同時に，BS 経営の効果を現場に実感させることが肝要である。三菱重工業の事例にあるように，事業部門に効果を上げたという実感を持たせることは施策の定着にも欠かせない。同社は，キャッシュ・フローがどのような施策を展開すれば改善するのかなどを，コーポレート部門が伴走しながら検討すると同時に，その効果を早い段階で実感させている。

　工場はコストダウンを比較的やり尽くしているものであるが，在庫，仕掛品などの棚卸資産を最適化することでキャッシュ・フローに大きなインパクトをもたらし，すぐに効果が出ることを実感すれば，やりがいを強く感じるものである。営業部門であれば，売って終わりという売上・受注金額だけでなく，キャッシュ・フローを評価に入れると，売掛金の回収が最も大きなインパクトをもたらすことはすぐにわかる。これまであまり本気で施策を展開してこなかったのであれば，少し実施すればすぐに大きな効果が得られる。PL 指標でコスト低減や売上増加だけに取り組んできた各部門の人材は，BS 指標を管理することでキャッシュ・フローが大きく改善することを知れば，施策への取組み意欲も出るであろう。各部門が自発的に考え，自ら動く状態をつくり出すことが大事であり，活動が定着する秘訣である。

　このような活動は，次世代の経営人材を育成するという意味においても非常に重要である。経理人事部門は事業部門と伴走することにより，その事業に関する知識をつけることができ，それに即した判断や行動ができる経理人材を育成できる。事業部門のトップも BS を意識することにより，経営者としてのスキルと知識を磨くことができる。

3　CFO の役割と権限の強化

　日本企業に CFO という肩書きを持った役員は多いが，役割と権限を今一度見直し，大幅に強化することが必要だろう。三菱重工業の小口氏は名 CFO であったし，ソニーグループの十時氏も名 CFO である。

CFO とは財務担当役員という意味ではない。決算，資金調達，財務コンプライアンスなどを担当することはもちろんだが，CFO としての重要な役割は，企業価値を向上させることである。時代に応じて変化していく社会からの期待に応じて，企業はその事業の姿を変えていかなければならない。つまり，事業ポートフォリオを最適な条件に常にアップデートしていくのである。

そのために，CFO の役割は企業の現状，あるべき経営の姿を数字で語っていくことで，事業ポートフォリオについて，CEO が最適な意思決定をできるように促す役割を持っている。PL は過去の結果である。将来の企業価値を最大化するには，企業の利益の源泉である BS 上の資産をより最大限に活用し，キャッシュ・フローを最大にすることで投資原資を生み出し，事業ポートフォリオを最適化しなければならない。

そういった役割を担える CFO を生み出すためにも，事業部門と伴走する経理部門は重要である。なぜならば，事業と伴走しながら数字で経営を語り，事業ポートフォリオを最適化して企業価値を最大化するということに寄与する CFO を育成できるからである。

日本企業は，デジタル化の波やコロナ禍における経済不安など，難局に直面している。

それらを乗り越えるには，常にフリー・キャッシュ・フローの増加を心がけ，BS を健全に保つ経営の推進が求められている。PL 中心の経営から BS 指標も意識した経営にシフトしていくことにより，経営は安定する。VUCA の時代を越えられるように企業価値を向上させ，経営の質をもう一歩，高めることができるだろう。

第 6 章

デジタル対応力の弱さ

1 日本企業のデジタル対応における問題点

　日本企業の企業価値が上がらない理由として，①標準策定力の弱さ，②IT部門のスキル不足，③事業のビジョンを構想できる人材の不足，④事業とITをつなぐ人材の不足，が挙げられる。

1　標準策定力の弱さ

　日本企業は，現場の工夫，すり合わせ力などに依存したオペレーションが経営の強みとなってきたが，標準を策定し明文化する部分は弱みとなっている。それでは，国内では対応できてもグローバルオペレーションにおいてガバナンスを働かせることができない。

　例えば，グローバルなタレント管理，グレーディングなどの人事における業務標準ができている企業はあまり見受けられない。日本本社の人事部門は日本人の人事しか行っていないケースも少なくない。さらに，これは間接業務においては人事部門にかぎらず起きている現象である。

　本社の各業務部門は，海外拠点の業務における標準領域やプロセスに対するガバナンスが効かせられないでいる。経理業務は決算処理があること，「国際財務報告基準（IFRS）」など標準と同じような考え方があるため状況が異なるが，総務，法務，情報システムなどの業務は企業の屋台骨であり，直接業務を支える大切な役割があるものの，本社からのグローバル各地域の業務に対するガバナンスは効いていない。なぜならば，各地域の業務はレポートラインが各地域会社の社長にある場合が多く，それぞれの地域の事情に応じた業務が行われているため，本社としての標準領域やプロセスへのガバナンスは必ずしも機能していないからである。

　結局，標準化ができないから基幹システムなどはカスタマイズしなければならない部分が増え，結果としてメンテナンスに人員とコストがかかってしまうという悪循環になっている。

2　IT部門のスキル不足

　日本企業のIT部門にはビジネス要件を定義してシステム開発できる人材が圧倒的に不足している。よく見られるのは，情報システム部門にはIT関連の企画機能はあるものの，実際の開発は外部企業が行っているケース，あるいは，システム子会社が存在しているにもかかわらず，外部ベンダーに開発を委託して進捗管理と品質管理をしているだけというケースである。これでは結果的に多階層構造となり，コスト高の要因をつくり出しているだけになってしまう。

　最近はSAPの保守期限切れもあり，基幹システムの刷新プロジェクトが多く，IT人材は大変な不足状況にある。そのため，企業はIT人材の獲得に苦慮している。

3　事業のビジョンを構想できる人材の不足

　前述した業務標準化の推進もさることながら，新しいビジネスモデルを考え，事業のビジョンを構想できる人材が圧倒的に不足している。ICTによりデジタル化を推進することが「How」だとすると，ビジョンの構想は「What」に当たる。

　ここでいう「What」は，デザイン思考など顧客に対する洞察力から生まれるものである。常識とされている概念を疑い，一見，非常識と思えることでも新しい提供価値として定義していく。社内に反対意見があったとしても，実現すべきこと・ビジョンを掲げる人材がいないと事業のDX（デジタルトランスフォーメーション）は始まらないということである。

　最近は日本企業も組織としてデザイン思考を取り入れ，必須スキルと位置づけて教育を進めているところも出てきている。一方で，組織風土として横並び気質があり，反対意見をいわず議論もないままコンセンサスづくりが行われるきらいもあるが，そのような組織では，新しい事業のビジョンを構想したりビジネスモデルをつくったりすることは難しい。

4　事業とITをつなぐ人材の不足

　ビジョンやビジネスモデルを構想しても，ITシステムを実装できる人材は

不足している。事業とIT部門の間に入り，求められるビジネスモデルにフィットしたITシステムを構築するための橋渡し役がおらず，結果として事業のDXが進まないことも少なくない。

　ビジネスモデルアーキテクト，データサイエンティスト，大型のシステム開発におけるプロジェクトマネジャーなどは引く手あまたであり，日本中のどの企業も常に優秀な人材を探している。しかしながら，GAFAをはじめとしたグローバル大手は日本企業とは異なるレベルの給与体系で，ピンポイントで人材を獲得している。このような状況で，IT人材の人件費は上昇の一途であり，日本企業はその確保がますます難しくなっている。かといって，社内でそのような人材を育成しようとしても，教育できるだけの知識やスキルを持ち合わせていないためままならないというのが日本企業の現状である。

② 先進企業事例

　先進企業の事例として，コマツ，日立製作所，横河電機を紹介する。

1 コマツのスマートコンストラクション

(1) 企業概要

　コマツは，建設・鉱山機械，ユーティリティ（小型機械），林業機械，産業機械などの事業を展開しているグローバル製造業である。売上規模は2兆1,895億円（2020年度），連結従業員数は6万1,564人である。

(2) スマートコンストラクションの推進

　コマツは，スマートコンストラクション事業を2015年より推進している。スマートコンストラクション事業は，ICTを活用して建設工事の現場におけるあらゆる要素を三次元のデジタルデータ化して工事全体を可視化し，生産性を劇的に高めるものである。人材不足の解消，工事の安全性向上にもつながる画期的なソリューションである。

　これは，国土交通省が16年4月から推進する「i-Construction（アイ・コン

図表6-1　コマツの「スマートコンストラクション」概念図

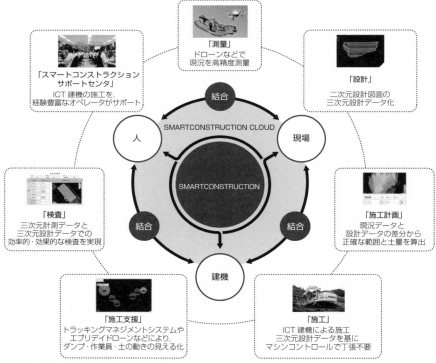

建設生産プロセス全体のあらゆる「モノ」のデータを,
ICTで有機的につなぐことで測量から検査まで現場すべてを「見える化」し,
安全で生産性の高いスマートな
「未来の現場」を創造していくソリューションです

SMARTCONSTRUCTION

「測量」
ドローンなどで
現況を高精度測量

「設計」
二次元設計図面の
三次元設計データ化

「スマートコンストラクション
サポートセンタ」
ICT建機の施工を,
経験豊富なオペレータがサポート

結合

SMARTCONSTRUCTION CLOUD

人

現場

SMARTCONSTRUCTION

「検査」
三次元計測データと
三次元設計データでの
効率的・効果的な検査を実現

結合

結合

「施工計画」
現況データと
設計データの差分から
正確な範囲と土量を算出

建機

「施工支援」
トラッキングマネジメントシステムや
エブリデイドローンなどにより,
ダンプ・作業員・土の動きの見える化

「施工」
ICT建機による施工
三次元設計データを基に
マシンコントロールで丁張不要

（出所）　コマツWebサイトより作成
https://smartconstruction.komatsu/whats.html

ストラクション）」構想を先取りした取組みである。

　　スマートコンストラクションを導入して労働環境が安全で快適になれば,現場の働き方が一変し,建設現場のイメージも改善される可能性がある。建設に未経験な人材もオペレーターとして就業することが期待でき,ひいては労働者

不足の解消につながっていくと考えられている。

　コマツがスマートコンストラクションに取り組むのは，建設現場の深刻な人手不足を解決するためである。特に実際に工事を行う技能労働者が極めて不足していることが背景にある。国土交通省が発表している公式資料も，25年度には必要数約300万人に対して，100万人以上足りなくなるとされている。

　従来の土木工事は，ベテラン技術者の技量や経験に大きく依存していた。施工計画をつくる技術者は，現場の測量データと設計図を頭の中で照らし合わせ，どのような作業が必要か，どれくらいの土量を動かすのか，何人の技術労働者と何台の建機でどれくらいの作業時間がかかるのか，培われた経験に基づいて試算する。このような，いわば「経験値」を厳密な計算で割り出すことは難しい。また，建機での施工作業も操作するオペレーターの経験や技量に大きく依存してきた。設計図に沿って，ペンキで描かれた丁張を目印に，近くでサポート役を務める作業員からの指示を受けて操作するのだが，頼りになるベテランの技術者やオペレーターは高齢化しており，技能の伝承が困難な状況にある。

　この現状を打開するため，スマートコンストラクションは現場のすべてを三次元デジタルデータ化して管理・活用することで，土木の現場作業を抜本的に効率化しようというものである。ドローンを使って施工前の現場を精密に測量・データ化し，さらに二次元の完成施工図面も三次元データ化し，この２つのデータを比較して現場で施工作業が必要な範囲や作業する場所の現状，施工時に出てくる土砂の量（土量）などを正確に割り出すというデジタルソリューションである。

　こうして取得したデータに基づいて，工期，コストなどの条件を変えながらコンピュータ上で工事のシミュレーションを行い，何パターンもの施工計画を作成して業者に提案する。施工会社は，そこから最適な施工計画を選択し，現場の精密な三次元データに基づいて自動制御で正確に動くICT建機を活用して工事を行う。この施工計画には毎日の工程表にある，その日に必要な建機の種類や台数，土砂を運び出すトラックの台数やその運行管理なども含まれている。実際の施工作業についても，ICT建機が三次元データに基づいて自動制御で正確に行うため，丁張は不要となる。オペレーターの横で指示を出していた作業員も必要なくなる。このように，安全で正確な上にコストを抑えること

図表6-2 コマツ「スマートコンストラクション」のプロセス

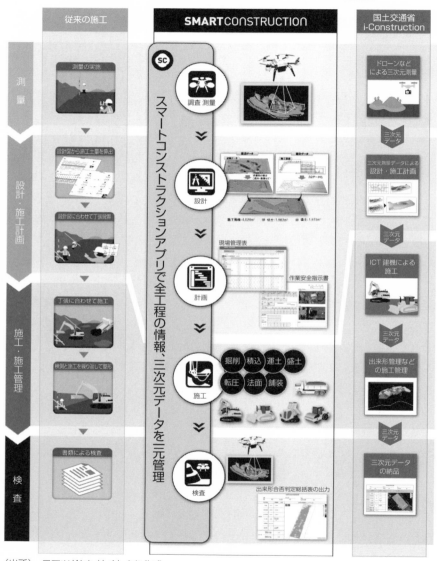

（出所）　コマツWebサイトより作成
https://smartconstruction.komatsu/process.html

もできる。

　施工作業終了後は，ドローンを飛ばして測量を行い，図面どおりであるか，また予定どおりのスケジュールで行われているかを把握できる。工事完了時には出来高検査もドローンを使えば正確にできる。

　さらに，設計が急遽変更になったり，悪天候や資材の搬入遅れなどで施工計画を見直さざるを得なくなったりした場合も対応できる。現場を支援する「スマートコンストラクションサポートセンター」のオペレーターとやり取りすることでスムーズな変更が可能であり，変更が生じた際には関係者の間で三次元デジタルデータで共有される。

　スマートコンストラクションによる施工計画は，すべて現場の三次元データに基づいている。計画にはこれまでの実績を基にしたノウハウが活かされている。これはICTで建設現場が可視化されているからである。

　15年2月にスマートコンストラクションがスタートしてから現在まで，国内で1万超の建設現場への導入事例があり，これまでに蓄積された知識，ノウハウ，失敗から学んだ経験を活かして，スマートコンストラクションは常に進化してきた。このように，スマートコンストラクションはオープンなプラットフォームとして，外部の企業が自由に参加し，建設現場に関連するサービスやソフトウエアの開発に加われるようになっている。オープンプラットフォームとすることで，自社の利益を優先して技術を囲い込むのではなく，外部と連携し，新しい技術をどんどん導入することでさらに進化しようとしている。ひいては，土木工事というものの生産性を高め，新しい可能性を生み出そうとしているのである。

　コマツがICTを活用したこのようなビジネスモデルを実践できているのは，同社が事業に対するビジョンを明確に描くことができたからである。それは土木工事の現場が抱えている人手不足，工事の危険，可視化されていないことによる無駄をいかに解消していくかという課題に対する構想であった。今後は，さらに生産性を高めるためのソリューションとしてスマートコンストラクションを常に進化させている。

⑶　EARTHBRAIN の設立による「コト」事業の強化とコマツ流両利き経営

　スマートコンストラクション事業はソリューションサービスである。2021年7月にコマツはスマートコンストラクション事業を分社化し，コマツ，NTTドコモ，ソニーセミコンダクタソリューションズ，野村総合研究所（NRI）の4社で合弁会社 EARTHBRAIN（アースブレーン）を設立している。

　スマートコンストラクション事業で目指している建設業界における高齢化・労働者の人口減少といった社会課題，新型コロナウイルスの感染拡大で急速に求められる世界の土木現場における働き方改革に対して，安全性，生産性，環境性の向上を実現するため，4社がそれぞれの強みを活かして土木業界の DX を推進することとなっている。これにより，スマートコンストラクション事業のさらなる高度化を進めるとともに，海外展開に対しても素早く，かつ幅広く対応できるとしている。

　また，コマツの建機だけでなく，土木現場で稼働しているすべての建機，ダンプカーなどの車両などに対してもサービスを提供するため，4社が保有する知見やノウハウ，技術を組み合わせ，次世代のスマートコンストラクションへと進化させ，世界に普及させようとしている。デジタル技術を駆使して，土木現場の地形や機械・労務・材料，さらには安全・環境面も含めて遠隔からリアルタイムで可視化して，データを分析・改善できるデバイス，アプリケーションの開発・提供を加速させていく。

　例えば土木現場をデジタル上に再現するデジタルツインを行い，土木の全工程を可視化，コントロールすることで土木現場の安全性を高め，生産性を向上させ，未来の現場を創造しようとしている。この4社の合弁スキームにおいて，コマツはスマートコンストラクションのノウハウ，土木現場における技術と商流面での貢献を，NTT ドコモは，デジタルツインに欠かせない5G ネットワーク技術，IoT におけるクラウドの基盤，画像解析または未来予測のための AI 技術を，ソニーセミコンダクタソリューションズは，土木現場可視化のためのセンシング技術，データ収集システムを，そして NRI はビジネスモデル変革，デジタル化の知見を活かしたソリューション開発・サービスおよびノウハウを，

それぞれ提供している。

　コマツは，スマートコンストラクションを分社化することで，土木工事に対する「コト（サービス事業）」でのプラットフォーマーとして主導的なポジションを獲得しようとしている。「コト」を強化して，コトに最適なより強い「モノ」づくりを実現しようとしているのである。

　コマツはEARTHBRAINを設立することにより，モノづくりとは異なる「コト」の事業に必要不可欠な技術とノウハウを持ったパートナーと共同の事業とすることにより，過去にないスピードで社会課題を解決しようとしている。それは，これまで製品を中心に考えていた事業を，土木現場，社会課題を中心に考える事業へと大きく転換するということにほかならない。

　スマートコンストラクションは，正確な施工ができるコマツのICT建機があってこそ可能なものであるが，製造業が陥りがちな製品起点の考え方となってしまっては，現場で起きている社会課題の解決とはならないだろう。つまり，コマツが勝者となるためには，自社が保有するハードウエアの技術を，「コト」の事業から得られる現場の状況，可視化された課題に対して，スピード感をもって最適化していくことが求められる。そのために，コマツには，土木現場を可視化し，顧客体験を高めていくとともに，「モノ」の「コト」への最適化を進めるため，この改革を加速している。

　コマツがEARTHBRAIN設立で目指すのは，「コマツ流両利きの経営」である。チャールズ・A・オライリー教授の有名な著書『両利きの経営』は既存事業の深化と新規事業の探索とを両立するものだが，コマツは既存の「モノづくり」の深化を，現場を起点にしたスマートコンストラクション事業，つまり「コトづくり」事業を探索・創造することで実現しようとしている。

　モノづくりとコトづくりという2つの事業は大きく性質が異なる。例えば価値の源泉は，製造業ではすり合わせ技術による製品品質であることに対して，スマートコンストラクション事業ではデータの蓄積に伴うノウハウの提供である。価値創出プロセスは，製造業では垂直統合であることに対して，スマートコンストラクション事業ではパートナー企業との水平分業により市場に素早く「コト」を投入することである。そのため，組織のあり方もヒエラルキーや合議に基づく決定からデータに基づく，より迅速な意思決定となり，年功型の組

織ではなく，スキルに基づくジョブ型の組織であることが求められる。

　コマツはあえて本来の事業とは正反対のことを他社とともに設立した「出島」で行うことにより，コマツ本体のモノづくり事業も変革しようとしている。目指すのは土木の現場に立脚したモノづくりとコトづくりの両立による土木現場起点での顧客体験の品質向上である。

2　日立製作所の Lumada 事業

(1)　企業概要

　日立製作所は，連結従業員35万人，売上規模 8 兆7,000億円のグローバル企業である。事業領域は，IT，エネルギー，インダストリー，モビリティ，ライフ，オートモーティブがあり，データを活用した社会イノベーション事業を推進している。

(2)　Lumada 事業の推進

　日立製作所は2016年 5 月，同社が幅広い事業領域で蓄積してきた OT（Operational Technology）と IT（Information Technology）の融合によって，IoTに関連するソリューションの開発と容易なカスタマイズを可能とする IoT プラットフォーム「Lumada」の提供を始めた。20年度には Lumada 事業で1.1兆円の売上を達成し，21年度は1.6兆円の売上を目指している。

　Lumada 事業成長のポイントに，同社が進める「成功事例の n 倍化」によるネットワーク効果の最大化がある。成功事例の n 倍化を加速する仕組みとして，①NEXPERIENCE による価値の協創プロセスの標準化，②ソリューションコアを活用したソリューション商材の横展開，③エコシステムづくり，④Lumada 事業を推進するためのリソース獲得，について説明する。

①　NEXPERIENCE による価値の協創プロセスの標準化

　日立製作所は，デザイン思考による協創プロセスを NEXPERIENCE として標準化を進めている。NEXPERIENCE とは，社会課題を解決する新しいサービスについて複数の企業や組織が一緒になって考える手法である。

　生活者視点を持って，新しいサービスの機会を探索し，ワークショップなどを通じて実現可能なビジネスモデルとして具現化していく。形のないテーマ，抽象的なテーマについても建設的に議論するための手法であり，思考の発散・切替・そして整理をスピーディに実施するためのITツール，集中して議論する空間などが求められるこれらの手法・ITツール・空間を1つにまとめることで，ワークショップでの議論をよりクリエイティブなものとする。このプロセスを通じて，エネルギー，金融，交通，医療，都市開発など，社会を支えるさまざまな分野での課題解決のためのアイデアを生み出している。そのプロセスは，(i)課題発見，(ii)解決案創生，(iii)価値検証の3つに分けられる。

(i)　課題発見

　社会変化には往々にして「きざし」というものが見受けられるが，日立製作所ではこうしたきざしの収集と未来を見通すための素材を蓄積している。環境意識の高まり，シェアリングエコノミーの拡大，多様性の尊重などがベーストレンドとなっている。

　社会変化のきざしは，これまでとは異なるサービスの登場や一部の先進的ユーザーのニーズ変化として表れる。このようなきざしを収集・蓄積し，将来のビジョンを描くためにパートナーとワークショップを開催する際に用いられている。少し先の未来を想像し，そこからバックキャスティングの考え方で事業創生や業務改革の新しい機会を発見しようとしているのである。

(ii)　解決案創生

　日立製作所は顧客とともに協創ワークショップを実施しているが，そこにはデザイナーも参加し，議論をリアルタイムで可視化してアイデアの着想やビジネスモデルの設計を促している。そして議論の結果は，イラストやチャート，ストーリーボードなど直感的に把握できる形にまとめられ，次に議論の続きを行うときにただちに本題に入れるような状態にしている。

　ワークショップではAIも活用している。

　アイデアの着想を助けるため，参加者の会話を聞きながら過去に蓄積したアイデア，ソリューション事例，世界の最新ニュースなどの関連コンテンツをリアルタイムで提示することで，議論を活発化している。

(iii)　価値検証

　ワークショップで出されたアイデアは，ユーザーにとっての利便性，社会的価値，事業収益性を評価し，可視化するための手法やシミュレーターが用意されている。これまでの事業企画経験を基に用意された，さまざまな事業分野の標準的な計算モデルからは，どの要因が不確実だとリスクが大きくなるのか，また成否の感度はどの要因から決まるかなどのことを評価することができる。それらを検証するためのITツールも用意されており，こうした検証と評価に基づいて新事業や新サービスを実装する道筋をつくっている。

②　ソリューションコアを活用したソリューション商材の横展開

　日立製作所は，Lumadaの展開を通じてOT，ITの両面で蓄積されるデータの顧客への提供価値を最大限に高めようとしている。

　そこで効率的に展開するために考えられているのが「ソリューションコア」という考え方である。これは一言でいうと，横展開可能なソリューションのテンプレートである。各業界を担当するフロントビジネスユニットがさまざまな顧客を担当し，共通プラットフォームであるLumadaからソリューションを展開していく。

　同社は，ソリューション開発で蓄積してきた事例を，同社のサービス＆プラットフォームビジネスユニットが抽象化・一般化しテンプレート化を進めている。これをソリューションコアと呼んでいる。フロントビジネスユニットは，顧客に合わせて常にソリューションコアをカスタマイズ，マッシュアップすることで，より効率的なソリューションにしている。こうした手法は横展開（ソリューションコアのn倍化）を進めていく上で大きな意味がある。

　1つは顧客へのサービス提供スピードや経済性の向上である。過去の日本企業のシステム事業は常にカスタマイズが多く，効率が悪いものであったため，ネットワーク効果が得にくくなっていた。そこで同社はn倍化することを念頭に置き，ソリューションコアを最大限に活用している。つまり，顧客向けのカスタマイズと標準化による経済性向上と，展開スピードの両立を目指しているのである。

　2016年度，Lumada開始時はソリューションコアとして電力エネルギー分野

図表 6 - 3 日立製作所における「Lumada」提供開始年度のソリューションコア

の「Micro-grid」「Smart Energy」，産業・流通・水分野の「Optimized Factory」「Smart Logistics」，アーバン分野の「City Data Exchange」「Public Safety」，金融・公共・ヘルスケア分野の「Digital Payment」「Clinical Repository」，製造分野の「Predictive Maintenance」を挙げている。その後，ソリューションコアは発展し，その展開事例数を着実に増加させ，Lumada による n 倍化に大きく寄与している。現在は図表 6 - 4 のようなソリューション事例によって整理されており，業種や解決したい課題から顧客も事例が簡単に検索できるようになっている。Lumada によってどのような課題が解決できるのか，顧客にも参照しやすいようわかりやすく展開されているのである。

③ エコシステムづくり

日立製作所は，Lumada によるソリューションを広く展開するため，自社だけでなくパートナーの力を最大限に活用しようとしている。そのため同社では，「Lumada アライアンスプログラム」を用意し，「技術・ノウハウ・アイデアを

図表6-4　n倍化されている日立製作所「Lumada」のソリューション事例

ソリューション名	内容
Hitachi AI Technology／計画最適化サービス	計画業務のプロセスを定式化・デジタル化し，統一したルールにより最適な計画を自動的に立案する －花王（売場の店頭支援巡回計画を自動化） －ニチレイフーズ（生産計画と要員計画を自動立案）
Risk Simulator for Insurance	予測モデルを用いて将来の入院リスクをシミュレーションする医療ビッグデータ分析ソリューション －第一生命（生命保険の加入範囲を拡大） －栃木県（保険事業支援） －JA共済（終身共済，医療共済など複数の共済の引き受け基準の見直しを支援） －ベトナム最大手の国営保険会社Bao Viet Insurance社（健康増進に向けた新たな保険サービス提供）
音声デジタルソリューション	高い認識率の日立独自の音声認識技術を活用し，膨大な通話録音記録を自動でテキスト化，対応品質向上やコンプライアンスチェックの自動化などを図るサービス －野村證券（営業店・本社の26,000台の通話録音データのテキスト化対応，システム構築） －トヨタ（コールセンター業務にテキスト要約システムを導入） －三菱UFJモルガン・スタンレー証券（音声認識・AIを活用した顧客対応モニタリングシステムを導入）
帳票認識サービス	AI技術を基に高精度な文字認識を行い，定型・非定型帳票，手書き文字，二次元コードなどを自動で読み込む －全銀協（電子交換所のシステム委託業者に選定。2022年の稼働を予定） －日立製作所財務部門（自社の出納業務の帳票読み取り・照合の自動化）
CMOSアニーリング（組み合わせ最適化処理技術）	量子コンピュータを模した日立独自の計算技術CMOSアニーリングを活用し，組み合わせ最適化問題の解決に取り組む。損害保険ジャパン，三井住友フィナンシャルグループ，KDDI総合研究所をはじめ幅広い顧客と実証を実施
感性分析サービス	SNSやクチコミサイトなどソーシャルメディアの情報，TV，新聞などのマスメディアの情報，コールセンターの会話履歴などから企業や商品に対する顧客の声や感情を高精度に可視化 －ホンダ（感性分析サービスを共同で開発） －電通・電通デジタル（日立の分析プラットフォームを組み込み「mindlook」を協創）
材料開発ソリューション	AIやデータ解析などのデジタル技術で新材料を開発・評価するマテリアルズ・インフォマティクスを適用したソリューション。下記企業など約40社で採用 －帝人（素材開発の高度化やR&Dのスピードアップを目的とした帝人中計達成のための協創） －UACJ（高機能アルミニウムのR&Dに向けた協創） －三井化学（新材料開発に適用し実証を実施）
人流可視化ソリューション	顧客一人一人のカメラ画像を人型のアイコン画像に置き換え混雑状況を可視化するサービス －東急（2016年から導入（駅視－Vision），2018年に86駅に導入），京急，相鉄へ導入 －東京ドーム（2020年11月，プロ野球公式戦における感染対策に向けた技術実証を実施）

（出所）　日立製作所提供資料より作成

相互に活用し，データから新たな価値を創出することで，人々のQoLの向上と社会・経済の持続的な発展に貢献する。その価値を循環させ，ともに成長していく」というビジョンに賛同したパートナーと，さまざまな社会課題や地域の課題をテーマとして，ともに取り組み，解決することでイノベーション創出を目指している。

　このプログラムには，デジタルソリューション，グローバルへの展開力，技術サポート力など，多様なジャンルに強みを持つパートナーが集まっており，パートナーとマッチングしながらオープンイノベーションが推進されている。

　同社は社会イノベーションをさらに推進するべく，パートナーがそれぞれの得意分野で貢献できるエコシステムを構築している。単独では解くのが難しい社会課題の解決と価値の提供をするため，オープンイノベーションの場を設けて，パートナーがその多様な発見とノウハウを組み合わせることにより，新たなソリューションを生み出している。生み出された事例は「Lumada Solution Hub」に登録して共有することで，ますます価値を増大させていくこととなる。

　このシステムを支えるのはLumada Solution Hubである。具体的にはカタログ機能から，ノウハウ・デジタルソリューションの登録と共有，すでにあるテンプレートを組み合わせることで新たな価値創出をする開発機能，PoC環境，本番環境へと実装する機能が提供されている。

④　Lumada事業を推進するためのリソース獲得

　日立製作所は，2021年3月にグローバルロジックの買収を発表，同年7月に総額95億ドル（約1兆円）かけて買収を完了している。

　グローバルロジックは00年創業，シリコンバレーに本社を置くソフトウエアの設計・開発を手掛ける世界的なIT企業であり，従業員は2万人を超える。顧客企業は400社を超え，21年の売上は12億ドルに達する。業界に特化したソリューションを手掛け，自動車・金融・通信・小売・ヘルスケア・製造・メディアと多様な業界の顧客がいる。また，世界各地に拠点があり，開発センターは北米（米国・カナダ），欧州（ドイツ・クロアチア），アジア（インド），南米（アルゼンチン）など広い範囲を網羅している。

　グローバルロジックの強みは，DXの推進やソフトウエアの研究開発力であ

図表6-5　グローバルロジックの強み

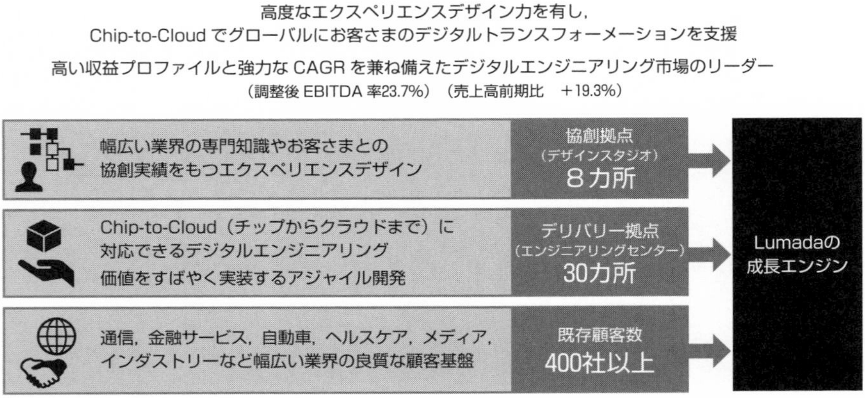

高度なエクスペリエンスデザイン力を有し，
Chip-to-Cloud でグローバルにお客さまのデジタルトランスフォーメーションを支援

高い収益プロファイルと強力な CAGR を兼ね備えたデジタルエンジニアリング市場のリーダー
（調整後 EBITDA 率23.7%）　（売上高前期比　＋19.3%）

（出所）　日立製作所提供資料より作成
https://www.sbbit.jp/article/cont1/69632?page=2

る。高度なエクスペリエンスデザイン力と，チップからクラウドまで幅広い対応ができるデジタルエンジニアリング力により顧客の DX を支援し，調整後 EBITDA 率（企業価値評価の指標で，利払い前・税引き前・減価償却前利益のこと）23.7％という高い収益性がある。

　日立製作所は，「グローバルロジックが持つエクスペリエンスデザイン力，デジタルエンジニアリング力，顧客基盤は，Lumada のグローバル展開にとって必要な成長エンジンである」と発表している。同社は，こうした外部からのリソースの獲得と融合を通じて，Lumada をさらに強化することで，事業規模の拡大，n 倍化を進めている。

3　横河電機の DX

(1)　企業概要

　横河電機は，1915年創業の計測・制御機器メーカーである。2020年度の売上高は3,742億円，売上の9割は創業事業である制御システムが占めている。海外売上比率が7割のグローバル企業であり，各種プラントのデバイスをコントロールする制御事業が最も大きな事業である。

(2) DX の推進

　横河電機では，舩生幸宏氏（執行役員。デジタル戦略本部長（CIO）兼デジタルソリューション本部 DX プラットフォームセンター長）が DX を強力に推進している。

　同社の DX 推進戦略は２つに分かれている。１つは社内で社員の生産性を２～３割向上させる「Internal DX」である。そして，もう１つが顧客向けに新たなデジタルサービス提供をする「External DX」である。これらを舩生氏が管轄している。

　同社ではこれまで，事業本部，リージョン，機能別にシステムを構築していた。舩生氏は，顧客，社員，パートナーの視点で，カスタマーエクスペリエンス（CX），エンプロイーエクスペリエンス，パートナーエクスペリエンスという３点からシステムを統合していくことが必要だと考えている。舩生氏率いるデジタル戦略本部のミッションは，横河グループを従来の製造業から OT と IT が統合されたソリューション・サービスカンパニーに変革することである。そうすることで，リカーリング型ビジネスモデルにより企業価値を増大することができる。

　そのため，横河グループ自身が，DX の具体的ユースケースとなるようにデジタルエンタープライズになるための変革を進める Internal DX を推進してい

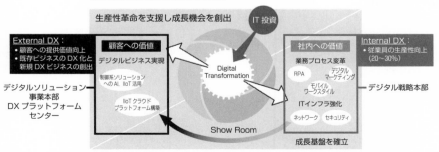

図表6-6　横河電機のデジタルトランスフォーメーション

すべての変革の基盤として，デジタル技術を最大限に活用し成長機会創出と成長基盤確立を実現

（出所）　横河電機提供資料より作成

る。また，そうして得たノウハウを活かし，自らの実践事例をショールーム化して顧客への価値に転換しようとしている。このような同社のDXについて，自社内のプロセス変革を進める①プロセスオーナー制度の導入，②バイモーダルアプローチでのリソースの強化と再配置，③External DXの推進，について述べる。

①　プロセスオーナー制度の導入

　舩生氏が横河電機に入社した2018年当時は「情報システム部門の意識や守備範囲に課題があった」と指摘する。当時の情報システム部門は，ITインフラと基幹システムだけをサポートし，営業など情報系システム，エンジニアリング系システムなどは管轄外としていた。これらのシステムはすべて事業部側の部門が担当していたため，各拠点や各部門のITがバラバラに構築されており，ITやデジタル技術の専門知識を持つ人材の育成もままならない状況となっていた。

　舩生氏は，こうした状況は各種システムの管轄が分かれていることと，標準化を推し進めるイニシアチブが弱いためであると考えた。そこで，Internal DXとExternal DXの両方を管轄する体制に改めると同時に，標準化を推進するイニシアチブを明確にすることで強化を図っている。そして21年4月にそのための大きな組織構造改革を行った。

　事業については，エナジー＆サステナブル，マテリアル，エナジーの3業種別組織とした。従来はIAプロダクト，IAシステムと製品別の組織体系となっていたものを顧客軸で編成し直し，それぞれの業種別ビジネスユニットがグローバル戦略の策定と実行，損益責任を持つこととした。それまでは地域会社が損益責任を持ち，それぞれの地域に最適化されていた経営を，グローバルに最適化された戦略を実現できる組織に改めたのである。

　さらにプロセスオーナー制度を導入し，コンサルティング，ソリューション開発，デジタルプラットフォームについてはグローバルプロセスオーナーとして，本社がプロセスの標準化を策定することとした。

　プロセスオーナー制度をとることにより，DXを推進するためのソリューションやプラットフォームの標準化を進め，グローバルでの最適化ができる。

図表6-7 横河電機のプロセスオーナー制度

各プロセスオーナーと地域の構成図

	日本	東南アジア	中国	韓国	インド	中東	欧州	ロシア	米州	南米
マーケティング	●	♟	♟	♟	♟	♟	♟	♟	♟	♟
セールス	●	♟	♟	♟	♟	♟	♟	♟	♟	♟
コンサルティング	●	♟	♟	♟	♟	♟	♟	♟	♟	♟
ソリューション開発	●	♟	♟	♟	♟	♟	♟	♟	♟	♟
External DX 推進	●	♟	♟	♟	♟	♟	♟	♟	♟	♟
IA プロダクト開発	●	♟	♟	♟	♟	♟	♟	♟	♟	♟
エンジニアリング	●	♟	♟	♟	♟	♟	♟	♟	♟	♟
External DX 推進	●	♟	♟	♟	♟	♟	♟	♟	♟	♟
IA プロダクト開発	●	♟	♟	♟	♟	♟	♟	♟	♟	♟
エンジニアリング	●	♟	♟	♟	♟	♟	♟	♟	♟	♟

● グローバルプロセスオーナー ♟ リージョナルプロセスオーナー

（出所） 横河電機提供資料より作成

　また，DXを推進する重要な要素であるITトランスフォーメーション，つまりIT部門が次世代のソリューションを提供するために部門内で専門領域の担当が分かれているという状況を再編成し，標準化，グローバル化を進めやすくした。

　また，標準化の推進は本社がある東京・三鷹発とするのではなく，各地域の専門性が高い人材がバーチャル本社（疑似的本社）として束ねている。ここでいう本社とは三鷹という土地のことだけを指しているのではない。

　舩生氏は，同社がデジタル化を強力に推進するには本社だけでなく，シンガポール，インド，米国など，世界各地の拠点を活かし，最適な人材でプロセスの標準化を進める必要があると考えた。物理的な場所にこだわらず，さまざまな場所にいるメンバーが集まるということである。プロセスオーナー制度を導入したことにより，同社はそれぞれのタスクに応じたメンバーをアサインし，世界各地のメンバーが業務を遂行している。

② バイモーダルアプローチでのリソースの強化と再配置

　舩生氏は標準化を推進するため，リソースの最適配置と補充を行った。舩生氏が入社した頃，横河電機のIT推進は，事業別，機能別のボトムアップであっ

た。しかしながら舩生氏は，顧客，社員，取引先のエクスペリエンスを高める
という観点から，プロセスやシステムを再編するため，主にバックオフィス，
具体的には会計・経理や人事，受発注管理，製造管理のシステム担当の SoR
（System of Record），構造化データと非構造化データを組み合わせて分析し，
顧客インサイトをよく理解することで，ビジネスに新たな価値を生み出す SoI
（System of Insight），顧客，社員，取引先向けシステム担当の SoE（System
of Engagement）の3チームに分類し，統合的にバランスよく進められる体制
に改めている。

　特に人材が不足していた SoE 領域では，中途採用と外国人採用を行っている。
SoE を強化するには，SoI から得られるインサイトと SoR から得られる基本情
報が重要になってくる。つまり，SoR，SoI，SoE の3つが強固に結びつき，
バランスよく強化されることが必要である。また SoR は，旧情報システム本
部主体で構成され，SoI は旧情報システム本部のうちデータ分析ができる人材
を中心に強化，SoE は中途採用と外国人採用の人材で構成されている。そして
これらを，Mode1.0，Mode1.5，Mode2.0と区別するバイモーダルアプローチ
をとっている。

　バイモーダルとは，米国の IT 調査会社ガートナーが2015年に提唱した考え
方である。企業内における IT システムの体制を Mode1.0（守りの IT）と
Mode2.0（攻めの IT）に大別し，予算と人員を分けてそれぞれに適した手法
で構築・運用することである。Mode1.0と Mode2.0では仕事へのアプローチが
異なる。

　Mode1.0はウォーターフォールを採用し，階層的アプローチをとる。
Mode2.0はアジャイル型アプローチをとる。SoR は Mode1.0，SoE は Mode2.0
となる。その間にある Mode1.5に該当するのは SoI であり，保証されたデータ
品質が必要である一方で，アジャイル型のアプローチによる正確性とスピード
も一層求められる。つまり，Mode2.0は機敏性が，Mode1.0は信頼性が求めら
れるということである。

　さらに，これらのバランスをどうとるかが重要なポイントである。舩生氏が
横河電機に入社した18年当時は Mode1.0が9割程度だったが，この比率を少し
ずつ下げていき，バランスを取ろうとしている。SoI により構造化データと非

図表6-8　横河電機における Mode1.0/Mode2.0の定義

システム種類	特徴		
	システム	オペレーション	
System of Record (SoR)	・オーソライズされた取引データを記録する ・明確な機能要求がある ・安定した長いシステムライフを持つ ・リソース見積もりが容易である ・KPI：ROIが主	・保証されたサービスレベルを持つ ・開発と運用保守は別チームであることが多い ・ウォーターフォールアプローチを採用 ・階層型アプローチ	旧情報システム本部主体のチーム Mode1.0
System of Insight (SoI)	・ビッグデータからの予測 ・インタラクティブなデータ分析 ・ビジネスプロセスの自動化 ・SoR・SoE からのさまざまなタイプのデータ処理 ・KPI：正確性・スピードなど	・保証されたデータ品質を持つ ・開発と運用保守は同一チームで継続的改善を行う ・Agile／DevOps を採用 ・フラット型アプローチ	旧情報システム本部からシフトしたチーム Mode1.5
System of Engagement (SoE)	・顧客・社員・サプライヤーとのインターコネクションを担当 ・変化するユーザ要求による継続的改善を行う ・早いリリース・変更・廃棄を実行 ・アドホックなリソース調整を行う ・KPI：売上・利益・生産性など	・一部システムの障害や変更に対応するサービス維持能力 ・開発と運用保守は同一チームで継続的改善を行う ・Agile／DevOps を採用 ・フラット型アプローチ	外国人＋中途採用により構成したチーム Mode2.0

（出所）　横河電機提供資料より作成

構造化データを組み合わせて，同社が組織としての顧客インサイトを理解し，新たな価値を生み出すには，SoE の抜本的な強化が必要と考え，中途採用と外国人採用を行い，３つをバランスよく進めていける体制を整えている。

　デジタル戦略本部の下，社内情報システムのグローバル化，リソースの最適配置を進めるだけでなく，ビジネス部門のグローバル化にも取り組んでいる。特に各拠点でのアプリケーション部隊，インフラ部隊，セキュリティ部隊，

DX部隊を横串に編成し，最適化を図っている。

③　External DXの推進

　舩生氏は日本企業の企業価値が上がらないのは，ネットワークを効果的に使えていないからだと考えている。例えばAppleやシーメンスは，クラウド事業，プラットフォーム事業でユーザーやデータ数が増やせれば，その企業価値も相乗的に増加する。これに対して日本企業は，ハードウエア中心の事業であるため，顧客データや使用履歴データなどを蓄積しても，その企業価値を十分に増大できてこなかったのである。

　舩生氏は，日本企業が企業価値を増大させるためには，自社のプロセスのDX化を進めるInternal DXと同時に，顧客に対する価値提供を，DXを利用して革新していくことが必要だと考えている。そこで横河電機はOTとITの融合を目指している。横河電機は，もともと強みを持つ制御技術によるOTに加えて，IoT，すなわち，センサーおよびソフトウエアなどのIT分野をどのように融合させていくかが大きな課題であると指摘している。同社は，2018年に策定した中期経営計画「Transformation 2020」から，プラント建設の際のエンジニアリング，制御システム導入に加え，保守メンテナンスなどのリカーリングビジネスへのシフトを強力に推進している。

　製造業がDXを推進する中で特に障壁となるのがOTとITの分断である。部門としてもOTとITとは分かれているケースが多く，システムも別々に運用されており，交流も少ない。最近ではIT側のシステムを統廃合する機運となっており，システム面ではクラウド上で統合するという取組みがさまざまな企業で進められている。

　一方，OT側では，さまざまな生産活動を休みなく動かしており，システムを止めることはできない。そのため，リプレースが難しく，データ収集や利活用に向けた専用の仕組みをつくり，そのデータをクラウドに統合するという動きが出ている。このようなデータ統合の動きが進めば，AI活用も進むことになる。舩生氏は，OTのシステムもITのようにクラウド化し，最終的には各社のシステムがクラウド上で展開され，オペレーションとして連携させられるようになり，サプライチェーンについてもクラウド上で行われるようになると

推測している。そこで，データ統合やデータ分析といった，データ活用の仕組みをエンジニアリングできる人材をどれだけ確保できるかがビジネス成長のカギを握ることになると見ている。

　同社は，OT と IT を統合することで，顧客であるプロセス産業における自律した工場の実現をリードしようとしている。これを「IA2IA（Industrial Automation to Industrial Autonomy）」と称し，クラウド化によるデータの統合，デジタルツインなどによりプラントの生産性と安全性の向上を目的とした現場の作業や意思決定プロセスの自律化を促進して，ネットワーク効果によるソリューション価値を増大しようとしている。ネットワーク効果によるソリューション価値の増大には，図表6-9のようなデータ統合の成熟度が求められるという。

　つまり，デジタル化によってオペレーションを集約し，RPA や AI，マシンラーニングなどによって自動化を行い，最終的には自律化されたオペレーションを実現すれば，OT と IT は統合され，データの統合は進んでいくということである。

　舩生氏率いるデジタルソリューション本部DX プラットフォームセンターを中心に，顧客のデジタルエンタープライズ化に貢献すべく，さまざまなデジタルサービスの開発や提供を進めている。社内にはOT で培ったノウハウを活か

図表6-9　横河電機におけるDX の成熟度，データ統合の成熟度

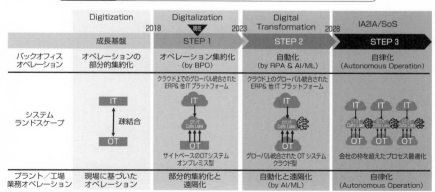

*　SoS＝System of Systems
（出所）　横河電機提供資料より作成

図表6-10　横河電機における Prude Enterprise Reference Architecture

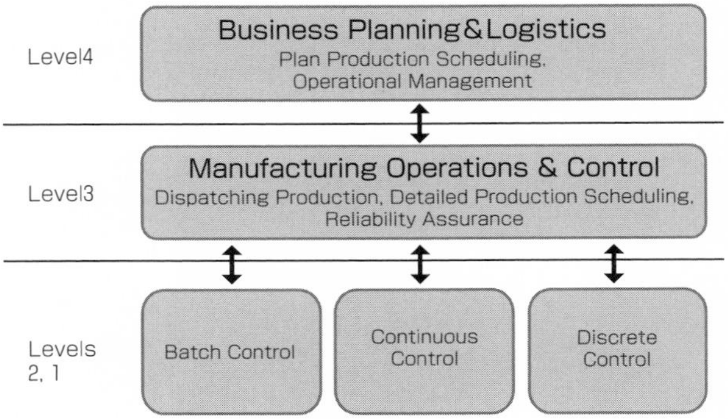

（出所）　横河電機提供資料より作成

したアプリケーションが多数存在するが，これまでのプラント関連のシステム
はオンプレミス環境を前提として提供されていた。

　これらのノウハウとシステムのクラウド化を推進することが必要なため，
OT 領域で浸透している Prude Enterprise Reference Architecture（別名
Prude Model）において，Level 1 ～ 3 を OT 領域，Level 4 を IT 領域とし，
そのうち Level 3 ～ 4 のアプリケーションをクラウドアプリケーションとして
開発した上で，デジタルサービスとして提供を開始している。すでに同社が提
供する標準の IIoT プラットフォームである「Yokogawa Cloud」上で動作す
る分析アプリケーションや AI アプリケーションなどがこれに該当する。

　デジタルソリューション本部 DX プラットフォームセンターは，ほかの事業
本部のデジタルサービス化も支援する，全社横断的な組織体制となっている。
こうした体制をとることにより，各事業本部がこれまでに構築してきたプロダ
クトのデジタルサービス化を担うことを主なミッションとしているのである。

　図表6-11に表すようにクラウドプラットフォームの標準化を行い，開発・
運用コストの最適化を推進している。同時に各事業本部とともにそれらのビジ
ネスモデルの企画力を強化し，すべての事業において ROI を実現する体制の
構築に努めている。

　また，同社では最新のデジタル技術を扱うためにリソースのグローバル配置

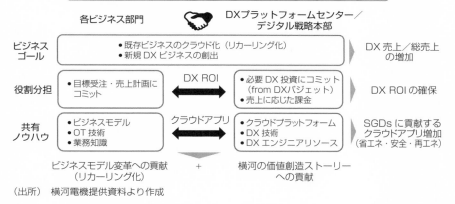

図表6-11　横河電機における External DX マネジメントスキーム

（出所）　横河電機提供資料より作成

を進め，シンガポール現地法人を External DX のグローバル推進拠点としている。具体的には，インド，中国でサービス開発を行い，日本，シンガポール，欧州，米国，中東などでそのサービスを展開するなど，グローバルオペレーションを指向している。加えて，インド工科大学などの優秀な DX エンジニアを新卒採用して DX ケーパビリティを拡充している。

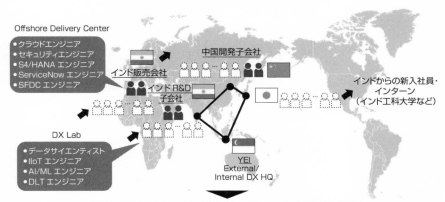

図表6-12　横河電機における DX 推進体制

（出所）　横河電機提供資料より作成

このように横河電機は，OTとITを統合することにより，リカーリング型ビジネスモデルでの顧客への価値を創出し，企業価値を増大するため，ROIを実現できる開発体制の実現，プロセス標準化を推進している。

③　デジタル化対応力強化のために

②で紹介した先進事例から得られる示唆として，日本企業におけるデジタル化対応力の強化に必要なことは，①デジタル化の目的と対応する組織機能の設計，②標準化推進機能の構築，③開発アプローチの明確化と開発力の獲得，④事例の抽象化・テンプレート化によるn倍化の加速，の4点が挙げられる。

1　デジタル化の目的と対応する組織機能の設計

まず実施しなければならないのは，デジタル化の目的を明確にすることである。ここでは，デジタル化そのものは目的とはならない。業務プロセスの革新，製品販売だけでなく，顧客のワークフローなどのデータと組み合わせ，顧客の業務プロセスを刷新するなどのビジネスモデル革新がその目的であるべきである。

DXという言葉がバズワード化してしまい，DXそのものが目的化してしまうと，何のためにデジタル化を推進しているのかの目的を失ってしまう。デジタル化の目的を明確にして，目的を実現するための組織のあり方を考えるべきである。DXの目的を大きく2つに分けて「内部の業務プロセスの刷新」と「顧客向けの提供価値の刷新」と考えると，それぞれにおいてどのような組織機能が求められるのかということから逆算して組織機能設計をすべきである。

また，業務プロセスの刷新と顧客提供価値の刷新について，同じリーダーシップの下で実施するのか，分けて実施するのかについても議論しておきたい。

業務プロセスの刷新については，情報システム部門もしくはBPRを推進している業務プロセス改革部門などが担当することが多い。かたやビジネスモデルの革新には，「Ⓐ各事業部門内にDX組織を持つ」「Ⓑ全社横断DX推進部隊を持つ」「Ⓒデジタル事業会社をつくる」という3つのパターンがあるが，それぞれに一長一短がある。

　Ⓐは事業部門が自ら推進するため，事業の理解度は高いが，既存の常識に引っ張られて思い切った革新ができないという欠点がある。Ⓑは人材とノウハウの集約はできるのだが，社長の直下にある組織などの本社組織が担うため，事業から遠くなってしまうという欠点がある。Ⓒはデジタル専門会社を立ち上げることで，既存の事業や組織に引っ張られず，思い切ってビジネスモデルを革新できるが，既存事業のリソースが活用できないというリスクがある。

　「Ⓐ各事業部門内に DX 組織を持つ」で刷新を推進している企業として三菱商事がある。

　「Ⓑ全社横断 DX 推進部隊を持つ」には富士フイルムホールディングスがある。富士フイルムホールディングスには ICT 戦略部が配置されており，事業の DX を本社としてバックアップしている。また，三菱ケミカルホールディングスでは，三菱ケミカルをはじめとした傘下企業に対して浦本直彦 CDO 率いる先端技術・事業開発室デジタルトランスフォーメーショングループとともに，事業のプロセス革新，DX を伴走しながら進めている。

　「Ⓑ全社横断 DX 推進部隊を持つ」では，その組織が従来の IT 部門と一緒である場合と別になっている場合がある。一緒になっている場合は，DX で検討したことがそのままインフラや基幹との連携につながりやすいという利点はある。横河電機では，IT 組織を率いている舩生氏が External DX としてビジネスモデルの刷新を推進している。

　「Ⓒデジタル事業会社をつくる」にはコマツなどがある。前述したスマートコンストラクションがそれに該当する。組織の設計は，その目的と組織が持つカルチャーに大きく依存する。例えば，各事業部門に DX 推進部隊がいるが，本社にノウハウを集約してバックアップする部隊が存在するといったケースもある。ソニーグループでは，プレイステーションにおけるリカーリング事業の実現をソニーインタラクティブエンタテインメント（SIE）で引っ張ってきた小寺剛氏が全社の CDO となり，各事業の DX 推進部隊を支援している。プレイステーションのリカーリング事業は，もともとは SIE が独自に開始したもので，その成功が全社的なリカーリングモデルの模範となっている。

　事業部門が顧客に対するグリップが強く，改革に対する意欲も強いが，DX を推進する人材やノウハウが足りないということであれば，本社からの事業の

DX サポート機能によるサポートがベターである。逆に製品事業に近いところに配置すると，固定概念にとらわれてビジネスモデルの刷新が進まないのであれば，別の事業部門を立ち上げる，もしくは分社するということも考えられる。分社する場合は足りないリソースを補完できるパートナー候補企業と JV を組むことなどが理想だ。

2 で触れたコマツの EARTHBRAIN はまさしくこの形をとっている。

2　標準化推進機能の構築

　日本企業が業務プロセスの刷新，ビジネスモデル革新双方において DX の推進力が弱いのは，標準化推進機能が弱いからである。業務プロセスの刷新であれば，海外事業比率が高まるに伴い，目に見えない業務が増大してしまうケースも見られる。人事機能においては，日本企業の本社は日本人の人事しか見ていないというケースもままある。そのため，優秀人材の定義，グレーディング，評価の仕組みなどは現地法人任せとなっており，本社からは見えないのである。これではグローバルな業務標準化は進められない。

　そもそも，まずはグローバルな標準領域を定め，標準化を推進できる機能を設計する必要がある。横河電機の事例で述べたプロセスオーナー制度がそれに該当する考え方の1つである。その場合，本社は物理的本社所在地ではなく，グローバルの各地域人材も含めバーチャルなチームをつくり，プロセスオーナーとして標準化を推進しなければならない。

　また，ビジネスモデルを革新する際にも標準化は欠かせない。ソフトウエアサービス，コンサルティングなどの事業は地域性が高く，各地域で顧客のニーズに対応して価値を協創するのだが，放置しておくと似て非なるものが多く存在することになってしまう。そのため，グローバルに展開したいモデルの雛形をつくる，もしくは，地域で展開されているモデルから横展開したいモデルを標準モデルとするなどの機能は必須である。

3　開発アプローチの明確化と開発力の獲得

　日本企業が DX を推進する際に直面する最大の困難は，開発ノウハウと開発力の不足である。システム子会社を持っている企業でも，結局その子会社は開

発を外部ベンダーに丸投げしているケースが多く，開発力があるとはいえない状態である。こうした状況において必要なことは，横河電機が実施したように，開発アプローチとリソース配置の方針を明確にし，リソース獲得への術を明らかにすることである。

　SoR，SoI，SoE は開発において求められるスキルがそれぞれ異なるため，リソースを適材適所に配置しなければならない。また，開発においてこれらが強固に連携できる仕組みも求められる。そして，Mode1.0と Mode 2.0のどちらのアプローチを取るのかを方針として打ち出し，適正なバランスをとってリソースの配置や開発方法の刷新を進めなければならない。

4　事例の抽象化・テンプレート化による n 倍化の加速

　企業価値の向上に欠かせないことは，ビジネスモデル革新におけるネットワーク効果である。そのためには，事例の展開スピードを上げ，n 倍化を進めることが求められる。

　日立製作所が実施した n 倍化の推進はまさしくそれに該当する。事例を展開するのは世界各地の拠点であるが，それらを収集し，抽象化・テンプレート化して横展開するまでのスピードを高めることが必要だろう。

　当然ながらそのためには，抽象化・テンプレート化から，共有，また使用を啓蒙する教育にわたる仕組みづくりも必要だ。どんなによいテンプレートがあったとしても，使われなければカスタマイズが増えてしまい，事業のスケール（大規模化）ができなくなる。また，テンプレート化して n 倍化するには，活用しやすいテンプレートのラインアップも必要だ。そこでは，顧客との知的財産の問題も発生するであろう。

　顧客データを取得して PoC を実施した場合，そこから出てきた成果物に関する知財の取扱いなどは，顧客と交渉する段階から，自社は何を n 倍化したいのかを想定した上で進めなければならない。そのため，n 倍化には知財部門がフロントに立ち，サポートすることも求められる。

　このように，日本企業がデジタル化にネットワーク効果を一層発揮し，企業価値を高めていくにはまだまだ多くの課題がある。

第 7 章

事業再編の仕組み

1　新陳代謝の乏しさを原因とする問題

　日本企業の問題点の1つとして，事業の新陳代謝の乏しさが挙げられる。戦後，精密機器産業と電機産業は輸出によって大きく成長したものの，2000年代以降，急速に発達したデジタル化の波には完全に乗り遅れた。それでも事務機の複合化・カラー化までは何とか対応していたが，ネットワーク化やペーパーレス化についていけなくなった。世の中のハードウエア需要が大きく減退したにもかかわらず，旧来の事業構造を大きく変えられていない。

　そのため，成長が見込めないマーケットに現在も多くの企業が残っている。例えばカメラ市場にはキヤノン，ソニーグループ，ニコン，富士フイルム，オリンパス，パナソニック，リコーが存在している。コニカミノルタのソニーグループへの事業売却，リコーによるペンタックスのデジタルカメラ事業買収，そしてオリンパスのデジタルカメラを中心とする映像事業の分社化・日本産業パートナーズへの事業売却（20年）といったケースはあるものの，いまだ業界再編は十分とはいえない。

　事務機市場も，リコー，キヤノン，富士フイルムビジネスイノベーション，コニカミノルタ，シャープ，東芝テック，沖データ，ブラザー工業と，やはり多数の企業が存在している。コロナ禍という特殊事情があるとはいえ，今後，オフィスにおける印刷需要がかつてのボリュームに戻ることはおそらくないだろう。

　同様に，火力発電についても三菱重工業，東芝，IHI，富士電機とプレイヤーが多い。

　かつて三菱重工業は日立製作所の火力発電事業を買収し，三菱日立パワーシステムズを設立した。GE（ゼネラルエレクトリック）やシーメンスの事業再編もあり，三菱重工業の存在感は世界的にも増すこととなった。その後，三菱日立パワーシステムズは三菱重工業の100％子会社化という再編はあったものの，今後，カーボンニュートラルで厳しい市場環境に直面する火力発電事業においてもプレイヤーの数が多い。

　ここに見えてくるのは，日本企業はすり合わせで事業を成長させることは得

意であるが，現在とは非連続な将来を予想して事業ポートフォリオを変革することは極めて苦手としている。その結果，市場成長が乏しくなるまで多くの企業が残り，最終的には価格競争で消耗して新しい事業への転換が遅れてしまうという，ネガティブなサイクルに陥っているといえる。

　なぜこのような状況になってしまうのであろうか。それには，①事業ごとの業績を正確に開示できていない，②目指すべき事業ポートフォリオが不明確，③ポートフォリオ見直しに向けた各事業への方向性の提示が弱い，といった理由が考えられる。以下，それぞれについて考察する。

1　事業ごとの業績を正確に開示できていない

　日本企業は，事業ごとの業績をはっきりと示せておらず，各事業部門が自らの置かれている状況を把握していないケースが多い。複数の事業を営む企業は各事業部門の人件費を本社費用で賄えば利益の底上げが可能であるが，それでは本来であれば赤字を開示すべき事業が，財務諸表上は黒字で開示されてしまうことになる。

　こうした状況は企業にとっても事業にとっても決してよいことではないだろう。少なくとも，当該事業がどれだけ赤字であるのかを開示すれば前向きな議論ができるのだが，日本企業はこうした開示を避けたがる傾向がある。

2　目指すべき事業ポートフォリオが不明確

　日本企業は3年サイクルで中期経営計画を立てるのが基本線であるため，大きな市場環境の変化を見越して策定されることが少ない。また，中期経営計画をIRで発表する市場へのコミットメントと考えており，安全を考えて単年度の事業計画を3年分つなぎ合わせただけというものになりがちである。さらに複数の事業を営む企業であれば，各事業部門が出した計画を合算しホチキス止めして終わり，ということも少なくない。

　つまり，日本企業の戦略は中長期での事業ドメインに対する本社としての意思表示が弱く，事業部門は現状を是として計画を立てるため，現在の延長線上で将来を描くことしかできない。そのため，事業ポートフォリオは現状と大きくは変わらない。その結果，自社がどの事業ドメインを強化するのかについて，

市場にメッセージを発信できていないのである。

　日立製作所は，社会課題を解決する社会イノベーション事業を強化するというメッセージを市場に発信している。三菱重工業もコングロマリットではあるが，モビリティとエナジートランジションが重点領域と打ち出している。このように，自社が事業機会と捉えていることの方向性についてメッセージとして市場に打ち出すことが必要だが，それが十分にできていない企業が多い。

3　ポートフォリオ見直しに向けた 各事業への方向性の提示が弱い

　目指すべき事業ポートフォリオが不明確である結果，本社として，各事業に対する意思表示ができていないことになる。全社戦略や強化すべきポートフォリオから考えて，ある事業に大きく投資できないのであれば，当該事業部門のトップにその意向を伝えるべきであろう。しかし，そういった意思が示されないため，投資されることもなく温存されたままである状態も多い。撤退することも他社と再編されることもなく，大企業という大きな傘の下にいるのは，一見，優遇措置に思える反面，それは飼い殺しであるともいえ，意思決定を先延ばしにしているだけで，他社と一緒になれば成長できる可能性がある事業の成長の機会を取り上げているという見方もできる。

②　先進企業事例

　ここでは先進企業の事例として，富士フイルムホールディングス，日立製作所について取り上げる。

1　富士フイルムホールディングスの事業ポートフォリオ管理

(1)　企業概要

　富士フイルムホールディングスは傘下に富士フイルム，富士フイルムビジネスイノベーションを持つ企業である。メディカルシステムやバイオ医薬品の開発製造受託，ライフサイエンス製品などの「ヘルスケア」，高機能材料などの「マ

テリアルズ」，オフィス用複合機などの「ビジネスイノベーション」，デジタルカメラなどの「イメージング」の4つの領域で事業を展開する。2020年度の売上高は2兆1,925億円である。

(2) 事業再編の仕組み

① 事業ポートフォリオマネジメントと資源配分の考え方

　富士フイルムホールディングスは，2023年度を最終年度とする21年から23年度の中期経営計画「VISION2023」を発表している。当計画では，3年間で1.2兆円を投資し，ヘルスケア・高機能材料を中心に事業成長を加速するとしている。成長が見込まれる事業に経営資源を集中投下し，キャッシュの創出と投資の循環を促すことで，持続的成長を可能とする事業基盤の構築を目指している。同社は，事業セグメントを前述した4つに再編した。そして各事業を「新規／将来性」「重点」「収益基盤」のステージに分けてそれぞれのフェーズに応じた戦略施策を推進している。

　「新規／将来性」ステージに区分した事業は次世代の成長事業に位置づけ，「重点」「収益基盤」に区分した事業から得られた経営資源を投資する。事業自体あるいはその事業を推進する人材を育成する，いわば長期視点での将来のための種蒔きとして考えている。「重点」事業は，経営資源を集中投資し，売上成長とさらなる利益率の向上を図るとしている。また，「収益基盤」事業は収益性・効率性を重視し，キャッシュ創出の最大化を図っており，創出したキャッシュを「新規／将来性」「重点」事業に振り分けて次世代の成長事業を育成するという，大変重要な役割を果たしている。

　さらに，戦略適合性，成長性，採算性から判断して「ノンコア」と位置づける事業が出てきた場合には，「収益基盤」への改善を図る，または売却・撤退などを検討する。同社はこのように，市場の状況に鑑みた自社技術の優位性から，各事業をそれぞれのステージに分けている。事業の収益性を売上と営業利益で，また，経営の効率性をROIC（投下資本利益率）で評価するとともに，自社の技術が市場で優位性を持ち得るかどうかを客観的に評価している。

　こうした事業ポートフォリオの最適化の事例として，バイオ医療事業領域の再編について述べる。

図表 7-1　富士フイルムホールディングスの事業セグメント

セグメント	サブセグメント		
ヘルスケア	■メディカルシステム ■バイオ CDMO	■ライフサイエンス ・ライフサイエンス（創薬支援：再生医療・培地・試薬） ・医薬品 ・コンシューマーヘルスケア（化粧品・サプリメント）	
マテリアルズ	■電子材料 ■ディスプレイ材料 高機能材料	■他高機能材料 ・産業機材 ・ファインケミカル ・記録メディア	■グラフィックコミュニケーション ・グラフィックコミュニケーション ・インクジェット
ビジネス イノベーション	■オフィスソリューション ■ビジネスソリューション	2021年度から「4セグメント（ヘルスケア・マテリアルズ・ビジネスイノベーション・イメージング）および11サブセグメント（■）で業績開示※	
イメージング	■コンシューマーイメージング ■プロフェッショナルイメージング		

※　4セグメントは売上高／営業利益，11サブセグメントは売上高を開示
（出所）　富士フイルムホールディングス「中期経営計画 VISION2023」より作成
https://ir.fujifilm.com/ja/investors/policies-and-systems/plan/main/00/teaserItems
2/00/link/210415_vision2023j1.pdf

図表 7-2　富士フイルムホールディングスの事業ポートフォリオ管理

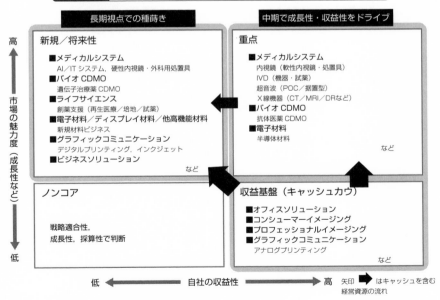

（出所）　富士フイルムホールディングス Web サイトより作成
https://holdings.fujifilm.com/ja/news/list/1090

　同社は，21年3月，バイオ医療領域における事業ポートフォリオの最適化を図るため，皮膚や軟骨などの組織再生を主とした再生医療製品の研究開発・製造・販売を行うジャパン・ティッシュ・エンジニアリング（J-TEC）を帝人に売却している。J-TEC の事業が同社の成長戦略とは合致しなくなったと判断し，売却の話が進められたのである。また，組織再生を主とした再生医療事業を担う J-TEC は，整形分野における既存製品との相乗効果も見込めるなど戦略的合致性が高い帝人とともに事業を進めるほうが高い成長を見込めるという判断による売却であった。同社は，AI 技術やバイオ技術，光制御材料技術(注)など強みを活かせる領域への投資を継続し，新規市場への参入を図るとしている。

（注）　光を制御することでさまざまな光学特性を実現する技術。視野角拡大効果が得られる偏光板保護フィルム（ディスプレイ材料）や，高解像力・低ノイズ・忠実な色再現を実現するイメージセンサー用カラーレジスト（電子材料）などに活用されている。

　同社では，事業ポートフォリオを検討する際，あまり詳細な SBU（Strategic Business Unit：戦略事業単位）とならないようにしている。製品単位で考えてしまうと市場での事業機会を見逃してしまいかねないからである。

　再生医療であれば，IPS 細胞，自家細胞といったようにある程度大きな括りで捉え，保有する技術との親和性，差別化，販売といったリソースの強みがどれだけ発揮できるかが大事であるという考えなのである。

②　資源配分の最適化を実現するキャッシュ・フロー・マネジメントの強化

　富士フイルムホールディングスでは，資源配分を最適化するために，売上高・営業利益の成長に加えて，ROIC と CCC を指標としてキャッシュ創出を強化し，3年間の累計で1兆円の営業キャッシュ・フローを創出しようとしている。そうして生み出したキャッシュを成長投資に優先的に配分する計画である。

　同社は，すべての事業に対して，売上高・営業利益，ROIC，CCC を指標として管理している。もちろん，揺籃期であればその事業のステージに応じた目標を割り当てるが，どのステージにある事業でも，常にこれらを KPI として

意識し，投下資本に対する効率性を考え，事業を営むことを求めている。

　今回の中期経営計画では，特に投下資本の有効活用に力を入れ，2023年度のROIC目標を6.1％に高めることを目指している。ROICは，投資や運転資金を用いてどれだけ利益を生み出したかを表しているため，戦略の進捗状況を確認するには適した指標である。

　こうした中で，21年1月末に前述したようにJ-TECの株式売却を発表した。自家細胞による再生医療市場の立ち上がりには時間もかかり，20年3月期など，5年間のうち最終赤字を3度計上し，21年3月も赤字予想が立っていたからである。

　同社では，再生医療の強化ポイントとして，医薬品を生産するための培地開発，バイオ医薬品の生産受託など，自社の強みが活かせる事業に経営資源を集中するよう意思決定した。この意思決定は，自社のポジションが市場で優位性を得られるかの評価，およびROICを指標として見た場合，どの事業領域にフォーカスすれば投下資本に対するリターンが最大化できるかということに基づく判断である。

2　日立製作所の事業ポートフォリオ再編

(1)　企業概要

　日立製作所は，従業員35万人（2021年3月時点），売上規模8兆7,000億円のグローバル企業である。IT，エネルギー，インダストリー，モビリティ，ライフ，オートモティブシステムの領域で，データを活用した社会イノベーション事業を推進している。

(2)　事業ポートフォリオ再編

①　強化領域

　日立製作所は，リーマンショックに直面した2008年度，当期純損益7,873億円の赤字を発表した。これを機に同社は，社会イノベーション事業を強化することを宣言し，事業ポートフォリオをより明確にした。OT（オペレーショナルテクノロジー）×IT×プロダクトをパッケージで提供することにより，環境，

レジリエンス，安心・安全の3領域に注力し，社会的課題や企業経営の課題の解決を目指している。

　同社が事業構造を大きく変革するため，16年に発表したのが「Lumada」である。製造現場，電力，交通システムなどにおける，製品を制御するためのOTと情報システムであるITを融合した強みを最大限に活かし，顧客のDX（デジタルトランスフォーメーション）を加速するため，先進的なデジタル技術を活用したソリューション／サービス／テクノロジーとして展開を始めた。その後，17年9月，米国子会社であるHitachi Data Systems（HDS）と，HDSが15年に買収したBI（ビジネスインテリジェンス）ツールのベンダーである米Pentaho社を統合し，産業IoTの新会社である日立ヴァンタラを設立している。

　そして，Lumadaを展開し，外部パートナー企業と連携してオープンイノベーションをさらに推進するため，アライアンスプログラムを20年11月に立ち上げている。21年7月には，グローバルロジックを買収してグローバルでのデジタルエンジニアリングを強化し，デジタル事業のグローバル拡大を進めている。Lumadaを中心とした社会イノベーション事業については，21年度は1.6兆円を売上目標として定めている。

| 図表7-3 | 日立製作所における社会イノベーション事業のグローバル拡大とデジタル・構造改革 |

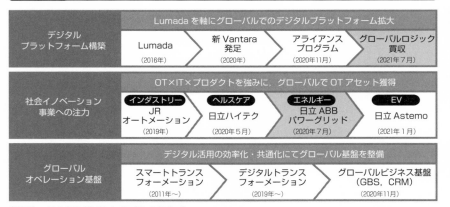

（出所）　日立製作所Webサイトより作成
https://www.hitachi.co.jp/New/cnews/month/2021/04/0428a/f_0428apre.pdf

　社会イノベーション事業のグローバル拡大に向けて，OT×IT×プロダクトの強化に必要なアセットを買収によって獲得している。

　鉄道分野では，15年にアンサルドSTSを買収した。インダストリー分野では17年7月（完了時点の時期を記載），米国のコンプレッサー大手・サルエアーを，19年には米国のロボティクスシステムインテグレーター，JRオートメーションを買収した。さらに，グローバルでのグリーン対応を強化するため，エネルギー分野において20年7月に日立ABBパワーグリッドを統合，オートモーティブ分野において21年1月に日立オートモティブシステムとケーヒン，ショーワ，日信工業を経営統合して日立Astemoを設立した。

② 事業再編

　日立製作所がこのように事業再編を進められたのは，2008年のリーマンショック以降，社会イノベーション事業への注力・強化のための事業再編を継続してきたからである。

　図表7-4に示すように，10年から12年までの2012中期経営計画では，社会イノベーション事業にシフトしつつ，経営危機からの脱却を図った。2015中期

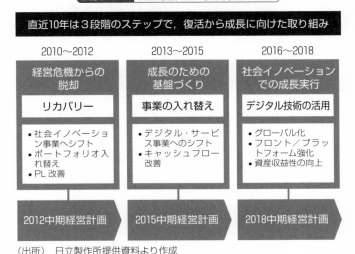

図表7-4　日立製作所の事業再編の経緯

（出所）　日立製作所提供資料より作成

経営計画では事業の入れ替えを行い，成長のための基盤づくりを行った。さらに，2018中期経営計画では社会イノベーションでの成長実行のため，デジタル技術の活用としてグローバル化，フロント／プラットフォームの強化，さらには資産収益性の向上を進めている。

　そして同社は，02年からこれまでの間に売上高の3割以上を占めていた事業を売却し，入れ替えを行ってきた。このような事業再編を可能にした要因としては，事業評価を正しく実施した上で撤退や売却を進められたことが大きい。各事業のトップに対して，会社が目指している方向性を正しく伝えているからこそ実現できているのである。

　競合があまりにも多いと業界全体が低い利益率に苦しんでしまう。そのような場合，合併・統合など業界内の再編を進め，健全化を試みるのが賢明である。日立製作所は，自社のコア事業として勝ち残れると確信できないものは，売却や外部企業との統合（JV設立など）に舵をきっている。

　例えばハードディスク事業は，03年に約20億5,000万ドルを投じてIBMのハードディスクドライブ部門を買収し，経営再建を果たした後，11年3月に米

図表7-5　日立製作所のポートフォリオ見直しと入れ替え

2002年から売上高の約3割を入れ替え，ポートフォリオの見直しを加速

事業売却・撤退	買収・連結化
◆2002〜2015年 半導体事業移管　▲6,000億円 事業売却・事業撤退　▲3,000億円 HDD事業売却　▲5,000億円 グループ会社非連結化　▲1,500億円 事業再編（火力発電システム，空調）　▲5,000億円 ◆2016年〜 日立グループ外へ　▲13,000億円 （日立物流，日立工機，日立キャピタル，日立国際電気，ラリオン） 画像診断事業譲渡　▲1,400億円 海外家電事業マイノリティ化　▲1,000億円 合計）　35,900億円	◆2002〜2015年 HDD事業買収　+5,000億円 事業買収（物流，IT関連，鉄道ほか）　+7,000億円 JV設立・吸収合併　+1,500億円 グループ会社連結化（日立工機，日立国際電気ほか）+5,000億円 ◆2016年〜 事業買収（サルエアー，JRA，ABBパワーグリッドほか）+17,000億円 日立Astemo（ケーヒン，ショーワ，日信工業の3社）+8,000億円 グローバルロジック　+約1,000億円 合計）44,500億円

（出所）　日立製作所提供資料より作成
https://www.hitachi.co.jp/New/cnews/month/2021/06/0608/20210608_06_au_presentation_ja.pdf

ウェスタン・デジタルに売却することを発表した。当時，フラッシュメモリーが出てきたことで業界内の競争が激化し，勝者となるには相当額の投資が必要と考えた。同社が強化したい社会インフラの事業領域に多大な投資がかかることを熟考して，売却を決めたのである。

　また，15年10月には米国のジョンソンコントロールズと日立アプライアンス（現日立グローバルライフソリューションズ）で，グローバル空調合弁会社のジョンソンコントロールズ日立空調を設立している。ジョンソンコントロールズが60％，日立アプライアンスが40％の株式を保有する形とした再編であった。ジョンソンコントロールズが強みとする HVAC（注1）およびビルオートメーションソリューションと，日立製作所が持つ世界有数の VRF（注2）システム，家庭用エアコン，高効率チラー，最先端ロータリーおよびスクロール圧縮機など，多様で幅広い空調関連製品を組み合わせることで競争力の強化を目指した。21年3月（完了時点の時期を記載）には，日立メディコなどが手掛ける磁気共鳴画像装置（MRI）やコンピューター断層撮影装置（CT），超音波診断装置を中心とした画像診断機器事業を富士フイルムホールディングスに売却している。

　（注1）「Heating, Ventilation, Air Conditioning」の略。暖房・換気・空調を指す。
　（注2）「Variable Refrigerant Flow」の略。ビル用マルチエアコンを指す。

　逆に，17年7月（完了時点の時期を記載）には，米国のコンプレッサー大手サルエアーを12億4,500万ドルで買収。北米全域に広がる約4,000社の顧客基盤を獲得することにより，産業顧客への Lumada の拡販につなげている。また，18年12月にはスイスの重電大手 ABB から送配電などのパワーグリッド事業を買収することを発表している。変圧器などで世界トップシェアの ABB の事業基盤を取り込み，再生可能エネルギーなどで拡大が見込める送配電分野を強化し，Lumada で培ってきたデータ事業との相乗効果で事業を成長させようとしている。

　そして，日立製作所は ABB のパワーグリッド事業の株式の80.1％を20年7月1日付で取得し，21年10月には社名を日立 ABB パワーグリッドから日立エナジーに変更している。同社の売上高は21年度通期の21年7月時点見通しで9,929億円であり，買収完了前直前の日立のエネルギー事業の売上高4,000億円（20年3月期）から2倍以上に拡大した。

　ABB が引き続き保有する 2 割弱の株式については，23年以降に同社が取得することにより完全子会社化を目指している。この買収で ABB が世界首位のシェアを持つ高圧直流送電（HVDC）などのパワーグリッド事業と同社の IT を組み合わせ，より効率的な運用による送配電網を構築し，世界市場での競争力を高めようとしている。

　こうして，同社はコア事業として取り込むべき事業であれば同社がマジョリティを取り，そうでなければ相手に事業を強化してもらうことでその事業自体を成長させることに主眼を置いている。

　上場子会社の再編に関しては，09年 7 月には社会イノベーション事業強化のため，上場子会社 5 社（日立情報システムズ，日立ソフトウェアエンジニアリング，日立システムアンドサービス，日立プラントテクノロジー，日立マクセル）の完全子会社化を発表した。

　同社が強い事業群である，電力システム，環境・産業・健康システム，都市開発・交通システム，情報・通信システム，社会イノベーション事業を差別化する材料・キーデバイス・サービスなどを強化し，グループ総合力による環境価値の創造，高信頼性社会基盤・関連サービスのグローバルな展開，情報技術を駆使したより安全・安心な社会基盤の創造を実現しようとしたものである。

　さらにその後，20年 1 月には，日立ハイテクノロジーズの完全子会社化を発表している。ヘルスケア・アナリティクス分野に進出し，日立ハイテクノロジーズのパートナーと連携した保険者・医療機関向け分析プラットフォーム・サービスの提供を通して Lumada 事業の強化を目指している。こうすることで，ヘルスケア・産業領域における事業ポートフォリオの変革とソリューションの拡大を推進している。

　一方，日立電線，日立金属，日立化成の「御三家」といわれたグループ 3 社については売却を進めた。日立電線は13年 7 月 1 日に日立金属に吸収合併し，21年 4 月に日立金属の株式を米投資ファンドのベインキャピタルが主導する日米の企業連合に売却すると発表した。日立化成については，19年12月，昭和電工への売却を発表している。09年には22社あった日立の上場子会社は日立建機 1 社のみとなった。

　このように事業の売却が進んだ背景には，同社の経営陣が目指す方向性や事

業環境に関する理解を共有し，議論を続けてきたことがある。事業部門のトップは，事業に関する客観的評価，全社における位置づけを常に確認しながら，事業を成長させるにはどのような環境を選択すべきかを考えている。

　日立製作所への取材を通じて筆者が感じたことは，こうした同社の事業再編は一企業内でのリソース配分という観点だけでなく，それぞれの業界のグローバルにおける成長促進につながるということである。

3　事業再編の仕組み構築に向けて

　事業再編の仕組み構築として，2で取り上げた2社の先進事例からの示唆としては，①事業ドメインの再定義，②セグメント分けの再検討，③キャッシュフローの強化，④企業としての姿勢の明確な伝達と定量的評価での現状把握，⑤自前主義から脱却するためのポートフォリオの見直し，がある。

1　事業ドメインの再定義

　メガトレンドなど長期の市場トレンドを捉えた上で，自社がどの事業ドメインで闘っていくべきかを再定義しておく。これはコングロマリット企業においても単一事業の企業においても同じである。前述したように，日立製作所は事業ドメインを再定義しているが，例えば，事業領域がある程度絞り込まれているコマツも「ダントツバリュー」という言葉で方向性を示し，その事業ドメインを再定義している。

　コマツは建設機械，鉱山機械およびプレス機械を持つコマツ産機なども事業領域であるが，目指しているのはより高度な施工の普及である。スマートコンストラクションによってクラウド環境でのデータを用いて建設現場全体の可視化を進め，その実現を図っている。そこにはデータ事業やコンサルティングに近い事業も含まれ，もはや建機を売り切る事業とは様相が大きく異なってきている。これは，建機の販売とアフターサービスだけでは，同社が設定した社会課題を解決できないと考えたからである。

　そのため，測量から施工計画，施工，そして検査に至るプロセスにおいて，ICTを用いて土木現場全体のデジタル化・可視化を推進して課題解決を図っ

ている。いくら建機がICTに対応しても，工事現場に盛り土が来ていない，施工計画が最適でない，といった状況では効率化，安全性向上への寄与は限定的になってしまうからである。

　自社の事業ドメインを示すことができれば，そのために必要なリソースもおのずと明確になってくる。富士フイルムホールディングスもヘルスケアと高機能材料に資源を投入することで，持続的な成長を実現しようとしている。

　その際に重要なことは，自社の製品ではなく社会課題を起点に考えることである。それはつまり市場起点で考えるということである。前述したコマツは，2019年の中期経営計画において「ダントツバリュー」を唱えた。

　同社が持っているスマートコンストラクション，ICT建機などのクラウドソリューションの事業展開力により，人口減少や高齢化に伴う人手不足といった土木業界が抱えている問題を解決するための糸口を導き出そうとしている。

　このように，事業ドメインは自社にどのような製品・技術があるかだけではなく，解決したい社会課題や顧客の課題に対して，市場のマクロトレンドや自社の技術，販売チャネルといった強みから導き出すべきである。

2　セグメント分けの検討

　事業セグメントの条件として，事業活動によって収益獲得・費用負担として区分できることと，事業責任者が事業の構成要素への資源配分に関する意思決定を行い，業績を評価されること，がある。一方で，あまり事業セグメントを細かくしすぎると，単独の事業ドメインである製品が行きづまった場合，ドメイン内でのリソースをシフトするための検討がしづらくなってしまう。

　富士フイルムホールディングスの事例で述べたように，事業セグメントの分け方はある程度，大括りにしておくことで，セグメント内の資源を再配分することも可能となる。ある製品領域の失敗を活かしつつ，新しいチャンスを見つけることもできる。いい換えれば，セグメントはある程度の転回（ピボット）ができる大きさを持つことが大事である。そのことにより，失敗を成功に活かすピボットを繰り返し，成功確率を高めていくことができるだろう。

　また，セグメントは製品だけでなく，対象市場別に分けることも1つの考え方である。

　それにより，市場や顧客の変化を見ながら事業領域をピボットすることも可能であるからである。ピボットは，戦略やアイデアを市場ニーズとすり合わせるプロセスである。既存事業から新しい事業を創出し，市場環境に合わせて事業を常に変化させ続けなければならない。

3　キャッシュ・フローの強化

　事業ポートフォリオは，市場の成長性と事業の収益性で四象限管理するケースが多いが，収益性は高いものの市場成長性が低い「金のなる木」の事業から，市場成長性は高いが収益性にはまだ乏しい将来の事業に資源を投入するよう配分していくことが必要だ。

　その際，どれくらいのキャッシュを創出しているかがポイントになる。「勘定あって銭足らず」という言葉があるように，損益計算書上，利益が出ていてもキャッシュの創出をしていなければ資源を投下できない。

　富士フイルムホールディングスでは，資源配分の最適化のため，ROIC と CCC を指標としてキャッシュ創出を強化しているが，こうした指標管理は事業のステージにかかわらず行われるべきだろう。もちろん，揺籃期の事業に対する管理はそれなりの許容範囲を持たせ，結果として出た数字というより戦略の実行状況に応じるべきではあるが，KPI は同じ指標で管理し，常にキャッシュ・フローを意識しておかなければならない。それにより，投下資本に対する効率性を考え，事業を営むことを意識し続けられるからである。

　こうした考え方を浸透させるには，事業トップが，損益計算書中心ではなく貸借対照表，つまり BS を中心とした事業管理を学んでおかなければならない。キャッシュ・フロー・コンバージョンサイクルなどの指標を基に BS を中心とした経営を行うと，製品在庫，在庫，売掛金，買掛金などの管理を行うこととなる。第 5 章「PL 中心の経営からの脱却」でも述べたが，BS 中心に経営をすることで総資産回転率は上がり，より多くのキャッシュが創出されるようになる。そのためには，事業トップに対する教育とそれらを管理する KPI，さらに事業トップをサポートするスタッフの育成などの仕組みづくりも必要となるだろう。

4　企業としての姿勢の明確な伝達と
　現状の定量的評価での把握

　企業として目指す方向性をその事業ドメインで明らかにするとともに，各事業の現状をポートフォリオ管理の指標で明確に示したほうがよい。[2]における富士フイルムホールディングスの事業ポートフォリオ管理では，「重点」「収益基盤（キャッシュカウ）」「新規／将来性」「ノンコア」の四象限で事業をプロットしている。市場の魅力度と自社の収益性から表すポートフォリオ管理は非常にオーソドックスであり，これ自体に特殊性はない。つまり，どこの会社が行っても図自体は似たようなものになるだろう。

　ここで大事なのは，このように事業をプロットし，外部および全社にそれぞれの位置づけを示すことである。企業によっては，こうした開示をすると「キャッシュカウ」や「ノンコア」に配置した事業に携わる従業員のモチベーションが下がるのではという懸念をしがちだ。しかしながら，結果としてこうした事業には大きな資源は投入されないため，企業としても明確な意思表示をすべきである。

　一方キャッシュカウの事業はキャッシュ・フローを徹底的に創出するなど，置かれている現状で役割を果たすことこそが求められるのである。

　日立製作所は，自社の方向性とその事業の現状について，経営陣と事業責任者とで認識を共有している。例えば，その事業に積極的な投資をするのは難しいことも正直に伝え，その上で，将来のためにどうすべきかについてしっかりと議論する。このようなオープンなディスカッションができる空気が醸成されているからこそ，事業再編が進んだともいえよう。

5　自前主義から脱却するためのポートフォリオの見直し

　本社として各事業部門の社内におけるポジショニング，あるいはその成績を明示する中で，自社のみでは生き残りが厳しければ積極的に外部企業との提携を模索すべきである。

　最もよくないのは，十分な投資もせずノンコアのまま自社内にとどめることである。

その事業を積極的に伸ばしたい事業者が外部にいれば，積極的に外部との交渉をすべきである。自社が単独でやっていても成長できない事業については売却する，もしくはマイノリティの立場でJVを設立する，あるいは自社の連結から切り離し，他社の力を借りながら再建を目指すという手段もある。もちろん，コア事業であれば，他社を買収する，もしくは他社とJVを設立し，自社がマジョリティを持つという手立てもある。

第5章「PL中心の経営からの脱却」でも述べたが，三菱重工業はドメイン制度に移行後，戦略的事業評価制度を導入し，各SBUの業績を明示した後，単独では生き残りが厳しい事業については外部との提携，JVの設立を進めた。伸ばす事業がある反面，単独で生き残るのではなく，事業を売却もしくは相手先企業をマジョリティとしてJVを設立するなど，再編・売却を進めることで，事業ポートフォリオを入れ替えたのである。このように，自社の傘下では伸ばすことができなくても他社と一緒になることで再生する事業もある。

三菱重工業は，産業用クレーン事業を住友重機械工業に売却した。これにより，住友重機械工業が強みを持つ造船所向けのゴリアスクレーンやジブクレーンと，三菱重工業が得意な港湾荷役用のコンテナクレーンや発電所向けの揚炭クレーンを組み合わせて製品ラインアップの厚みを増した。さらに，住友重機械工業の高度な加工・溶接技術と三菱重工業の自動化技術やサプライヤーの活用力を組み合わせ，市場での競争力強化に取り組むことでシナジーを創出している。

コニカミノルタは，06年1月，デジタル一眼レフカメラ関連の一部資産をソニーに譲渡することを発表した。創業事業からの撤退という苦渋の決断であったが，その後のソニーのミラーレスカメラの躍進は，コニカミノルタからソニーに移っていた技術者の活躍によるところが大きい。また，こうした再編は事業の現状のスナップショットだけでなくメガトレンドを捉え，その事業領域で勝ち残る条件を冷静に考え，判断した結果である。

オムロンは19年10月31日，車載部品事業を日本電産に譲渡している。年間約1,300億円の売上があり，60億円を超える営業利益も出していた。ROICも継続的に10％を出しており，事業としての成績も決して悪くなかった。しかしながら，これはその時点でのスナップショットにすぎない。

　車載関連ビジネスは CASE といわれる自動車産業の大きな変化の中，膨大な投資が必要な事業である。オムロンが車載部品事業をコア事業であると判断していれば，自社内にとどめる決断となったであろう。しかし，ファクトリーオートメーションとヘルスケアを重点事業と考える同社にとって，ボッシュなどの欧米の大手 Tier 1 などが大規模な投資を行い，競争環境が変化しているこの市場では勝ち残っていけないと考えた。山田義仁 CEO はじめ，同社の経営陣は断腸の思いで決断したのであろう。

　こうした決断ができたのは，同社の経営陣が，自動車業界で起きている変化から冷静に判断したからである。自動車部品のモジュール化が進み，当初70個あった電子制御ユニットが３つのビークルコンピュータに集約され，さらには，ハードとソフトの分離が進むと考えられる中，電子制御ユニットによる制御技術で価値を発揮していたオムロンはこの変化の中で勝ち残れないと考えた。巨大な投資ができるボッシュのようなメガ Tier 1 か，ある領域で突出したスーパー Tier 2 と比較すると，膨大な開発リソースの投入は難しいと考えたのである。

　そこで，モーターに莫大な投資を行い，車載部品事業を強化している日本電産に事業を譲渡することが，当該事業に従事してきた人材にとっても日本の産業にとってもよい結果になるとの英断をしたと筆者は考えている。

　つまり，事業再編は赤字になってから考えるのではなく，今後起きるであろう市場環境の変化を見極め，その事業領域で本当に生き残っていけるのか，投資する覚悟を持てる社のコア事業であるのかを考え，決断すべきである。その結果，コア事業でないと判断したのであれば，他社の力を借りた事業再編を決断したほうがよい。

　逆に，積極的に投資する事業には，外部との提携や買収を進めることが必要である。その際，その事業が目指す姿を明確に描き出しておかなくてはならない。

　日立製作所がグローバルロジックを買収したのは，Lumada による事業成長を実現するため，グローバルロジックが持っているデザイン思考による高度なデジタルエンジニアリング，エクスペリエンスデザイン，およびデータサービスの専門性を活かし，社会課題，顧客の課題解決を進めることができると考え

たからである。成長させたい事業に対して自社には何が足りないのか，また，どのような姿に成長させたいのかをはっきりさせた上で，買収や統合などアライアンスを進めるべきである。

　日本には同じ製品領域に多くの企業が存在するため競合関係になりがちであるが，もちろん，すべての企業が成長できるわけではない。市場がレッドオーシャンとなり，競争に疲れ果ててしまうこともある。そのような状況から脱却するためにも，自社の事業ドメインを再定義する中で自前主義から脱却し，将来に向けたポートフォリオを構築していきたいところである。

　その際，忘れてはならないのは，自社のリソースは限られているということである。何らかの分野を伸ばすためには，他分野を切り離し，縮小や撤退，他社との提携といった意思決定をして事業の新陳代謝を行う必要がある。

第 8 章

ガバナンスと
リスクマネジメントの強化

① 日本企業のガバナンスとリスクマネジメントの問題点

　日本企業は，2014年2月に日本版スチュワーシップコードの策定を行い，2015年3月には，コーポレートガバナンス・コードを設けることで，企業の組織や行動に関する準則を設けた。このように，日本企業と機関投資家との対話はある程度活性化はしている。

　しかしながら，いまだ，日本企業の経営の透明性には問題点も多い。その問題点について，①取締役会の監督機能の弱さ，②ダイバーシティの弱さ，③トップの選任と解任についての問題点，④サステナビリティ要素の反映が不十分，⑤リスク管理の弱さ，について述べたい。

1　取締役会の監督機能の弱さ

　日本企業においても執行役員制度が多く採用されており，かつてのように，業務執行を取締役が行い，その取締役から構成される取締役会が意思決定するといった意思決定と経営監督の機能が適切に働かないということは少なくなった。

　執行役員は執行に専念し，取締役会は中長期な戦略を立案し，執行役員の業務執行を監督するということで，建付け上は実現できている。また，委員会設置会社であれば社外取締役が過半数を占める，指名，報酬，監督の3つの委員会が設置されるため，取締役会による監督機能は強化されることとなる。

　しかしながら，多くの企業でみられることはこの取締役会議における監督機能の弱さである。取締役の人数が多い場合は，取締役会を頻繁に開いて意思決定することが難しいため，取締役会議では経営会議で議論されたことを追認しているといった形式的な監督機能に陥っている場合もある。また，各事業のトップが取締役を兼務している場合が多く，成長が厳しい事業である場合でも全社視点で考えることが難しく，撤退に反対するというケースも考えられる。その結果，事業の再構築，事業ポートフォリオの再構築に遅れることとなり，結果として，中長期の成長機会を失うことになりかねない。

　日本企業においても，2021年7月に日本取引所グループが発表している資料

| 図表8-1 | 独立社外取締役を3分の1以上選任する上場会社—旧市場一部推移とJPX400銘柄比率 |

（注）　2021年7月14日の時点におけるコーポレート・ガバナンスに関する報告書の記載をもとに集計。
（出所）　https://www.jpx.co.jp/equities/listing/ind-executive/01.html

によると，３分の１以上の独立社外取締役を選任する上場企業は東証一部上場で，2021年72.8％，JPX日経400銘柄中，87％まで上昇しており，社外取締役の選任は増加傾向にある。社外取締役が増加することに伴い，取締役構成などでみた意思決定の透明性はあがっている。しかし，取締役会の監督機能の強化はそれだけでは十分ではない。例えば，取締役会におけるアジェンダ構成として，中長期について十分に時間をかけて議論ができているかという問題がある。場合によってはアジェンダが多く，会社の方向性を左右する中長期の議論が十分に行われていないとしたら，執行に対する監督機能を十分に果たしているとはいえないだろう。

2　ダイバーシティの弱さ

　日本企業の最大の問題点は，ダイバーシティの弱さだ。日本企業の社員構成は今でも圧倒的にプロパーが多い。そのため，生涯，１つの企業でしか働いたことがない人材がほとんどであり，そうした人材の中から執行役員，取締役と昇格してくる。もちろん，社外取締役の構成を増やすことにより，ダイバーシティを取り込もうとしているが，それでも十分とはいえないだろう。社外取締

役の候補人材は日本においてはその母集団は十分ではない。そのため，複数の取締役会を兼務しているというケースが多い。

　2015年に金融庁と東証がまとめたコーポレートガバナンス・コード（企業統治指針）で，上場企業は2人以上の社外取締役を置くことが事実上，義務化された。東芝の不正会計，シャープの債務超過などをきっかけに，企業経営への監視の目は厳しくなり，社外取締役に求められる責任はより一層重くなっている。それに加えて，その人材候補が十分にいない。自社内にプロパー社員が多く，管理職のほとんどが男性という状態にあり，外国人，女性の社外取締役は大変な人気である。例えば，クリスティーナ・アメージャン氏は，4社の取締役を兼務しているが，外国人，女性，日本語堪能ともなると，その人気はさらに高まる。

　このような状況で，日本企業の意思決定のダイバーシティを強めていくことは大変難しいだろう。昨今は終身雇用から徐々に考え方も変化しているため，転職者も増える傾向にはあるが，役員昇格者は男性のプロパー人材が圧倒的に多く，意思決定の多様性にかけている。そのため，同じ常識観念で議論を行うことが多く，社長の考え方に忖度してしまう，ということも考えられ，活発な議論がされないこともある。したがって，社外取締役の重要性は増すばかりであるが，人材のパイが限られているため，急激なる需要の増加に供給が追いついていない状態である。

3　トップの選任と解任についての問題点

　さらに重要なるガバナンスの論点として，トップの選任と解任がある。委員会設置会社であるか，もしくは任意で，指名委員会を設置していない限り，経営トップの選任は，現CEOの専権事項となっている。CEOは会社のことをよく理解していることと，経営トップの候補者を評価できる立場にいることから自然なことではあるが，問題はその選考プロセスである。第三者の目からその選定プロセスにおいて，適切な人材を選定しているのかということについて，ガバナンスを利かせていくことが必要だろう。日本企業の経営者はプロパー社員からあがることが圧倒的に多く，経営に関する経験が十分ではない。工場長など生産畑のみをあゆみ社長になった，など会社全体の経営を経験することな

く，突如として経営者になることも多い。サクセションプランなど，経営者の育成，選定におけるプロセスが透明化されている欧米企業と異なり，その育成の仕組みも十分ではないこともある。

　また，解任についても同様である。東芝で発生した不適切会計問題，経営陣が引責辞任に問われるまで，経営者の交代をすることができなかった。日産自動車については，2019年4月，臨時株主総会を開き，カルロス・ゴーン氏を解任するまで，ゴーン氏を会長職から解任することができなかった。このように，トップの解任について，ガバナンスの弱さは大きな問題である。これは，委員会設置会社などの形式の問題ではない。東芝はガバナンスにおいては優等生といわれ，2003年に委員会設置会社に移行している。しかしながら，その後，東芝が発生させた不適切な会計処理，経営者の選定，解任における問題は，ガバナンスは形式だけではなく，その運用があって初めて成り立つものだということを明白にしている。優れたCEOを選定したとしても，人は変わるため，常に人が墜落するリスクを認識し，取締役会が主導し，選任・解任をしていくなど，取締役会の機能がますます重要になっている。VUCAと呼ばれる時代であるがゆえ，経営者のリーダーシップはますます求められており，経営者に対する監督，選任と解任に関するガバナンスの弱さが問題となっている。海外投資家からみると，日本企業の経営において透明性が足りない点として，指摘が多いところでもあり，重要な論点となっている。

4　サステナビリティ要素の反映が不十分

　先述したコーポレートガバナンス・コードの施行により，日本企業のガバナンスは執行と監督を分離し，モニタリングする形がより意識されている。こうした中，東京証券取引所はその上場区分を見直し，よりグローバルな機関投資家を意識し，そのプライム市場に上場する企業については，わが国を代表する優良な企業が集まる市場にふさわしいガバナンスの水準を実現しようとしている。そのため，プライム市場に多く投資をする米国，英国の投資家がどのような観点で企業経営をモニタリングしているかという観点を盛り込むことが必要となっている。

　そこで必要となるのがサステナビリティの観点である。従来は企業価値や株

主価値の向上，つまり財務的パフォーマンスを中心にモニタリングを行っていればよかったが，サステナビリティへの関心が日々高まることに伴い，サステナビリティ要素をとりいれたモニタリングが必要となっている。2019年に米国のビジネス・ラウンド・テーブルにおいて，「企業は株主のためだけに存在するものではない」ことが決議され，ステークホルダーへの関係性や利害を経営の基盤とすることが世界的な流れとなっている。米国，英国では，取締役会の監督対象にサステナビリティの要素を取り入れている。監督，指名，報酬などの委員会と並列にサステナビリティについて議論する委員会を設置し，専門的かつ時間をかけた議論が行われているという。注目するのがその比率であり，米国S&P100や英国FTSE100の企業については，３割以上がサステナビリティ関連委員会を設置している。委員長は独立社外取締役が務め，メンバーも社外取締役中心に構成され，取締役会の監督機能を補完している。

　英国の製薬大手，グラクソ・スミスクラインの取締役会においては，2000年代から企業責任委員会を設置し，サステナビリティに関するモニタリングを行っている。この委員会は，すべて社外取締役で構成されており，取締役会とは別に委員会を年間で４～５回開催しているという。そして，執行側の関係者の招集を行い，サステナビリティに対する監督の質を高めるため，必要に応じて，社外の専門家を招き，議論を行っている。

5　リスク管理の弱さ

　日本企業はリスク管理に力を入れるも，その多くが起きてから対応するといったクライシス管理になってしまっていることも多い。リスク管理は，これから発生する可能性のあるリスクを洗い出すことが必要であるが，その洗い出しが十分に行われていないことも多い。市場環境の変化はますます複雑化している。

　昨今はカーボンニュートラルにおいて，過去行った投資に対する見直し，CO_2の排出と削減に関する可視化といった大きな課題を企業は与えられている。先日行われたCOP26における議論にみられるように，そのルールは未だ流動的であり，国際ルールがまさしくつくられる過程にある。こうした市場環境の変化に対して，自社の戦略実行においてどのようなリスクが想定されるかを想

像する力が重要になっている。

　また，米中摩擦など，市場環境の変化は，ますます予測が難しくなっている。これまで中国企業に輸出できていたものが，突如として輸出ができなくなるということも多々見られる。それにより売上が数千億単位でなくなってしまった企業もある。こうした中，大型の投資やプロジェクト，グローバルな事業の推進においては，市場環境の変化，競争環境，国際情勢の変化を常にモニタリングしていなければ，事業環境の大きな変化に気づかず，事業そのものが窮地に陥ってしまうことも十二分にある状況だ。

　プロジェクトや投資に対するリスク管理機能をより一層高めなければならないが，多くの企業では十分ではない。また，米中摩擦から生じるリスクはより一層高まることが予想され，経済安全保障などの観点から，渉外の機能においても過去より求められる機能が複雑かつ高機能になっている。しかしながら，多くの日本企業においては，未だ十分に対応はされていない。

② 先進企業事例

　先進事例として，三菱重工業と，味の素について述べる。

1　三菱重工業のガバナンス強化

(1)　企業概要

　三菱重工業は，エナジー，プラント・インフラ，物流・冷熱・ドライブシステム，航空・防衛・宇宙のドメインで構成される重電・機械メーカー。20年度の売上高は3兆6,999億円のグローバル企業である。

(2)　監査等委員会設置会社移行に伴うガバナンスの強化

①　構造改革とチーフオフィサーへの移行

　三菱重工業では，監査等委員会設置会社に移行する前から業務執行の効率性や機動性の向上に向けて改革に取り組んできた。2011年の事業本部制への1本化，コーポレート組織再編，さらに，チーフオフィサー制度もそれらの一環で

あった。

　同社は，2011年4月1日に事業本部制度と事業所制度の2本立てで行ってきた組織運営を事業本部制に1本化し，それに伴い，コーポレート組織も再編し，全社的な戦略立案・事業支援機能の強化をした。

　さらに，2013年10月には，9つあった事業本部を集約・再編し，「エネルギー・環境」「交通・輸送」「防衛・宇宙」「機械・設備システム」の4事業ドメインからなる体制に移行した。このドメイン制度への移行により，個別製品事業（SBU）による迅速な事業運営が可能となり，ポートフォリオ経営による社全体での事業の成長・拡大に向けたリソースの配分，シナジー効果の発揮を推進した。

　それと同時に，事業運営においてはドメインCEOに権限移譲されると同時に，会社の経営にかかわる意思決定については社長とチーフオフィサーに権限を大きく集約させた。これらに加えて，同社は，2014年4月にチーフオフィサー制を導入している。チーフオフィサー制度は，社長の持つ業務執行権限と責任を一部委譲する制度であり，各ドメインを担当するドメインCEOに対してドメインにかかわる業務執行の部分を委任する一方で，コーポレート担当のチーフオフィサーに対して，その所掌する事項について会社全体に対する指揮・命令権を与えることによって，会社全体に対する横串機能とドメインへの支援機能を強化することを目的としている。

　具体的には，取締役社長（CEO）の下に，取締役社長の責任と権限の一部を委譲されたチーフオフィサーとして，ドメインCEO（各ドメイン長）のほか，CSO，CFOおよびCTOを配置している。このうち，CEOは当社の全般の業務を総理し，ドメインCEOはグループ全体戦略の下で各ドメインの事業推進を統括・執行する形とした。また，CSOは全社経営方針の企画に関する業務全般，CFOは財務・会計に関する業務全般，CTOは技術戦略，製品・新技術の研究・開発，ICT，バリューチェーン，マーケティングおよびイノベーションに関する業務全般をそれぞれ統括・執行する形としている。

　さらに，CSO，CFOおよびCTOは，それぞれの所掌機能について全社に対する指揮・命令権を持つとともに，ドメインに対する支援を行う体制に変更している。このほか，当社はCEOの職務を補助する常設の担当役員として，

GCおよびHR担当役員を置いている。GCは，CEOの命を受け，経営監査，総務，法務およびグローバル拠点支援に関する業務全般を，HR担当役員は，CEOの命を受け，人事および労政に関する業務全般をそれぞれ統括・執行している。

　CEOと，これらチーフオフィサー等を中心とする業務執行体制の中で，審議機関として経営会議を置き，業務執行に関する重要事項を合議制により審議することで，より適切な経営判断および業務の執行が可能となる体制を採っている。

②　監査等委員会設置会社移行の経緯

　こうした取組み（構造改革，チーフオフィサー）をしてきたが，従前の監査役設置会社の場合，重要な業務執行は取締役会で決定しなければならないので，業務執行面の効率性や機動性を向上しようとしても，意思決定の迅速性という点で一定の限界があった。さらに同社では，10年をかけて社外取締役比率を向上，監査等委員会設置会社に移行する前の2014年6月の段階で社外取締役比率を25％であったため，個別の業務執行の決定を1つひとつ決定していくことに違和感があったという。

　このように従前の機関設計のもとでの限界を感じていたところに，会社法の改正によって監査等委員会設置会社の制度が導入され，この制度が同社に適しているかの検討が必要となった。そして，2014年9月から，監査等委員会設置会社への移行検討が開始された。その結果，それ以前の10年ほどかけて行ってきた会社経営の健全性と透明性，および業務執行の効率性と機動性の向上のためのコーポレート・ガバナンス改革を一層深化することができるものと考えた。

　監査等委員会設置会社は，委員会設置会社と異なり機関設計の自由度が高く，法定の指名委員会・報酬委員会の設置の義務づけがなく，業務執行者に対する監督の強化に向けた仕組みをそれぞれの目的に応じて任意に設計することができることも同社の目的，意向に合致していると考えた。社外取締役比率においては移行前の段階で25％，移行後には3分の1を超えるまで比率を高めていたため，指名委員会等設置会社も選択肢としてはあった。しかし，同社にあったガバナンスの仕組みを工夫して設計し，構築することができる監査等委員会設

置会社制度のほうが同社の目的に合致しており，この制度を活用することによってそれまで行ってきたことをさらに一段進めることができると考え，移行することを決めた。

　こうして，2015年6月，業務執行の「健全性と透明性」および「効率性と機動性」の向上，コーポレート・ガバナンス体制の強化，取締役会の監督機能のより一層強化，監督と業務執行を分離し迅速な意思決定を行うため，社外取締役が過半数を占める「監査等委員会」を有し，取締役会の業務執行権限の相当な部分を取締役に委任することのできる監査等委員会設置会社に移行した。

③　監査等委員会設置会社移行後の体制

　監査等委員会設置会社移行後の体制について述べたい。

　2015年に監査等委員会設置会社に移行した際，社外取締役は監査等委員3名を含めた5名となったが，さらに2016年には役員指名・報酬諮問会議を設置するとともに，取締役を14名から11名に削減している。取締役11名のうち，5名を社外取締役とした。また，11名の取締役のうち，監査等委員である取締役を5名とし，そのうち3名を社外から選任した。

　社外取締役には，業務執行部門から中立の立場で当社経営に有益な意見や率直な指摘を得ることで，経営に対する監督機能の強化を図っており，社外取締役による監督機能をより実効的なものとするため，「社外取締役の独立性基準」を満たす社外取締役の人数が取締役会全体の3分の1以上となるよう努めた。

　また，監査等委員会の活動の実効性確保のために定款において常勤の監査等委員を選定する旨を定めており，当該規定に従って監査等委員の互選により常勤の監査等委員を2名選定している。常勤の監査等委員は経営会議や事業計画会議等の重要会議に出席し，経営執行状況の適時的確な把握と監視に努めるとともに，遵法状況の点検・確認，財務報告に係る内部統制を含めた内部統制システムの整備・運用の状況等の監視・検証を通じて，取締役の職務執行が法令・定款に適合し，会社業務が適正に遂行されているかを監査している。また，常勤の監査等委員のうち1名は，経理・財務部門における業務経験があり，財務および会計に関する相当程度の知見を有する者を選任している。また，21年6月に常勤の監査等委員となった徳永氏は，当社シニアフェロー，総合研究所

技師長であった技術者であり，先端技術を競争力の源泉としている当社であるがゆえ，監査等委員にも技術バックグラウンドの人材を選任している。

　監査等委員会は，経営監査部および会計監査人と定期的に情報・意見の交換を行うとともに，監査結果の報告を受け，会計監査人の監査に立会うなどして緊密な連携を図るとともに，コンプライアンスやリスク管理活動の状況等について内部統制部門あるいは関連部門から定期的または個別に報告を受けている。

　こうした監査等委員会の職務をサポートするため，監査等委員会室を設けて専属スタッフを配置し，監査等委員会の円滑な職務遂行を支援している。監査等委員会の運営実務，常勤の監査等委員による監査の支援等を行っている。現在，6名のスタッフが配置されており，財務，法務，人事，営業の各部門から相応の知識を持つ人材を集めている。スタッフは全員専任で，執行側の指揮・命令系統から独立しており，人事異動や考課等に際しては，監査等委員会の同意を要することとしている。

　また，独立性基準に対して，より強く準拠するため，20年には社外取締役を1名増員し，取締役12名のうち半数の6名を当社の独立性基準を満たす独立社外取締役とした。これらの改革により，意思決定の迅速化と監督機能の強化を進めている。

④　移行による効果
（i）取締役会議でのより重要事項への議論時間の投与

　重要な業務執行の決定を委任することにより，取締役会にかかる案件，決定事項としてかかる案件を減らすことができる。一方で，取締役会が監督機能を十分に果たすようにするためには，取締役会に情報が入ることが必要となる。そこで決議事項を減らす一方で，報告事項は充実させている。

　具体的には，各ドメインから取締役会に対する定期的な報告を新たに取締役会規則が定める報告事項の中に入れていることと同様に，コーポレート担当のチーフオフィサーによる業務執行状況の報告，これについても取締役会の報告事項としている。こうした結果，取締役会の頻度は月一度で，移行前と同じであるが，1件にかかる審議の時間を長くすることができている。こうした結果，全社にインパクトを与える重要な案件により審議の時間をかけられるように

なった。そして，取締役の発言も結果として増えている。

(ii) 監査機能の強化

　移行後の監査の在り方については，監査の質やレベルの後退を避け，従前と同様の監査の実効性を担保することに尽力した。監査等委員会の監査は，内部統制システムを利用して行うことが想定されており，調査権を与えられた監査等委員が自ら実査を行うこともできる。

　同社は，それを前提とした議論を行い，任意に常勤監査等委員を置くこととしており，かつその旨を定款にも規定し，将来的にも置き続ける形をとっている。そして，常勤監査等委員が監査等委員会の議決に基づく調査権限等を行使して，従前の常勤監査役が行っていたような監査を行うようにしている。さらに移行を機に従前から行っていた監査役と内部監査部門の連携をより深化させた。

　例えば，コンプライアンス施策の実施状況，基本的業務プロセスの適正性のチェックといった定常的あるいは網羅的な項目については，常勤監査等委員が内部監査部門に監査結果の報告を求め，それを極力活用するなどの連携をとって，監査の効率性を向上させている。同社では，内部監査部門を執行サイドの一部門と位置づけているので，監査等委員会は内部監査部門に対する指揮・命令権は持っていない。したがって，両者の連携を図る上で，内部監査部門と監査等委員会が定期的に情報交換する場を設け，必要に応じて内部監査部門が常勤の監査等委員に報告することで，事実情報が内部監査部門から監査等委員にタイムリーに流れるような仕組みを作っている。こうしたことがスムーズに行えた背景には，移行前の監査役スタッフ部門のメンバーが，そのまま監査等委員会室に移っていることも大きく寄与している。

　また，内部監査部門では，移行を機に，監査等委員会との連携も念頭において，グループ会社も含めた内部監査体制の構築や監査方法の見直しに着手している。監査等委員会の運営は，原則として月に一度，取締役会の開催日に開催しており，時間や内容については，従前の監査役会からそれほど変化はしていないものの，監査等委員の選任については，同社のコーポレートガバナンスガイドラインに基づき，会社経営，法務，財務・会計などさまざまな分野から，それぞれ豊富な経験を有する人材をバランスよく選任している。そのうち１名

については，財務・会計に関する相当程度の知見を有する人材を選任するように努めている。

(iii) 取締役会の監督機能の強化

社外取締役の役割として，監査等委員ではない社外取締役もいるが，それぞれの経験，見識に基づいて，同社の経営に対して有益かつ率直な発言をしてもらうことにより，取締役会の監督機能を強化して，経営の健全性・透明性を向上した。また，監査等委員会が監査等委員ではない社外取締役と情報の共有を図るなどの取組みをすることにより，取締役会の監督機能の強化を行った。

(iv) 執行のスピードの向上とガバナンスの両立

業務執行におけるスピードをあげていくために，業務執行の委任の範囲については，個別の業務執行の決定はできるだけ委任し，取締役の負担を軽減した。同社の定めおよび取締役会の決議に従い，法令により取締役会の専決事項として定められた事項，事業計画，取締役・チーフオフィサー・役付執行役員の選解任および報酬，その他特に重要な個別の事業計画・投資等を除き，取締役社長への重要な業務執行の決定の委任を進めており，迅速な意思決定と機動的な業務執行を可能とするとともに，取締役会の主眼を業務執行者に対する監督に置くことを可能としている。

一方で，会社全体に大きな影響を及ぼすような重要な個別の事業計画や投資案件などは，取締役会に残すべきという意見にも一定の配慮をおいている。また，性質上，取締役会への付議が望ましいもの，例えば代表取締役の業務分担や役付取締役，役付執行役員，チーフオフィサーの決定，あるいは役付執行役員の間の業務分担といった事柄は，取締役会決議に残している。こうした点に対しては配慮しつつも，それ以外のものについては，法令の許容する範囲で取締役に委任している。

また，いままで取締役会で議論していた事項を執行サイドに委任する際，委任を受けた側での権限分掌については，委任を受けた取締役か，受任した取締役から再委任を受けたものが決定する。とりわけ，移行前に取締役会で付議していたような事項については，その受任者が決定する前に，経営会議で審議することにより，一定の牽制をかけている。同社の場合，経営会議は意思決定機関ではなく審議機関という位置づけであるので，合議で決定するということは

なく受任した人材が決定を行うが，その意思決定前に会議体において審議を尽くすことにより，その結果も踏まえて受任した人材が最終的に決定をするプロセスを入れることにより，当面の牽制をかけている。

(3)　同社のリスクマネジメント

　図表8-2にあるように三菱重工業は事業所制度廃止，事業本部制，ドメイン制／SBU制度と組織改革をし，経営プロセスにおいても戦略的事業評価制度を入れ，CF（キャッシュ・フロー）経営を強化した。そしてガバナンスにおいてもチーフオフィサー制度の導入，さらには監査等委員会設置会社へと移行した。しかしながら，当社は，客船，民間航空機など大変リスクが高い事業を行っていることから，同社にとってリスクマネジメントの強化は喫緊の課題であった。

　同社のリスクマネジメント強化の経緯について述べていきたい。

①　客船事業の失敗とリスクマネジメント強化の経緯

　2004年にダイヤモンドプリンセスおよびサファイアプリンセスの引渡し後数

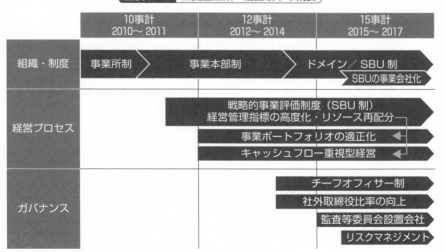

図表8-2　三菱重工業—経営改革の概要

（出所）　三菱重工業のグループガバナンス資料をもとに作成

年を経て，客船を高付加価値商船の最上位種と考え，「難易度も付加価値も高いが，過去に同規模客船の建造実績もあり，対応可能」と判断し，受注活動を再開したが，商談の途中延期や失注が続いた。

2011年にAIDA向け客船を受注したあと，工事は順調に進捗中と事業部門他の関係者は判断していた。しかし，基本設計の完了時期が見通せなくなる中で，2013年半ばに工事混乱が明らかになってきた。問題の認識後，直ちにプロジェクト管理のスペシャリスト投入などを行い全社的な対応策を講じたが，結果的に巨額の損失を生じることとなった。

そこで，三菱重工業は，想像を超える困難な工事となったことを緊急かつ重大な課題と認識し，分析や検討を行うために，船舶・海洋事業部門以外の社内有識者をリーダーとする評価委員会を設置した。また，商船事業の改革を成功・持続させていくために，船海事業部門の中堅・若手社員を集中討議に加えた。そして，AIDA向け客船の損失発生原因の分析を行った。そして，意思決定プロセスやプロジェクトマネジメント面などからの評価と総括を行っている。

AIDA向け客船の損失発生原因の分析として，AIDA向け客船の特殊性を分析した。欧米向け客船のプロトタイプ（1番船）建造においては，コンセプト設計から基本計画，購入品メーカ決定・詳細設計等に至るプロセスの全体に，特殊なノウハウと多くの時間および人材（経験者）を要し，プロトタイプに準じた設計・建造を行えばよい準1番船と全く異なるものであった。このプロトタイプに関するMHI知見が十分でないことを事業関係者が受注の時点で適切に認識していなかったことから，AIDA Aprima（1番船）の当該プロセス遂行は困難を極めた。

また，トップマネジメントおよびコーポレート部門の反省として，個別商談や技術開発に関するコーポレート部門の機能別チェックと，それに続くトップマネジメントの承認（容認）が行われるという従来の経営から脱却できていなかったと振り返っている。

そして今後の経営改革への反映として，事業リスクマネジメントの強化が必要としている。当社グループ全体の問題と捉え，事業活動における意思決定プロセスの革新とリスク対応力の強化を推進するとしている。

このように客船をはじめとして，多くの事業分野でさまざまな新しい取組み

図表 8 - 3　AIDA 向け客船の総括

損失の直接要因

➢ 担当事業部門におけるプロトタイプ（1番船）の困難性への認識の乏しさ，連続失注後の過去の建造実績に基づく楽観的で拙速な受注判断，不十分なプロジェクト運営力及びそれらに起因する工事展開の大混乱。

トップマネジメント及びコーポレート部門の反省

➢ 個別商談や技術開発に関する意思決定は事業部門が主体的に行い，要すればコーポレート部門の職能別チェックと，それに続くトップマネジメントの承認（容認）が行われるという従来の経営から脱却できていなかった。

その他改善すべき点

➢ 他部門の助けを求めない気質や上意下達的な風土等，プロジェクト運営や新製品・新技術への挑戦に適さない心理や意識が残っていた。
➢ コーポレート部門による実行初期段階からの工事進捗とコストのモニタリングが十分でなかった。（事業部門に任せ過ぎた）
➢ 事業部門のコスト見積の方法と精度にも工夫の余地があった。

今後の経営改革への反映

1. **事業リスクマネジメントの強化**
   当社グループ全体の問題ととらえ，事業活動における意思決定プロセスの革新とリスク対応力の強化を推進する。

2. **商船事業改革**
   1）今回の反省を再建と発展につなぐため，客船を含む商船事業の事業構造と体制の抜本的な改革を，総力を挙げて推進する。
   2）本改革を成功させるためには，事業関係者，特に中堅・若手社員の積極的な参画が不可欠であり，現在活動中の「商船長崎改革委員会」〔注〕をベースに，事業と組織風土の改革を加速させる。

〔注〕商船関連の製品開発における仕様未達を機に昨年末立ち上げ，中堅・若手社員を主体に現在活動中。

（出所）　三菱重工業客船事業評価委員会報告をもとに作成

や挑戦をする中で，持続的に成長してきたが，併せて，大規模な損失も経験してきた。また，近年，事業のグローバル化と案件の大型化や技術の発展・複雑化などに伴い，発生するリスクの規模もさらに大きくなってきている。一方，絶え間なく変化する事業環境の中で，企業が持続的に成長していくためには，既存事業における改善・強化に加え，新分野，新技術および新しい顧客・地域への挑戦も続ける必要がある。このような挑戦に事業上のリスクを伴うことは当然であり，その軽減能力の高さが企業の業績および成長性を大きく左右することになると同社は考えている。

　このような挑戦を推進し，次の飛躍に備えるために，過去の経験と反省の上に，事業リスクマネジメントを確実に遂行できる仕組みを構築するとともに，トップマネジメントの戦略判断を支える高度なインテリジェンス体制やプロセ

スモニタリングを強化し，事業伸長へのチャレンジを実行できる「コントロールド・リスク・テイキング」を志向している。

②　同社の事業リスクマネジメントに対する考え方

リスクマネジメントはガバナンスの一環であり，「制度・プロセス」「企業文化」「人材」という各要素が全部整って初めて機能するものと考えている。グローバル市場においてより果敢にリスクに挑戦するのと同時に，そのリスクをどのようにマネージできるかが企業価値を継続的に増大させるための両輪であり，その意味で，図表8-4のとおり，プロセスからストラテジーまでの幅広いリスクを，実務層から経営層まですべての事業参画者ごとに包括的，網羅的に把握し，コントロールしていくことが非常に大切であると考えている。

③　事業リスクマネジメントの体制

当社グループでは，下記施策により事業リスクマネジメント体制の体系化と経営幹部／事業部門／コーポレート部門の役割明確化を図っている。

第一に，当社グループの最上位ルールとしての「事業リスクマネジメント憲章」の遵守・実践，そして，事業リスクマネジメント対象の定義等を明確化し，これを遵守し実践する。

そして，第二に事業リスクマネジメント委員会の開催をしている。これにより，トップマネジメントレベルでの重要リスク情報の共有や対応方針協議をし

図表8-4　事業リスクマネジメントのマトリックス

	ストラテジーリスク 事業戦略（参入・継続・撤退） に係るリスク	カルチャーリスク 企業風土リスク（社内慣習，体質，歴史，価値観，人事制度）	プロセスリスク 事業遂行（計画立案・実行） に係るリスク
トップマネジメント （経営者）	●	●	
ミドルマネジメント （事業部長・SBU長）	○	●	○
エグゼキューション （実務者）		○	●

（出所）　https://www.mhi.com/jp/sustainability/governance/risk_business.html

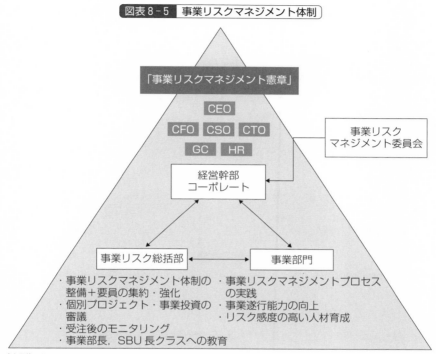

図表8-5　事業リスクマネジメント体制

（出所）　https://www.mhi.com/jp/sustainability/governance/risk_business.html

ている。

④　事業リスクマネジメントの活動内容

　当社グループでは，事業リスク総括部を責任部門として，経営者，事業部門，コーポレート部門の三者が一体となって事業リスクマネジメントに取り組んでいる。具体的な活動内容としては，図表8-6のとおり，事業リスクの予防と発生頻度の低減・対策に関する制度やプロセス面の強化だけでなく，当社幹部も交えた教育などを通じて，事業リスクマネジメント人材の育成やリスク対応文化の醸成にも取り組んでいる。

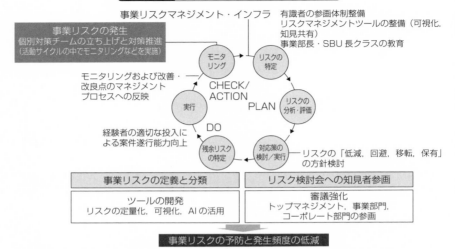

図表 8-6　事業リスクマネジメントプロセス

（出所）　https://www.mhi.com/jp/sustainability/governance/risk_business.html

2　味の素のガバナンスとサステナビリティの強化

(1)　企業概要

　日本および海外市場において，食品事業，ヘルスケア，電子材料など幅広い事業をグローバルに展開し，アミノ酸とともに，食と健康の課題解決に取り組むグローバル企業である。20年度の売上高は1兆714億円，従業員は，21年3月末現在で，33,461人である。

(2)　指名委員会等設置会社移行

　味の素は，マルチステークホルダーの意見を反映し，適切な執行の監督とスピード感あふれる業務執行の両立により，より実効的なガバナンス体制で味の素が推進する ASV（Ajinomoto Group Shared Value）経営を進化させるために，2021年6月に開催された定時株主総会にて，「監査役会設置会社」から「指名委員会等設置会社」に移行する決議をした。同社の移行の意義と期待されてい

る効果について述べたい。

①　経営会議と取締役会の役割の重複

　同社は移行前においては，監査役会設置会社であり，取締役は過半数が社内取締役であり，その多くが執行側である経営会議の主要メンバーで構成されていた。そのため，取締役会での社外取締役の意見に対して社内取締役が執行側の立場で回答することもあり，経営会議と取締役会の役割に重複が生じていた。同社のガバナンスを強化する上でも，監督と執行の分離を行う必要があった。

②　執行側への権限移譲に伴う取締役会議の監督機能の強化と執行の機動性向上

　執行側への権限移譲が進み，取締役会に諮る議案数は約半分に絞り込めることにより，事前準備や審議により多くの時間をかけようとしている。その結果，社外取締役がこれまで以上に審議において活発に発言することで，より一層充実した審議を行おうとしている。また，取締役会がこれまで以上に健全なリスクテイクを執行側に促しつつ，しっかりモニタリングすることを狙っている。こうして取締役会の監督機能が強化されることと同時に執行の機動力が向上し，監督と執行の両面からガバナンスの向上を狙っている。

③　指名委員会による CEO の選解任

　社外取締役を中心とする指名委員会に CEO の選解任を委ねている。事業環境が大きく変わり続ける中で，より長期的なビジョンのもとで経営のかじ取りをするため，執行側と経営側が10年先のビジョンを共有し，そのビジョンに対して前進しているか後退しているかを取締役会が判断をし，指名委員会が選解任をしていく姿を目指している。

　執行と監督の関係は敵対関係ではなく，両者の目的はあくまでも「ステークホルダーの負託に応えること」に尽きる。こうした方向性をぶらさずに進めていくようにしているという。

④　企業価値向上のための戦略モニタリング

　ステークホルダーの反応・評価としては，海外投資家にとって，一見わかりにくい監査役会設置会社から指名委員会等設置会社に変わり，モニタリング機能が高まった点で評価を受けているという。加えて，国内も含めた投資家全般の関心は，機関設計の形式よりも実効性にあると感じているという。企業不祥事の防止もさることながら，いかにビジョン，戦略を実現するのかということがより一層大事であるという。つまり，取締役会の役割は，執行の背中を押しながら監督できているかということが大事である。

　そのため，同社では，5つのKPIを社内外に共有している。それは，ROIC，オーガニック成長率，重点事業売上高比率，従業員エンゲージメントスコア，単価成長率（海外コンシューマー製品）を見ている。このように，味の素グループは長期のビジョンを実現するため，毎日の食をおいしく楽しんで，ウェルネスを生み出すという価値をできる限り可視化するために議論をし，その結果をステークホルダーに説明することで，その観点での検証を繰り返しながら段階的に向上し，戦略に対するモニタリングを強め，ガバナンスの向上を実現しようとしている。

(3)　サステナビリティ推進体制の強化

　同社は常にサステナビリティの観点から企業価値を向上するため，21年4月，取締役会の下部機構として，「サステナビリティ諮問会議」を新設している。ここでは多様性に富む社外有識者が中心となり，マテリアリティやあるべき姿の検討を進めている。

① 　サステナビリティ諮問会議の主な役割

　サステナビリティ諮問会議は，取締役会からの諮問に基づいて，以下の検討を行い，取締役会に答申している。

(Ⅰ)　中期経営計画フェーズ2（2023年から2025年度）のマテリアリティ・戦略に反映させるための長期視点（2050年まで）に立ったマテリアリティ

(Ⅱ)　マルチステークホルダーの視点に立ったマテリアリティおよびマテリアリティに紐づく環境変化（リスク・機会）への対応方針

(Ⅲ) 2030年以降に企業に期待・要請されるポイントや社会ルールづくりへの適切な関与

(Ⅳ) 環境負荷低減，健康寿命延伸の姿勢，社会価値創出に関する2030年以降の目標

　サステナビリティ諮問会議の議長は，立教大学経営学部国際経営学科教授のるスコット・デイヴィス氏が務めている。そのほかの委員は，健康・栄養，ウェルビーイング，新興国，次世代，ESGやインパクト投資家などさまざまなステークホルダーから各分野を代表する社外有識者，社外取締役，代表執行役社長を含む同社役員より選定している。例えば，取締役会議長である岩田喜美枝氏，タイ国マヒドン大学教授で栄養，健康に詳しいクライシドトンテイシリン教授，元JICAの上級審議官であり，新興国・途上国，人間の安全保障に詳しい戸田隆夫氏，また社内からは西井社長，倉島専務，白神専務が参画している。

　サステナビリティ諮問会議は，健康科学・国際開発・ESG投資・ウェルビーイング分野の世界的権威からなる意欲の高いチームであり，現在から2050年，さらにそれ以降における本会議の意義を強く確信しているという。同社は，現在，科学的知識やイノベーション，市場に関する理解，パートナーとのネットワーク，グローバル企業としての強みを最大限に活かし，2050年を超えて持続可能なウェルビーイングの実現に役立つ価値を創造していくために体系的な取

図表8-7　ESG サステナビリティに関する体制

ESG・サステナビリティに関する体制

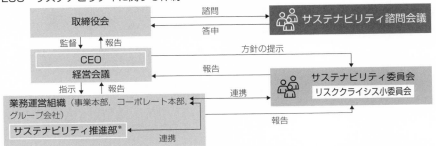

＊サステナビリティ委員会と協働して方針・戦略の策定，事業計画へのサステナビリティ視点の提言，施策フォローを行う。

（出所）味の素統合報告書をもとに作成

組みを進めている。

　同社ではサステナビリティ諮問会議の設置とあわせ，経営会議の下部機構として「サステナビリティ委員会」を設置している。サステナビリティ委員会は，サステナビリティ諮問会議の答申を受けて取締役会が承認したマテリアリティや取締役会が示す戦略的方向性に基づき，全社経営レベルのリスクと機会の特定および事業戦略への反映を行い，経営会議および取締役会に報告を行っている。

③　ガバナンスとリスク管理の強化に向けて

　ガバナンスとリスク管理の強化に向けた取組みとして，①取締役会機能の強化，②経営者の選任解任機能の仕組みと運用，③ダイバーシティの強化，④サステナビリティ体制の強化，⑤リスクマネジメントの強化，について述べる。

1　取締役会機能の強化

　ガバナンス強化のためによく考えられるのは監査等委員会社設置会社もしくは委員会設置会社などへの移行であるが，こうした形式だけではガバナンスは高まらない。第一に重要なのは，社外取締役の人選である。企業の意見に対して異なる意見を述べ，その意思決定に客観性を持たせることができる人材が必要となる。決して仲良しクラブとなることなく，客観性と専門性が必要なことはいうまでもない。

　しかしながら，仮に素晴らしい人選をしたとしても，取締役会でどのような意見がいえるかということが重要になる。事業についての知識は社内取締役よりも情報量が圧倒的に少ない。そのため，社外取締役への情報のインプットの仕方への工夫が必要となる。

　経営に大きな影響を与える重要なる決定事項について，取締役会で社外取締役も含めて活発な意見交換をすることで，多面的な検討を経て公明な意思決定ができなければならない。そのためには，異なる意見が出せるように，社外取締役への議題に対する過去の社内での議論の経緯，決議する社内決定事項のみならず，反対意見としてどのような意見が出たのかなどその議論の経緯も詳細

に伝えていくことが望ましい。

　さらに社内の取締役の人選も非常に重要だ。CEO に異なる意見を発することができる人材が取締役に選任されている必要がある。日本企業においては，社内取締役にこのような人材が少ない一面もあることも事実だ。生え抜きの人材のみが取締役となっている状態で CEO と異なる意見を言明することのハードルは極めて高いだろう。そのため，社内取締役についても生え抜きに留まらず，中途で入社した人材，女性，外国人などさまざまなバックグラウンドの人材を社内の取締役としていくことが必要だ。

2　経営者の選任解任機能の仕組みと運用

　日本企業のガバナンスはかねてよりその脆弱性が指摘されてきたが，それは経営者を選定するプロセスにおいても，経営者を退任させるプロセスにおいてもそのガバナンスには多くの問題がある。

　経営者の選任・解任においてのガバナンスの仕組みを構築していくためには，任意でも指名委員会を設置することが必要だろう。もちろん，指名委員会等設置会社への移行を行えば，それにより，指名委員会の設置は義務づけられ，委員の過半数は社外取締役であることが求められる。経営者の解任が必要な状況に陥っても解任がされない状況が多々見られる日本企業において，経営者の選任・解任の仕組みのみならず，実のある運用をするためには，社外取締役の委員長，さらに過半数の社外取締役での構成がされた指名委員会の運用が望ましい。

　日本経済新聞の記事によると，指名委員会等設置会社への移行による法定の指名委員会を設置する企業は3％にとどまり，その多くは任意である。そのため，日本では社内取締役が指名委員会の議長を兼任することもあり，外部の監督機能が十分に機能していないと指摘を受ける。法定の指名委員会が望ましいということではなく，任意の指名委員会においても外部からの監督機能が十分に機能するような体制にすることが望まれる。過半数を社外取締役にすることや指名委員会の議長を社外取締役とすることで，その監督機能を非常に高めることができる。

3　ダイバーシティの強化

　日本企業が真にガバナンスを強化するためには，多様な人材による意思決定が行われなければならない。しかしながら，日本企業の取締役は先述のように１つの会社しか経験がないプロパーが多く，その会社の昔ながらの風習，文化について，悪しきものであっても変えることは難しい一面がある。また，プロパー役員は社長に対しては忖度するという傾向も多く，活発な意見が行われるということも，社内の取締役だけでは難しい。そのため，取締役会のダイバーシティが重要になる。確かに日本企業は現在，以前より流動性が高まる傾向にはあるが，中途社員の人材が執行役員となり，取締役となるまではまだ，時間もかかるだろう。もちろん，社内取締役においても，さまざまなキャリアの人材，男性のみならず，女性，外国人，LGBTQ など多様な人材を採用し，取締役に登用することも必要だ。それのみならず，さまざまなバックグラウンド，国籍を持つ社外取締役を増やしていく必要がある。

　こうした課題を解決するには，常に社外取締役を探索する機能が必要だろう。こうした機能をどこに設置するのか，企業によると思われるが，人事もしくは経営企画といった部門に配置をし，経営者が考える経営課題，これまでの取締役会議の議論で指摘される課題，などから必要となる専門性を明確にし，そうした専門性を持つ人材を常日頃から探索することが必要だ。確かに，日本企業には社外取締役の候補人材が少ないという声も聞く。その結果，常に候補となる人材は同じような人材ばかりである。その結果，決まった人材が "OVER-BOARDED"（多くの企業の社外取締役を兼務している）状態となることも多い。これは，企業側の探す力が弱いということにも起因している。良い人材がいるのだが，掘り起こされていないということである。企業は積極的に外部ネットワークを作り，常に自社に足りない専門知識，経験を明らかにし，一体どのような専門知識と経験があれば，重要なる経営課題についての取締役会での議論が活発化するのかといことを考え，常にリクルーティング活動をすることが必要だろう。

4　サステナビリティ体制の強化

　企業価値を高めるためには，サステナビリティは重要な課題だ。欧米のように取締役会の監督対象として，サステナビリティの要素を取り入れ，監督，指名，報酬などと同じようにサステナビリティについて議論する機能が必要だ。こうした機能を設けることで，社外のさまざまな専門家を招き入れ，専門的かつ時間をかけた議論を行うことができる。

　味の素が実施したように，取締役会の下部機構として，サステナビリティ諮問会議のような組織を設け，社外取締役中心にマテリアリティや中長期で解決すべき社会課題，会社のあるべき姿を議論するなどを行い，取締役会に諮問していくなどの機能構築も有効である。

　またそうした議論が事業戦略に反映されていくように，味の素の「サステナビリティ委員会」が実施しているような経営会議の下部機構として，取締役会が承認したマテリアリティや戦略的方向性について，事業戦略への反映を推進する機能を構築していくことが必要だ。

　こうすることで，サステナビリティの視点を取締役会に対する監督対象に入れるとともに，そこで意思決定されたことを，戦略策定へ反映させ，執行でしっかりと実行に落とし込むことが必要である。

5　リスクマネジメントの強化

　リスクマネジメントにおいて，特に重要になっている，①事業リスクマネジメントの強化，②渉外機能の強化，について述べたい。

(1)　事業リスクマネジメントの強化

　プロセスからストラテジーまで幅広いリスクを，実務層から経営層まで包括的，網羅的に把握をし，コントロールを行い，そのリスクマネジメントの体系化と経営幹部，事業部門，コーポレート部門それぞれの役割を明確化している。事業リスクの予防と発生頻度の低減，対策に関する制度やプロセス面の強化だけではなく，幹部も交えた教育などを通じ，事業リスクマネジメント人材の育成やリスク対応文化の醸成に取り組んでいる。

　企業を取り巻く事業環境は複雑化しており，事業リスクは高まっている。発生するリスクへの正しい対応は，いかにリスクに対する感度を高めるかである。そのためには，三菱重工業が実施したように，「制度・プロセス」「企業文化」「人材」を一体で整備することが必要だ。組織としてのリスクに対する組織としての感度を高めることが必要である。戦略，企業風土，事業遂行におけるプロセスにおいて，経営層，ミドルマネジメント，実務者がそれぞれどのような役割を持つのか明確にすることが必要だ。

　戦略的意思決定は，最終的に経営者が行うべきものであり，事業環境の変化を常にモニタリングしながら，経営層が意思決定しやすい環境変化のモニタリングが必要だろう。そうなると，戦略，もしくはプロジェクトなどの大型案件については，顧客の変化，競合の変化など市場環境の変化に対するモニタリングが必要だ。さらには，リスク管理部門が，事業リスクマネジメントプロセスの構築をし，事業部門とともに，リスクの特定・評価から対応策の実行，残余リスクの特定，さらに対策といったプロセスを共同で回し，その状況を常に確認していくことが必要だろう。

(2)　渉外機能の強化

　リスクマネジメントのためには，(1)を実施するリスクマネジメント部門のみならず，渉外部門の強化を行うことが必要だろう。例えば，ルールメイキング機能は，リスク感度を高めていくためにも重要な機能だ。カーボンニュートラルが求められる現在，欧州などで議論され，構築された国際標準において，日本企業が不利な状況におかれることも考えられる。実際，世界はEVに大きく誘導されており，ハイブリッドを中心に強みを持つ日本企業は不利な状況におかれている。また，同じように火力発電において世界で一番のシェアを持つこととなった日本ではあるが，カーボンニュートラルでの世論は火力発電に対して非常に厳しいものとなっている。もちろん，IGCC（石炭ガス化複合発電）や水素炊きガスタービンなど進んだ技術を持っている日本企業であるが，世界での世論形成は火力に対して非常に厳しいものとなっている。

　こうした中，リスク管理の観点として，リスクをモニタリングする感度を高めるために，渉外の機能が非常に重要になる。それは，自社にとっての有利な

ルールを形成していくルールメイキングの観点からも重要であるし，また米中摩擦が高まる中，経済安全保障の観点からも非常に重要だ。カーボンニュートラルなどの社会課題に対して，欧州の規制当局などの動きを把握することのみならず，どのようなルールが必要になるかを提案，提言していくことが求められるだろう。決して自社の製品や技術の訴求をするのではなく，社会課題の解決のために求められるルールの提言をし，それを裏づける技術として，自社の保有する技術を社会課題の解決方法として規制当局などに提示していくことが必要だろう。また，経済安全保障の観点においては，米中摩擦が高まり，その重要性は増している。

　三菱電機グループでは，社長直轄の「経済安全保障統括室」を設置し，政策動向や法制度を調査・分析をし，全社における輸出，情報セキュリティ，投資，開発等に関する経済安全保障の俯瞰的視点から統合的にリスク管理機能を高めようとしている。

　また，社内各部門に経済安全保障局を設置し，国内関係会社に経済安全保障室，海外関係会社に経済安全保障責任者を配置し，グループ全社の経済安全保障体制を構築している。同社は，幅広い先端技術分野において，米中両国含む世界各地でのグローバル事業展開を行っており，防衛・宇宙分野の事業にも携わっている。各国の経済安全保障政策が同社の企業活動に大きな影響を与える。したがって，このような体制構築は必須のものであった。同様に，半導体などの先端技術，画像解析技術などの先端技術は軍事への利用が可能であり，そのため，自社が保有する技術が米中安全保障において，どのような位置づけにあるのか，その位置づけの確認が必要であると同時に，米国の関心が常に変化していくため，霞が関との連携を強めておくことが必要となる。

　岸田総理大臣は，21年11月19日には，第一回経済安全保障推進会議を開催している。経済安全保障は，国としても重要なテーマとなっており，内閣官房に「経済安全保障法制準備室」が設定されることが表明された。こうした政府の動きをモニタリングし，接点を構築し，情報を常に収集していくことにより，恐れるのではなく，リスクを正しく捉え，正しく準備をすることが必要となっている。

　日本企業は，保有技術，質の高い社員などさまざまな持てる資産に対して，

その価値が十分に評価されているとはいい難い。ガバナンスとリスク管理機能を強化することにより，多くの日本企業がその企業価値を高めていくことを切に願いたい。

【参考文献】

第1章

オムロン　社憲「われわれの働きでわれわれの生活を向上しよりよい社会をつくりましょう」　https://www.omron.com/jp/ja/ir/irlib/pdfs/ar15j/ar15_14.pdf

味の素グループ　森島千佳執行役員インタビュー

オムロン　安藤聡取締役インタビュー

ソニーグループ　今田真実執行役員インタビュー

CNET-Japan「ソニー吉田社長が次のメガトレンド"モビリティ"に挑む理由」https://japan.cnet.com/article/35147888/3/

『一橋ビジネスレビュー』2020年冬号

『ハーバード・ビジネス・レビュー』2020年7月号

https://info.finance.yahoo.co.jp/ranking/?kd=4

https://stocks.finance.yahoo.co.jp/us/ranking/?kd=4&tm=d

第2章

「ユニ・チャーム統合レポート2020」P.49　https://kabuyoho.jp/discloseDetail?rid=20200622448748&pid=140120200622448748

ユニ・チャーム　上田健次執行役員ESG推進部長　企業倫理室長　インタビュー

キリンホールディングスWebサイト「未来シナリオ会議―のみもの×デジタルで出来ることを考える」　https://wb.kirinholdings.com/collaboration/report/detail03.html

キリンホールディングス　インタビュー

キリングループ2019-2021年中期経営計画（2019年2月）　https://pdf.irpocket.com/C2503/drYi/nUQ4/Ecw6.pdf

キリンホールディングスWebサイト「シナリオプランニングとは」　https://wb.kirinholdings.com/about/scenario/

サイボウズ式「サイボウズの『給与評価』と『キャリアパス』の裏側を，人事が赤裸々に語る」（2017年11月8日）　https://cybozushiki.cybozu.co.jp/articles/m005330.html

サイボウズ　広報　インタビュー

第4章

リクルートワークス研究所「『健全な人材流動化』をジョブ型雇用で実現する条件」

（2020年11月6日）　https://www.works-i.com/column/hatakuronten/detail014.html

　　働き方改革ラボ「株式会社タニタ　社員の個人事業主化への道のり（前編）日本活性化プロジェクトの軌跡／二瓶琢史氏」（2021年1月15日）　https://workstyle.ricoh.co.jp/article/tanita-1.html

　　西田直哉「データサイエンティストを育成し人財で勝つレジリエントな組織に」『月刊先端教育』2021年2月号，学校法人先端教育機構出版部　https://www.sentankyo.jp/articles/1835ff69-3295-40af-87aa-f73e52f16414

　　AGC ニュースリリース「独自のデータサイエンティスト育成プログラム『Data Science Plus』を確立―製造工程のスマート化に貢献」（2019年10月9日）　https://www.agc.com/news/detail/1199854_2148.html

　　ダイヤモンドオンライン「データサイエンティストに頼らなくても現場担当者が自ら予測分析できる環境を整える」（2021年3月31日）　https://diamond.jp/articles/-/266215?page=3

　　ロート製薬ニュースリリース「社内起業家支援プロジェクト『明日ニハ』でマルチジョブを推進」（2021年4月9日）　https://www.rohto.co.jp/news/release/2021/0409_01/

　　日本生産性本部「労働生産性の国際比較　2020」https://www.jpc-net.jp/research/assets/pdf/report_2020.pdf

【著者紹介】

青嶋　稔（あおしま　みのる）

野村総合研究所　フェロー

1988年精密機器メーカー入社後，大手企業向け営業改革，1994年より10年の米国駐在期間中
は，マーケティング，M&A，新規事業開発などのプロジェクトマネージャーを歴任。2005
年にNRIに参加後は製造業コンサルティングに従事。M&A，PMI，長期ビジョン，中期経
営計画策定，企業構造改革などに従事。2012年同社初のパートナー，2019年同社初のシニア
パートナー，2021年4月に同社初のフェローに就任。

米国公認会計士，中小企業診断士

主な著書には，『リカーリング・シフト』（日本経済新聞出版），『マーケティング機能の再構築』
『事業を創る。』『戦略実行力』（いずれも中央経済社）などがある。

価値創造経営 ── 企業事例から学ぶ8つのポイント

2022年7月1日　第1版第1刷発行
2024年8月30日　第1版第5刷発行

著　者　青　　嶋　　　　稔
発行者　山　　本　　　　継
発行所　㈱中　央　経　済　社
発売元　㈱中央経済グループ
　　　　パ ブ リ ッ シ ン グ

〒101-0051　東京都千代田区神田神保町1-35
電話　03（3293）3371（編集代表）
　　　03（3293）3381（営業代表）
https://www.chuokeizai.co.jp
印刷／昭和情報プロセス㈱
製本／㈲井 上 製 本 所

©2022
Printed in Japan

＊頁の「欠落」や「順序違い」などがありましたらお取り替え
いたしますので発売元までご送付ください。（送料小社負担）

ISBN978-4-502-43531-7　C3034

●お奨めします●

戦略実行力
バックキャスティング思考で不確実性の時代を勝ち抜く

青嶋　稔　著

非連続な環境変化の中で日本企業が生き残るには「戦略実行力」が必要。バックキャスティング型の戦略策定により常に時代の先を読み、時代にあわせて変革し続けることが重要。

第1章　なぜいま戦略実行力か？

第2章　中期経営計画は本当に必要か？

第3章　戦略策定

第4章　戦略実行力を高めるために求められる機能

第5章　不確実性の時代に

●中央経済社●